乡村振兴与地方治理研究丛书

2022年度国家自然科学基金面上项目"共同富裕视角下乡村产业振兴的长效机制研究"（项目编号：72274089）成果

Innovation for the Practice-education and
Social-practice in the Perspective of Rural Revitalization

乡村振兴实践育人与社会实践创新

刘建生 ◇ 著

华中科技大学出版社
http://press.hust.edu.cn
中国·武汉

内容提要

将服务国家战略作为学生"认识、研究、服务社会"的目标集,同时作为实践育人新方法,促进"目标集和方法论"的逻辑统一,实现"实践育人"和"服务国家战略"双赢新理念,探索中国特色教育新理论。

本书立足于乡村振兴国家战略,按照"认识社会—研究社会—服务社会"的逻辑,详细阐述了巩固脱贫成果后评估、乡村建设评价、乡村产业振兴、乡村治理等乡村振兴主要社会实践的组织与实施。率先提出"实践育人+国家战略"的新理念,设计了与新理念配套的"三维三化"实践育人新模式,将"认识、研究、服务社会"的"三维"实践目标与"课程化、实战化、协同化"的"三化"手段相融合;创新"五位一体"实战化育人方法体系,切实提高服务国家战略能力。

图书在版编目(CIP)数据

乡村振兴实践育人与社会实践创新/刘建生著.—武汉:华中科技大学出版社,2022.12
(乡村振兴与地方治理研究丛书)
ISBN 978-7-5680-8839-8

Ⅰ.①乡… Ⅱ.①刘… Ⅲ.①农村-社会主义建设-研究-中国 Ⅳ.①F320.3

中国版本图书馆 CIP 数据核字(2022)第 238082 号

乡村振兴实践育人与社会实践创新
刘建生 著

Xiangcun Zhenxing Shijian Yuren yu Shehui Shijian Chuangxin

策划编辑:周晓方 宋 焱
责任编辑:贺翠翠
封面设计:原色设计
责任校对:张汇娟
责任监印:周治超

出版发行:华中科技大学出版社(中国·武汉) 电话:(027)81321913
　　　　　武汉市东湖新技术开发区华工科技园　邮编:430223
录　　排:华中科技大学出版社美编室
印　　刷:武汉科源印刷设计有限公司
开　　本:710mm×1000mm　1/16
印　　张:17.5　插页:2
字　　数:298千字
版　　次:2022年12月第1版第1次印刷
定　　价:88.00元

本书若有印装质量问题,请向出版社营销中心调换
全国免费服务热线:400-6679-118　竭诚为您服务
版权所有　侵权必究

总序 Introduction

  乡村振兴与地方治理是"十四五"期间学界和政界重点关注的话题之一。显然,二者之间的关系非常紧密,在推进中国乡村振兴过程中,绕不开如何提高地方治理效果的问题,而提高地方治理效果,其重要目标之一就是要实现乡村振兴、实现城乡统筹发展,进而实现共同富裕。

  如果说,"十三五"期间中国农村工作的重点是脱贫攻坚,解决相对落后地区群众的绝对贫困问题,那么"十四五"期间的重点则是中国乡村振兴,解决相对落后地区群众的相对贫困问题。然而,与脱贫攻坚相比,乡村振兴涉及的要素更多,触及的问题也更为复杂,因而乡村振兴的难度也会更大。尽管如此,我们认为乡村振兴是缩小城乡差距、打破城乡二元结构的重要路径,也是实现共同富裕的必经之路。或许正基于此,中央把乡村振兴上升到国家战略高度,并作出了重要的制度安排予以实施。但如何来推进乡村振兴?特别是如何在提高地方治理效果的进程中来实施乡村振兴?学界对此存有不同的看法。

  我们仍然把"二十字",即"产业兴旺、生态宜居、乡风文明、治理有效、生活富裕"作为推进乡村振兴的总要求,其中"治理有效"是乡村振兴的核心,因为无论是产业的兴旺、环境的保护,还是乡风的净化、经济的发展实际上都属于"善治"的问题,只有在"善治"的框架下,上述目标才有可能实现。因此,从这个意义上说,要想乡村振兴取得实效,必须在治理上下功夫,在如何实现"善治"上做文章。这样,乡村振兴与地方治理实际上是一个问题的两个方面,是一种相辅相成的关系。但如何在提高地方治理水平的基础上来推进乡村振兴?抑或说如何把地方治理很好地嵌入乡村振兴过程中,这不仅是一个实践问题,而且也是一个理论问题,因此急需公共管理、社会学、政治学、经济学等相关理论的支持,急需研究者们去揭示隐藏在乡村振兴与地方治理背后的内在机理、逻辑和规律,为乡村振兴与地方治理的实践提供理论支撑。

  当然,我们之所以要关注理论问题,一方面理论是一个抽象问题,是对经验的概括和总结,对实践具有指导意义;另一方面,只有掌握理论才能理解事物发展规律,才能更好地驾驭规律并为我所用。客观地说,无论是乡村振兴还是地方治理实践,我们都积累了大量的经验,也提炼出了很多模式,但这些都是一个地方或某几个地方的实际操作方式,它揭示的不是一般性的理论,因而难以用它来指导其他地方的实践。因此,需要学界去挖掘这些经验背后的东西,抽象出最为一般性的理论,唯有理论才能成为实践的指南,而这也正是学界需要努力的方向。当前中国乡村振兴与地方治理如火如荼的实践也为学界提供了很好的研究问题,这些问题背后不仅直接关联着国家治理体系、治理能力等要素,而且也能间接展示诸如国家与社会、中央与地方关系等问题,透过乡村振兴与地方治理的实践研究,可以揭示中国改革开放以来的制度性变迁及其内在的演进规律,这无疑具有重要的理论和现实意义。

毋庸置疑,乡村振兴与地方治理的问题,归根结底是治理性的问题,其最终目标是为了推进国家治理体系和治理能力现代化,因此,探寻不同的治理类型,摸索其运行的条件,并揭示其内在机理和逻辑就成了研究这一领域的主要切入点。当然,如前所述,无论是乡村振兴还是地方治理,所涵盖的问题很多,涉及的范围也非常广,需要多学科的介入、多方法的使用并构建一个学术共同体,才有可能实现既定目标。

本丛书宗旨是希望为研究者提供一个平台,向读者展示研究者们的研究成果,让更多人理解乡村振兴与地方治理为何及何以可能的问题,丰富其理论,并为指导乡村振兴与地方治理实践提供指南。

前言

"民族要复兴,乡村必振兴"。乡村振兴是实现中华民族伟大复兴的一项重大任务,在《中华人民共和国国民经济和社会发展第十四个五年规划和2035年远景目标纲要》中,"坚持农业农村优先发展,全面推进乡村振兴"是一个重要组成部分,也是社会各界关注的重点话题。中共中央、国务院发布的《关于全面推进乡村振兴加快农业农村现代化的意见》指出,要坚持把解决好"三农"问题作为全党工作重中之重,把全面推进乡村振兴作为实现中华民族伟大复兴的一项重大任务,举全党全社会之力加快农业农村现代化,让广大农民过上更加美好的生活。全面建设社会主义现代化国家,实现中华民族伟大复兴,最艰巨最繁重的任务依然在农村,最广泛最深厚的基础依然在农村。乡村振兴是攻坚战也是持久战,要以功成不必在我的胸襟苦干实干,干出得到人民认可、经得起历史检验的业绩。作为国家新一代坚强的青年力量,大学生更要不负历史重托、勇挑时代重担,努力投入乡村建设中去。

基于此,本书将聚焦于乡村振兴的社会实践,希望通过对社会实践育人模式的研究去探寻一条促进大学生认识、研究、服务乡村的路径,引导学生利用所学知识,在乡村振兴的社会实践中、在实地调研中得到更好的锻炼,培养学生实际操作能力与团队合作能力,增强服务意识,使学生成长为"懂农业、爱农村、爱农民"的人才,为国家乡村振兴战略做出自己的一份贡献。为实现上述目标,本书以社会中心课程论为基础,从问题导向的视角出发,将认知社会、研究社会、服务社会三者放入"三阶互促"的综合分析框架。本书基于实地调研与多案例分析,厘清影响社会实践的核心要素,并在此基础上,以高校社会实践育人为目标导向,重点研究社会实践中"认知、研究、服务"三个方面,推动"认知、研究、服务"的协调互促。本书创建了绩效评估(第三方评估)、乡村建设评价、乡村规划与设计、红色传承与文化振兴、防返贫社会监测、集体经济与基层治理、生态文明与绿色发展7个课程模块。

本书紧扣时代主题与国家战略,对"产业振兴、人才振兴、文化振兴、生态振兴、组织振兴"进行系统性的理论引导,详述了"五个振兴"目标下的社会实践理论指导。梳理归纳了"有效衔接"第三方评估、乡村文化振兴、乡村组织振兴、社会工作助力乡村振兴的相关研究,帮助读者群体快速熟悉现有领域中,乡村振兴具体问题的相关研究的发展变化、最新进程以及存在的问题。结合问题导向探究式方法,以"了解是什么—为何是这样—如何了解—如何进行分析—采取何种措施—带来何种改变"为结构,并结合团队实践经验,总结归纳出要点与难点,充分体现了实践性与操作性,帮助读者对照指引完成相关调研任务。在本书写作过程中我们参阅并借鉴了大量相关的学术论文、图书资料,特别感谢这些文献的作者。本书的完成要特别感谢团队的小伙伴们,他们既是乡村振兴的实践者、探索者,参与了各项乡村振兴社会实践活动,同时又是本书的协助者。南昌大学中国乡村振兴研究院科研助理刘疏影同志参与了文稿复校工作,提出了很多建设性建议。南昌大学公共政策与管理学院研究生饶文娟、江珺、叶琳、张文婷、颜茹、周莉、张官星、王丹丹等参与了文献查新、材料整理等工作,并为本书的撰写提出了宝贵建议。

目录 Contents

导论 实践育人面向的国家战略与时代背景 | 1
第一节 社会实践与实践育人 / 2
第二节 时代背景和国家战略 / 6

第一章 分析框架：乡村振兴与社会实践 | 22
第一节 脱贫攻坚与乡村振兴中的第三方评估 / 22
第二节 "五个振兴"与乡村振兴中的示范与社会力量 / 24
第三节 社会实践融入乡村振兴的分析框架 / 47

第二章 社会实践的组织与实施 | 49
第一节 社会实践的前期准备工作 / 49
第二节 社会实践的实地调研工作 / 57
第三节 社会实践的后期总结工作 / 62

第三章 巩固脱贫成果后评估的认知与研究 | 65
第一节 巩固脱贫成果后评估认知 / 65
第二节 巩固脱贫成果后评估的主要内容和方法 / 68
第三节 巩固脱贫成果后评估的相关研究 / 75

第四章 巩固脱贫成果后评估的社会服务 | 79

第一节 评估前期准备工作 / 79
第二节 考核评估实地调查 / 93
第三节 后期总结整理工作 / 102

第五章 乡村建设评价的认知与研究 | 109

第一节 乡村建设评价的认知 / 109
第二节 乡村建设评价的主要内容及指标解析 / 111
第三节 乡村建设评价的相关研究 / 116

第六章 乡村建设评价的社会服务 | 120

第一节 评价的三个阶段和七项主要工作 / 120
第二节 出发前要完成的工作 / 122
第三节 现场要完成的工作 / 124
第四节 现场回来后的内业工作 / 131

第七章 乡村产业振兴社会实践的三维目标 | 137

第一节 产业振兴的社会认知 / 137
第二节 乡村产业发展的调查与研究 / 147
第三节 乡村产业发展的社会服务 / 150

第八章 乡村治理与治理有效 | 156

第一节 乡村治理的社会认知 / 156
第二节 乡村治理评价的开展 / 160
第三节 乡村治理的相关研究 / 163

第九章 乡村文化振兴与红色传承 | 166

第一节 文化振兴的社会认知 / 166
第二节 乡村文化振兴社会调查与研究 / 181

第三节 乡村文化振兴典型案例——江西省进贤县
西湖李家村 / 188
第四节 江西红色文化案例 / 194

第十章 组织振兴社会实践的三维目标 | 202

第一节 组织振兴的社会认知 / 202
第二节 乡村组织振兴社会调查与研究 / 207
第三节 组织振兴典型案例 / 212

第十一章 社会工作助力乡村振兴的社会实践 | 220

第一节 社会工作:乡村振兴中的重要力量 / 220
第二节 社会工作参与乡村振兴的方法 / 226
第三节 社会工作介入防返贫监测的创新案例 / 231
第四节 社会工作介入农村留守儿童 / 234
第五节 社会工作介入乡村振兴的常态化
——社工站建设 / 247
第六节 社会工作助力乡村振兴的相关研究 / 253

第十二章 结论:深度融入国家战略的实践育人模式与理论构建 | 256

参考文献 | 268

后记 | 271

导 论
实践育人面向的国家战略与时代背景

2016年，习近平总书记在全国高校思想政治工作会议中指出："高校立身之本在于立德树人。"高校应切实把握教育发展方向，通过社会实践为大学生创造更多实践学习的机会，使大学生在深入了解社会需求的基础上，树立正确的世界观、人生观和价值观，积极主动承担加快社会主义现代化建设的重要使命。2015年中共中央、国务院作出了打赢脱贫攻坚战的决定，2017年中共十九大提出了实施乡村振兴战略，为实践育人提供了最生动的社会课堂。在国家战略背景下开展乡村振兴社会实践，不仅可以帮助青年学生在乡村这一大课堂上受教育、长才干、作贡献，还可以增强他们推进乡村振兴、推动中华民族伟大复兴的志气、骨气、底气，自觉把个人发展与国家发展紧密结合，实现对学生的国情教育、思政教育有机统一，帮助他们开展力所能及的社会服务，塑造优良品格。

实践育人是党的教育方针的重要内容。《国家中长期教育改革和发展规划纲要（2010—2020年）》提出，全面实施素质教育，必须重视培养大学生的创新精神和实践能力。这不仅为高校素质教育指明了方向，也为创新型人才培养提供了实践依据。大学生要真正成为社会有用之才，必须通过社会实践在实践活动中认识自己、提升能力、完善自我。如果离开实践教育，大学生不能把学习书本知识与投身社会实践相统一，不能把创新思维和社会实践紧密结合起来，就会导致大学生缺乏理论运用能力和社会实践能力，那么就不可能真正实现创新型人才的培养目标。换言之，要保证高等教育质量，实践育人是不可逾越的必由之路。2016年中共中央、国务院印发《关于加强和改进新形势下高校思想政治工作的意见》，明确指出"要强化社会实践育人，提高实践教学比重，组织师生参加社会实践活动"，党和国家对高校实践育人工作的重视达到了前所未有的高度，并进一步明确了高校思想政治工作和实践育人的任务是"为实现'两个一百年'奋斗目标、实现中华民族伟大复兴的中国梦,培养又红又专、德才兼备、全面发展的中国特色社会主义合格建设者和可靠接班人"。

社会实践是高校实践育人的第二课堂,是强化高校大学生思想道德教育功能的重要载体。社会实践活动在大学生思想道德建设及教育引导方面具有天然的功能优势,关乎思想道德建设及教育引导的成败。社会性是大学生社会实践最根本的属性,大学生实践活动将高等教育融入社会运作中,注重对组织结构及制度的探索,突出人的社会属性,使大学生从固化的学习模式中脱离出来,在与外界的交流中不断积累经验。相较于传统课堂教学,社会实践不受时间和空间的约束,这为高等教育创建了更加开放多元的教育环境。社会实践内容具有开放性,与教材中模式化的知识表现不同,社会实践在关系网络中开展,大学生需要进行自主探索,摸索解决问题的方法,寻找理论知识的实际应用途径,这有利于促进提升学生的专业素养。

面向国家战略需求,增强学生服务国家、服务人民的社会责任感,培养学生认知社会、研究社会、服务社会的意识和能力,已成为高校面临的重大课题。南昌大学中国乡村振兴研究院瞄准脱贫攻坚和乡村振兴战略需求,改革社会实践育人模式,将乡村振兴知识课程化,带领学生从"象牙塔"到"泥巴路",帮助学生系统认识乡村振兴和农村社会;遵循学生成才规律,将乡村振兴社会实践实战化,着力让学生在全过程、多方位、全景式实操中增强研究社会的能力;通过学校、政府及基地等协同化实践育人平台,增强学生服务社会的能力。自 2014 年开始,经过九年不懈努力,历经"探索—试验—成熟—检验"四个阶段,我们最终形成了深度融合脱贫攻坚与乡村振兴战略的"三维三化"实践育人模式。

第一节　社会实践与实践育人

社会实践的育人成效一直是高校教育工作者关注的焦点。目前对社会实践教育的研究基本上围绕育人体系、育人理论两个方面进行。

一、社会实践

学生的认识，无论是对于自然界方面，还是对于社会方面，都是一步又一步地由低级向高级发展的过程，即由浅入深，由片面到深层，这一过程中学生对事物的认识有限，因而其眼界受到限制。马克思主义者认为，只有人们的社会实践，才是人们对于外界认识的真理性的标准。同样只有在社会实践过程中，学生达到了思想中所预想的结果时，学生所学的关于认知社会的知识才被证实了。当学生经过失败之后，也就从失败中取得教训，改正自己的思想使之适合于外界的规律性，学生就能变失败为胜利，从而进一步去研究所学的知识，进一步深入学习；通过学习知识而认知社会，并由于持续的学习而深入研究所学的知识，又通过社会实践而证实所学的知识和发展知识，循环往复以至无穷，而社会实践、认识社会、研究社会之间每一循环的内容，都相对地进入了更高一级。

社会实践是帮助大学生建立起对国家、社会、学校等主体认同的重要渠道。张建明等[1]强调社会实践教育工作还是要回到学生本位的逻辑上，并指出"个体自我教育更侧重于个体内在的心理过程，对于准确把握实践育人规律等方面具有重要意义"，关注大学生在社会实践环境中的关键行动者角色。从布尔迪厄的实践逻辑来看，实践是人的日常性活动，参与社会实践的大学生凭借其拥有的特定资源和惯习，在受到一定社会制约条件的客观环境和结构中，不断创造和建构自身及其所处的社会。大学生一旦能够将社会实践参与内化为社会身份建立、组织认同，便能进一步促进责任的升华和对价值的拥戴。当个体对组织产生认同或建立起一定的社会身份时，便能产生一种维护群体的高度责任感，于是能表现出遵守群体规范、积极评价和支持群体、敢于捍卫群体利益和声誉等行为。这又与关于实践形式的观点相吻合，即富有情感地与世界打交道的实践经验是一切理性认识的起点。由此，通过社会实践培育大学生的责任感、认同感、价值感，引导大学生的现实感、家国情怀及价值观，更符合当前对社会实践育人发展走向的期望。

---

[1] 张建明，唐杰. 高校社会实践引领大学生思想发展的路径研究——基于中国人民大学"千人百村"项目的实践［J］. 思想教育研究，2017（04）：119-122.

二、社会实践育人体系

学术界对社会实践育人体系进行了丰富的研究,通过文献梳理了解,李薇薇[①]认为构建高校社会实践育人体系可从以下路径着手:契合需求,实现高校与社会双向共赢;健全机制,实现高校、大学生、政府、实践单位等多方联动;贯通情感,彰显社会实践育人体系的意义与价值共识。孟勋等[②]提出在新时代背景下从承认、共识和认同三个递进层次分析高校社会实践育人体系的作用机制及创新路径,探索提出高校社会实践育人工作的创新优化。常青等[③]提出建设以课程机制、实施机制为基础条件,以协作机制、支持机制为关键环节,以保障机制、考核机制为重要保障的"多维型"创新创业教育实践育人体系。刘艳等[④]认为创建高校与社会协同实践育人的环境、构建与社会需求相适应的实践育人体系、建立教学团队优化方法和社会参与实践育人质量评价体系及建立持续发展的协同育人机制等,构建了优质资源共享、教学与科研生产紧密结合、学校和社会协同实践育人的新模式,能够提高学生实践创新能力、创业就业能力和持续发展能力。

三、社会实践育人理论

课程理论大致分为学科中心课程论、活动中心课程论、社会中心课程论三大流派。

(一)学科中心课程论

学科中心课程论,又称知识中心课程论,代表人物有斯宾塞、赫尔巴

---

① 李薇薇. 高校社会实践育人体系构建的路径选择 [J]. 中国高等教育,2021(09):58-59.
② 孟勋,张凌媛. 从承认到认同:高校社会实践育人体系创新研究 [J]. 高教探索,2020(05):114-119.
③ 常青,李力. 高校"多维型"创新创业实践育人体系建设与运行机制 [J]. 思想理论教育导刊,2017(01):140-144.
④ 刘艳,闫国栋,逯家辉,等. 面向经济社会发展需求的实践育人模式改革 [J]. 实验室研究与探索,2017,36(02):189-191.

特、布鲁纳。主要观点：一是学校教育目的在于把人类千百年来积累下来的文化科学知识传递给下一代，而这些文化科学知识的精华就包含在学校设置的各门学科里；二是教师任务是把各门学科的知识教给学生，学生的任务是掌握预先为他们准备好的各门学科的知识；三是学校课程应以学科的分类为基础，以学科教学为核心，以使学生掌握学科的基本知识、基本规律和相应的技能为目标。优点：一是有利传授系统的学科知识，继承人类的文化遗产；二是重视学生对知识的系统学习，便于学生对知识的掌握与运用；三是受到悠久传统的影响，大多教师习惯于此；四是课程的构成比较简单，易于评价。缺点：一是容易把各门学科的知识割裂开来，学生不能在知识的整体中、联系中进行学习；二是编制的课程完全从成人的生活需要出发，不重视甚至忽视儿童的兴趣和需要，不利于因材施教，容易导致理论与实践脱节，导致学生不能学以致用；三是各学科容易出现不必要的重复，增加学生学习的负担。

（二）活动中心课程论

活动中心课程论，又称儿童中心课程论、经验课程论，代表人物有杜威、克伯屈。主要观点：主张教育内容应密切联系儿童的社会生活经验，从儿童的兴趣和需要出发，以儿童活动为中心来设计课程的内容和结构，使课程满足儿童当前的兴趣和需要。优点：一是重视学生学习活动的心理准备，在课程设计和安排上满足学生的兴趣，有很大的灵活性，有利于调动学生学习的主动性和积极性；二是强调实践活动，重视学生通过实际体验获得直接经验，要求学生主动探索，有利于培养学生解决实际问题的能力；三是强调围绕现实社会生活的各个领域精心设计和组织课程，有利于学生获得对世界的完整认识。缺点：一是夸大了儿童的个人经验，忽视了知识本身的逻辑顺序，影响了系统的知识学习，只能使学生学到一些片段的、零碎的知识，最终导致教学质量的降低；二是不指定具体明确的课程标准和教科书，活动的教材根据儿童的兴趣和需要而定，因此活动课程往往带有随意性和狭隘性。

（三）社会中心课程论

社会中心课程论，又称社会改造主义课程论，以美国教育家康茨、拉格,特别是20世纪50年代的布拉梅尔德为代表。主要观点:一是应该把课程的重点放在当代社会的问题、社会的主要功能、学生关心的社会现象,以及社会改造和社会活动计划上;二是课程不应该帮助学生适应社会,而应该建立一种新的社会秩序和社会文化。优点:一是重视教育与社会、课程与社会的联系,以社会的需要来设计课程,有利于为社会需要服务;二是重视各门学科的综合学习,有利于学生掌握解决问题的方法。缺点:一是片面强调社会需要,忽视制约课程的其他因素,如学生本身的需要;二是忽视各门学科的系统性,不利于学生掌握各门学科的系统知识;三是夸大了教育的作用,而许多社会问题单靠教育是不能解决的。

综上所述,当前国内外关于社会实践育人的相关研究已取得诸多富有价值的成果,对高校实践育人的研究起到了十分重要的作用,且随着研究理论与分析尺度更加多维化,研究内容也更为广泛。

因此,本书以社会中心课程论为基础,从问题导向的视角出发,将认知社会、研究社会、服务社会三者放入"三维互促"的综合分析框架。基于实地调研与多案例分析,厘清影响社会实践的核心要素,并在此基础上,以高校社会实践育人为目标导向,重点研究社会实践中的"认知、研究、服务",并推动"认知、研究、服务"的协调互促。

第二节 时代背景和国家战略

一、脱贫攻坚与全面小康

(一)脱贫攻坚积累的经验

新中国成立以来,让人民吃饱穿暖始终是中国共产党执政的主要目标,由此成为中国政府工作的重大任务。在不同历史时期,国家制定和实施不同减贫战略及政策体系,不断推进减贫道路的发展、取得新成就。自中共十八大以来,坚持精准扶贫基本方略,构建"三位一体"的大扶贫格局,通过实施"六个精准""五个一批"等一系列政策,经过8年持续努力,到

2020年底，中国如期完成新时代脱贫攻坚目标任务，现行标准下9899万农村贫困人口全部脱贫，832个贫困县全部摘帽，12.8万个贫困村全部出列（见图0-1）。中国在脱贫攻坚取得决定性胜利和显著成效的同时，还积累了许多弥足珍贵的经验。

1. 坚持中国共产党的领导，充分发挥中国特色社会主义制度优势

中国特色社会主义政治优势和制度优势保障了扶贫开发规划和政策的实施，而扶贫开发规划和政策的实施则体现了政治优势和制度优势。中国共产党一直致力于领导全国人民摆脱贫困，实现共同富裕，在扶贫事业中总揽全局、协调四方，调动各方资源合力推动扶贫工作，动员全党全国全社会力量投入扶贫开发事业，这是其他国家无法比拟的政治优势。中国特色社会主义制度运行的高效率使得国家能够集中力量办大事，这是中国特色社会主义的制度优势。我国坚持党对扶贫开发事业的全面领导，以脱贫攻坚统揽经济社会发展全局，成立了跨部门的扶贫开发领导机构，建立起了中央统筹、省负总责、市县抓落实的扶贫工作机制，实行省市县乡村五级书记共抓扶贫，层层压紧压实主体责任，做到一级抓一级、层层抓落实。

2. 不断完善市场机制在扶贫开发中的作用

我国在扶贫开发中引入市场机制，利用内外两种资源，推动贫困地区市场经济发展，由市场决定贫困地区适合发展什么、怎么发展，做到因时因地制宜；更好发挥政府作用，集中扶贫资源到最需要的贫困地区，形成扶贫资源优势、力量优势，从而快速实现预期脱贫目标。

3. 经济发展的"涓滴效应"与坚持农业农村优先发展

我国扶贫成就的取得主要依靠经济社会发展的带动，通过综合发展实现减贫。我国大力实施乡村振兴战略，坚持农业农村优先发展，促进农村一二三产业融合发展，以工促农、以城带乡，大力实施"两减免、三补贴"等政策，保障了农民权益，充分调动了广大农民的积极性、主动性和创造性，增加了农民收入，大幅度减少了贫困人口。

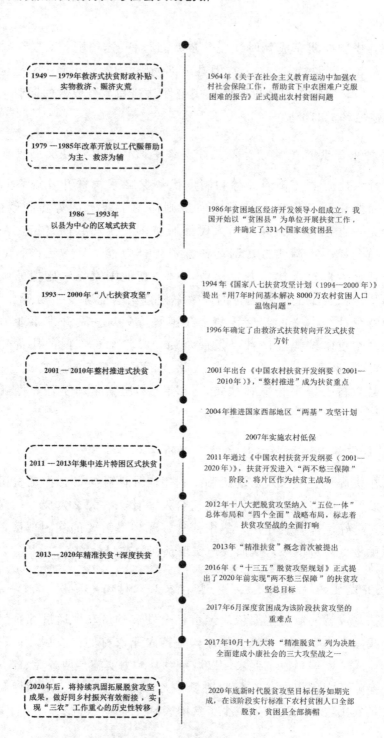

图 0-1 国家扶贫开发大事记

来源：中国国务院新闻办公室《人类减贫的中国实践》白皮书

4. 坚持政府主导、多元主体参与的大扶贫开发格局

扶贫开发是全党全社会的共同责任。新中国成立以来，扶贫开发事业坚持政府主导，并逐步引导全社会力量广泛参与，多元主体参与扶贫开发事业的积极性不断高涨，构建了政府、社会、市场协同推进的大扶贫格局，全国范围内整合配置扶贫资源，形成扶贫开发合力，构建了全社会共同关注、支持、参与扶贫工作的良好格局。

5. 坚持救济式扶贫与开发式扶贫相结合，扶贫开发和社会保障有机衔接

我国逐渐形成了救济式扶贫与开发式扶贫相结合的扶贫模式，将扶贫开发政策和社会保障制度有机衔接起来。新中国成立初期主要是以解决贫困人口吃饭穿衣为基本要求的救济式扶贫，20世纪80年代以来国家通过给予政策、资金等方面的支持，开发利用贫困地区的资源，帮助贫困人口提高自我发展能力，扶贫方式向开发式扶贫转变。从1956年"五保供养"制度到2007年农村最低生活保障制度的建立，我国农村扶贫工作坚持低保救助制度和扶贫开发政策"两轮驱动"。实施开发式扶贫与农村最低生活保障制度相衔接，既能够实现贫困地区经济的良性循环，又有利于保障贫困人口的基本生活水平。

（二）脱贫攻坚与全面小康的本质关系

2012年12月，习近平总书记《在广东考察工作时的讲话》中指出："没有农村的全面小康和欠发达地区的全面小康，就没有全国的全面小康。要加大统筹城乡发展、统筹区域发展力度，加大对欠发达地区和农村的扶持力度，促进工业化、信息化、城镇化、农业现代化同步发展，推动城乡发展一体化，逐步缩小城乡区域发展差距，促进城乡区域共同繁荣。"

1. 全面建成小康社会与脱贫攻坚的统一性

全面建成小康社会和脱贫攻坚都是"使人民摆脱贫困、尽快富裕起来，为实现中华民族伟大复兴提供充满新的活力的体制保证和快速发展的物质条件"，它们体现了中国共产党人的初心与使命，充盈着中国共产党人成就民族伟业的不竭动力。全面建成小康社会与脱贫攻坚是社会主义的应有之义，这两个目标深化了人民对社会主义本质的认识和理解，体现了无产阶

级政党的初心和本色,即为了改变穷苦人民命运,不仅要消灭贫穷,而且使穷人致富,实现共同富裕。中国共产党逐步提出全面建成小康社会与脱贫攻坚的战略目标,就是为了消除贫困、改善民生、逐步实现共同富裕,充分体现了社会主义的本质要求。全面建成小康社会与脱贫攻坚是共产党人的使命担当,"我们中国共产党人从党成立之日起就确立了为天下劳苦人民谋幸福的目标。这就是我们的初心"。

2. 全面建成小康社会与脱贫攻坚的层次性

从中国共产党人的初心与使命来看,全面建成小康社会与脱贫攻坚属于同一个问题。若从目标的层次性看,又是两个不同的问题,全面建成的小康是"高质量"的小康,脱贫攻坚则是"底线任务"。如期全面建成"高质量"小康社会与完成脱贫攻坚"底线任务",存在高低两分、立破有别的层次性。

3. 全面建成小康社会与脱贫攻坚的互动性

习近平强调:"全面建成小康社会,强调的不仅是'小康',而且更重要的也是更难做到的是'全面'。'小康'讲的是发展水平,'全面'讲的是发展的平衡性、协调性、可持续性。"全面建成小康社会的"全面"要求脱贫攻坚实现"平衡性、协调性、可持续性"。在清除绝对贫困之后的新阶段,要防止发生规模性返贫,切实巩固与拓展全面建成小康社会和脱贫攻坚成果,为努力建设共同富裕社会汇聚磅礴力量。

二、脱贫攻坚与乡村振兴

2021年2月习近平总书记在全国脱贫攻坚总结表彰大会上指出:"脱贫攻坚战的全面胜利,标志着我们党在团结带领人民创造美好生活、实现共同富裕的道路上迈出了坚实的一大步。同时,脱贫摘帽不是终点,而是新生活、新奋斗的起点。解决发展不平衡不充分问题、缩小城乡区域发展差距、实现人的全面发展和全体人民共同富裕仍然任重道远。"

自党的十九大提出实施乡村振兴战略伊始,中央就同步对脱贫攻坚与乡村振兴的衔接工作进行谋划。2018年中共中央、国务院印发《关于打赢脱贫攻坚战三年行动的指导意见》,提出要"统筹衔接脱贫攻坚与乡村振兴"。2019年、2020年和2021年中央一号文件都提出实现巩固拓展脱贫攻坚成果同乡村振兴有效衔接等具体要求。2021年3月，中共中央、国务院发布《关于实现巩固拓展脱贫攻坚成果同乡村振兴有效衔接的意见》，对脱贫攻坚与乡村振兴的有效衔接问题作出系统而全面的部署。2022年中央一号文件从防止发生规模性返贫的底线角度，再次对巩固拓展脱贫攻坚成果同乡村振兴有效衔接提出明确要求。

中国正步入城乡转型发展的关键阶段，城乡发展不平衡与乡村发展不充分是我国社会主要矛盾的集中体现。诊断"乡村病"的病因，破解乡村发展现实困境，补齐乡村发展短板将成为实现第二个百年奋斗目标的关键，也是实现中华民族伟大复兴征途中必须跨越的藩篱。党和国家提出并坚定实施脱贫攻坚方略与乡村振兴战略，二者不是"两步走"发展战略，而是有机统一体。巩固拓展脱贫攻坚成果，聚力实施乡村振兴战略，实现二者的有效衔接是贯彻落实党和国家农业农村优先发展战略方针的根本路径，也是在"两大战略"的历史交汇期和政策叠加期的重要形势任务。党的十八大以来，通过大规模投入和持续攻坚，中国的减贫事业已取得决定性成就。党的十九届五中全会着重强调了实现巩固拓展脱贫攻坚成果同乡村振兴有效衔接的重要意义与主要方向。乡村振兴战略的实施为巩固脱贫攻坚成果和持续推动减贫提供了制度性保障，也是助推农业现代化转型及乡村全面复兴的重要引擎。两大战略的顶层设计与实施路径均具有复杂性与多维性，体现在多尺度、多要素的交互耦合与协同上。

（一）脱贫攻坚与乡村振兴有效衔接的三重逻辑

脱贫攻坚与乡村振兴有效衔接的必然性，集中体现为两者间存在的历史逻辑、理论逻辑和实践逻辑（见表0-1）。

表0-1 脱贫攻坚与乡村振兴有效衔接的三重逻辑

脱贫攻坚与乡村振兴有效衔接的三重逻辑	历史逻辑	脱贫攻坚与乡村振兴有效衔接是由两者在国家现代化进程中根本目标的一致性所决定的。脱贫攻坚和乡村振兴都是国家发展战略，在不同阶段实现不同目标，但是两者在根本目标和逻辑上高度一致、高度连续，都是在尝试探寻中国现代化发展征程中如何对农业、农村、农民和土地权属进行现代化改造和制度性安排，长远目标均是实现社会主义现代化和中华民族伟大复兴

续表

脱贫攻坚与乡村振兴有效衔接的三重逻辑	理论逻辑	脱贫攻坚与乡村振兴有效衔接是治国理政思想中补齐发展短板和底线思维的实践要求。针对人民日益增长的美好生活需要和不平衡不充分的发展之间的矛盾，"补短板"已成为我国经济社会诸领域发展的重要方法论原则。脱贫攻坚与乡村振兴也同样指向这一社会主要矛盾，是补齐贫困群众民生短板和农村发展短板的重要举措。乡村振兴旨在补齐农业农村发展短板，缩小城乡区域发展差距和居民生活水平差距
	实践逻辑	脱贫攻坚与乡村振兴有效衔接具有多重接续性。从国家战略来看，脱贫攻坚的胜利是实现第一个百年奋斗目标的底线任务，而乡村振兴则是对接"第二个百年奋斗目标"，实现共同富裕。脱贫攻坚取得全面胜利，全面建成小康社会目标如期实现，这就为促进共同富裕创造了良好条件。 脱贫攻坚与乡村振兴有效衔接，一方面，前者的直接成效奠定了脱贫地区特别是脱贫村实现振兴的基础；另一方面，后者为稳定脱贫成效、逐步实现致富增强了造血功能。从乡村发展逻辑来看，脱贫攻坚具有多维贫困治理特点，这与乡村振兴涵盖经济、文化、社会、生态等多方面有持续一致性，也就是说，脱贫攻坚的多维贫困治理契合乡村振兴的发展需要

来源：根据论文①②整理得出。

（二）脱贫攻坚与乡村振兴有效衔接的阶段性进展

迈入全面推进乡村振兴的新阶段，全国各地积极适应新形势，将巩固拓展脱贫攻坚成果放在突出位置，加大改革创新和实践探索力度，推动两大战略有效衔接工作取得明显进展。① 领导体制和制度设计基本健全。脱

---

① 黄承伟. 脱贫攻坚有效衔接乡村振兴的三重逻辑及演进展望 [J]. 兰州大学学报（社会科学版），2021，49（06）：1-9.
② 张润泽，胡交斌. 脱贫攻坚同乡村振兴有效衔接的现实问题与逻辑进路 [J]. 甘肃社会科学，2021（06）：45-52.

贫攻坚任务完成后，各省份陆续成立由党委或政府主要负责人担任组长的实施乡村振兴战略工作领导小组，负责研究制定各省份乡村振兴战略举措，部署推进重大政策、重大行动和重要工作，协调解决实施乡村振兴战略重点难点问题。② 机构队伍和考核机制平稳过渡。全面推进乡村振兴战略实施以来，地方各级乡村振兴机构职能已经基本调整到位。③ 财政支持和资金利用有序调整。中央明确提出，过渡期内在保持财政支持政策总体稳定的前提下，根据推进衔接工作的需要和财力状况，合理安排财政投入规模，优化支出结构，调整支持重点。④ 工作成效和创新做法不断涌现。从工作成效来看，2021年，中央农村工作领导小组研究出台衔接政策33项，中央各部门出台相关文件40余个，财政投入、税收优惠、金融帮扶力度持续提升，政策延续、强化、取消、调整工作稳步推进，政策效果的可持续性不断增强。

（三）脱贫攻坚与乡村振兴有效衔接面临的难点

衔接过渡期的定位在于"过渡"，但目标是"衔接"，且重点在于工作体系和政策举措的转移接续。巩固拓展脱贫攻坚成果同乡村振兴有效衔接工作实践中主要存在如下难点。① 各地对两大战略有效衔接的认识不足。从目前的实践来看，各地从脱贫攻坚到乡村振兴的思维转化尚未完成，对两大战略有效衔接的认识有待深化。从巩固脱贫成果的角度来看，各省份对巩固脱贫攻坚成果行之有效的帮扶机制和政策体系的认识不足。从推进衔接的角度来看，一些省份未能充分考虑两大战略的内在联系和承接关系，就乡村振兴谈乡村振兴，导致两大战略的接续力度不够、衔接水平不高。② 各级部门责任与能力不匹配问题突出。目前，各地党委农办、农业农村部门与乡村振兴部门"三位一体"组织架构尚未有机整合，职能分工也在动态调整之中。各省份全面推进乡村振兴的工作职责主要集中在乡村振兴部门和农业农村部门，各级书记参与全面推进乡村振兴的领导体制有待加强。一些省份地方党委农村工作领导小组作用发挥不够，也没有专门建立推进衔接的决策议事协调工作机制。

三、乡村振兴与共同富裕

(一) 乡村振兴的目标

随着脱贫攻坚这一历史任务的完成,中华民族第一个百年奋斗目标得以实现,这是阶段性战略目标的实现,在新的历史起点上要接续奋进第二个百年奋斗目标。党的十九大提出实施乡村振兴战略,同时指出"农业农村农民问题是关系国计民生的根本性问题,必须始终把解决好'三农'问题作为全党工作的重中之重"。

实现农业农村现代化是中国乡村振兴战略的总目标,这一目标的实现将分为三个阶段:到2020年,乡村振兴的制度框架和政策体系基本形成,各地区各部门乡村振兴的思路举措得以确立,全面建成小康社会的目标如期实现;到2035年,乡村振兴取得决定性进展,农业农村现代化基本实现;到2050年,乡村全面振兴,农业强、农村美、农民富全面实现。

乡村振兴战略"产业兴旺、生态宜居、乡风文明、治理有效、生活富裕"二十字方针体现的五大目标任务是相互联系的有机体,因此,不仅要准确把握这"二十字"方针的科学内涵和要求,还要把握好这"二十字"方针体现的五大目标任务的内在逻辑性和相互关联性(见表0-2)。

表0-2 乡村振兴战略目标内涵

"产业兴旺"是乡村振兴的经济基础	乡村产业根植于县域,以农业农村资源为依托,以农民为主体,以农村一二三产业融合发展为路径,地域特色鲜明、创新创业活跃、业态类型丰富、利益联结紧密,是提升农业、繁荣农村、富裕农民的产业。"产业兴旺"具有丰富的内涵,不能仅局限于第一产业农业的发展,而应着眼于"接二连三"、一二三产融合、功能多样、质量取胜的现代农业产业的兴旺与发展。 (1) 突出优势特色,培育壮大乡村产业; (2) 建立现代农业的三大体系,即产业体系、生产体系、经营体系的建构与完善; (3) 突出产业发展的绿色化、优质化、特色化和品牌化; (4) 推进多类型农业适度规模经营和多元化、专业化农业服务发展

续表

"生态宜居"是乡村振兴的环境基础	（1）宜居的乡村生态环境不是仅仅针对乡村百姓宜居的生态环境，也应该是能满足城市居民对美好生活向往的宜居环境，即对城市居民开放、城乡互通的"生态宜居"。 （2）实现乡村"生态宜居"必须对生态保护、生态产权、生态交易、生态利益等体制机制进行改革创新，以实现乡村自然生态环境保护与开发利用的和谐统一，使"生态宜居"的乡村成为"绿水青山就是金山银山"的所在地和富裕农民的重要源泉
"乡风文明"是乡村振兴的文化基础，也是乡村德治的本质体现	实现"乡风文明"，既要体现具有明显中国特色的五千年历史传承的农耕文明，又应该彰显与现代工业化、城市化、信息化社会发展相适应的现代文明，也就是能够体现传统文明和现代文明相互融合与发展的"乡风文明"
"治理有效"是乡村振兴的社会基础	（1）乡村的"治理有效"是国家治理体系现代化和乡村"善治"的必然要求和重要组成，"治理有效"应该既体现治理手段的多元化和刚柔相济，即"三治合一"，又体现治理效果的可持续性和低成本性，并且能为广大农民群众所认可、所满意。 （2）法治、德治、自治这一乡村治理体系从制度安排的角度看，法治属于正式制度和他治偏向的制度安排，德治则属于非正式制度和自治偏向的制度安排，两者一"刚"一"柔"，可以实现刚柔相济、张弛有余的治理效果。自治是村民自主和民主参与的重要前提和制度安排，是乡村"治理有效"的重要制度基础
"生活富裕"是乡村振兴的民生目标	（1）要消除乡村贫困，持续增加乡村居民收入，同时缩小城乡居民在收入和社会保障方面的差距，实现乡村人口全面小康基础上的"生活富裕"。 （2）居民收入水平是"生活富裕"最重要的衡量标志，但"生活富裕"不仅体现在收入方面，还应具体体现在居民生活质量、家庭和睦、社会和谐等方面

来源：根据文件①②、论文③整理得出。

---

① 中共中央、国务院：《乡村振兴战略规划（2018—2022年）》。见 http://www.gov.cn/zhengce/2018-09/26/content_5325534.htm。
② 中共中央、国务院：《关于全面推进乡村振兴加快农业农村现代化的意见》。见 http://www.gov.cn/zhengce/2021-02/21/content_5588098.htm。
③ 孙久文，李承璋．共同富裕目标下推进乡村振兴研究[J]．西北师大学报（社会科学版），2022（03）：12-19．

(二) 乡村振兴的理解误区

以共同富裕和乡村振兴为指引,最终实现中国农村又好又快发展是明确的任务和要求。但在两者叠加实施的过程中,还存在一些理解误区,这些误区的存在会影响到共同富裕和乡村振兴的实现。

1. 共同富裕和乡村振兴的目标不是将农村变成城市

在推进共同富裕目标下的乡村振兴过程中,对于农村未来面貌的基本判断决定了农村发力的方向。在以往的考评体系中,城镇化率和工业产值作为首屈一指的指标,曾经引导产生了将农村打造为城市的发展目标。而"共同富裕是全体人民的富裕"的概念可能进一步增强了农村对标城市的发展认知和判断,如果这种对标仅仅是经济发展程度的总体比较,城市不失为一个良好的对照系,为农村发展提供一个期许的参考。可这种对标若是进一步延展到发展模式和空间景观的简单模仿,那么在地方具体实践过程中,就有可能导致农村偏离正确的走向,使得发展目标错误地变为将乡村建设成城市,这与综合全面发展的乡村振兴总要求是存在冲突的,所以农村地区的发展目标不是将农村变为城市。

2. 发展模式不是用公平代替效率

乡村经济既要作为整体经济的一部分实现共同富裕,又要形成农业产业内部合理的分工体系。公平不可或缺,而乡村经济的长足发展又必须建立在一定的效率之上,过分强调公平和效率之间的冲突和对立本身有失重点,是对乡村振兴战略的误判和误解。乡村振兴战略的本质目标是实现中国经济发展在整体上更有效率,社会更具平等性,进而在推进乡村振兴战略时,公平和效率的兼顾也应当贯穿始终,所以农村地区的发展模式不是用公平代替效率。

(三) 乡村振兴与共同富裕的本质关系

实现共同富裕目标是一个长期且艰巨的发展过程,在这一过程中,必然会面临不同的发展形势,经历不同的发展阶段。共同富裕是全体人民的富裕,是人民群众物质生活和精神生活都富裕,不是少数人的富裕,也不是整齐划一的平均主义，要分阶段促进共同富裕，乡村振兴与共同富裕之间的内在逻辑关系可以从理论、历史与实践三个方面进行理解和把握（见图0-2）。

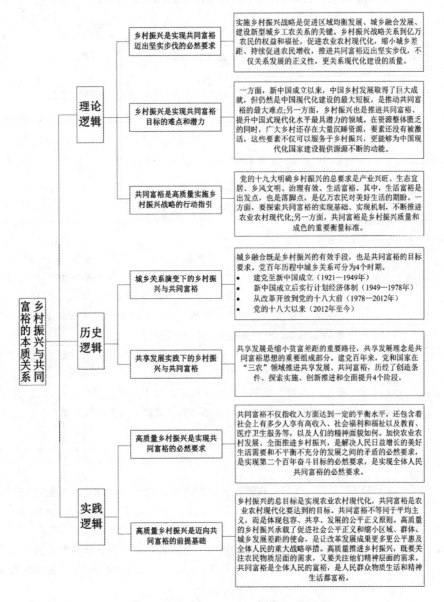

图0-2 乡村振兴与共同富裕之间的内在逻辑关系

来源：根据论文①整理得出。

---

① 郑瑞强，郭如良．促进农民农村共同富裕：理论逻辑、障碍因子与实现途径［J］．农林经济管理学报，2021，20（06）：780-788．

四、从脱贫攻坚到乡村振兴,再到共同富裕

(一)脱贫攻坚是乡村振兴的基础

经过全国人民艰苦卓绝的努力,我国顺利完成脱贫攻坚目标,开启乡村振兴新征程。习近平总书记强调"乡村振兴从来不是另起炉灶,而是在脱贫攻坚的基础上推进"。由此可见,深刻分析我国在脱贫攻坚阶段所取得的成果与经验,明确其为实施乡村振兴战略所奠定的多方基础,可切实推进实现全面脱贫与乡村振兴战略的有效衔接。

表 0-3 脱贫攻坚的基础作用

坚实的政治基础	(1)我国能够如期打赢脱贫攻坚战更加体现了社会主义制度"集中力量办大事"的优越性。政府在思想引领和体制机制建设方面具有突出优势,尤其体现在领导力、组织力、动员力和治理能力等方面,而社会主义市场经济和社会制度的优势主要体现在优化资源配置和工作灵活性上,能够充分激活贫困地区和贫困人口的发展积极性。 (2)我国的脱贫攻坚除了政府相关部门深度参与之外,还通过凝聚多方力量,发挥多方优势,为如期打赢脱贫攻坚战提供不竭动力,攻克了一个又一个贫困问题。这充分体现了我国社会主义制度集中力量攻关的制度优势和政治优势,为乡村振兴战略的实施奠定了坚实的政治基础
强大的政策基础	(1)有利的政策是我国打赢脱贫攻坚战的重要保障,这既包括宏观层面的"决定、规划、指导意见",也包括微观层面各省市所出台的各项工作方案。 (2)通过梳理各地政策的内容,不难发现,我国脱贫攻坚阶段形成了系统且完善的政策体系,为我国实施乡村振兴战略提供了强大的政策基础

续表

扎实的实践基础	（1）打赢脱贫攻坚战是一场艰苦卓绝的战役，面对深度贫困地区贫困问题突出、致贫原因复杂等现实问题，我国在实践层面探索并形成了一系列成功经验，为进一步推进乡村振兴战略的实施打下了扎实的实践基础。 （2）相关统计显示，我国在脱贫攻坚阶段累计选派了25.5万个驻村工作队、300多万名第一书记和驻村干部，与近200万名乡镇干部和数百万名村干部一起奋斗在脱贫攻坚第一线，他们有坚定的"理想信念"和高尚的"人民情怀"，更具有突出的农村工作能力，可为乡村振兴提供强大的人力支持与保障

来源：根据论文[①]整理得出。

（二）共同富裕是乡村振兴的目标

共同富裕为乡村振兴提供了愿景，是乡村振兴的动力源泉和前进方向。共同富裕从提升人民生活质量出发，触动社会大众的灵魂，将共同富裕作为乡村振兴的目标，可以为乡村振兴注入源源不断的动力。共同富裕不是虚无缥缈的，而是分阶段实施推进的人类发展战略的具体化；共同富裕不是遥不可及的，也不是触手可及的，而是通过奋斗和实践不断实现的。这种具体化的战略部署和适度超前的实现过程为乡村振兴提供了前景与方向。

1. 共同富裕为乡村振兴指明了前进方向

党的十九大报告提出，到2035年"全体人民共同富裕迈出坚实步伐"，到本世纪中叶"全体人民共同富裕基本实现"，这为乡村振兴指明了前进方向。

《乡村振兴战略规划（2018—2022年）》中提到，到2050年，乡村全面振兴，农业强、农村美、农民富全面实现，也就是农业农村现代化的全面实现。到2050年，农民不仅在物质生活上实现富裕，还要能够享受高水平的公共服务、优美的生态环境和高质量的基础设施；农业生产力水平高度发达、农业科技创新能力走在世界前列；农村要具有完善的治理体系与

---

① 李兴洲，侯小雨，赵陶然. 从"脱贫攻坚"到"乡村振兴"：过渡阶段的关键问题与应对策略[J]. 教育与经济，2021，37（06）：3-9.

和谐有序的社会环境。2050年全体人民共同富裕基本实现的目标为乡村振兴提供了前进的愿景。

2. 共同富裕为乡村振兴提供了前进动力

虽然打赢脱贫攻坚战解决了困扰百年的绝对贫困问题，实现了全面建成小康社会的第一个百年奋斗目标，但是现阶段的小康还存在着发展不平衡、不充分等不足，与共同富裕的目标还相差甚远。新时代共同富裕的目标与现实中"三农"发展之间不平衡不充分的矛盾为乡村振兴提供了前进的动力，即不断实现农业农村平衡充分发展，持续提高农村居民收入水平，不断丰富农民精神文化生活，在实现农业农村现代化过程中不断满足农民日益增长的美好生活需要。

3. 从全面小康到共同富裕

在庆祝中国共产党成立100周年大会上，习近平总书记代表党和人民庄严宣告，经过全党全国各族人民持续奋斗，我们实现了第一个百年奋斗目标，在中华大地上全面建成了小康社会，历史性地解决了绝对贫困问题。我国经济发展从摆脱贫困、跳出低收入陷阱、实现全面小康社会建设，转向新阶段新目标。这一新发展阶段有三个鲜明特征：一是全面建成小康社会取得决战决胜，这是实现我国社会主义现代化建设"三步走"战略目标的必经阶段，也是中华民族伟大复兴中国梦得以实现的关键所在；二是由高速增长阶段转向高质量发展阶段，我国正处于转变发展方式、优化经济结构、转换增长动力的攻关期，谋求高质量增长和经济结构转型；三是当今世界处于百年未有之大变局，当前世界经济局部冲突频发、全球性问题凸显，特别是新冠肺炎疫情全球大流行加剧了国际格局的动荡。与此同时，国内发展环境也面临着深刻变革，不平衡不充分问题突出，收入不平等问题依然严峻，城乡差距和地区差距逐年扩大。

同时党的十九届五中全会明确提出，到2035年全体人民共同富裕取得更为明显的实质性进展。在2021年10月第20期《求是》杂志中，习近平总书记发表重要文章《扎实推动共同富裕》，文章指出："共同富裕是社会主义的本质要求，是中国式现代化的重要特征。"因此，瞄准不平衡不充分问题，由全面小康转向共同富裕，基本实现现代化，成为我国成功跨越中等收入陷阱的关键所在。

习近平总书记指出:"共同富裕本身就是社会主义现代化的一个重要目标,要坚持以人民为中心的发展思想,尽力而为、量力而行,主动解决地区差距、城乡差距、收入差距等问题,让群众看到变化、得到实惠。"脱贫攻坚、乡村振兴与共同富裕的关系如图 0-3 所示。

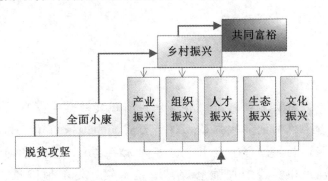

图 0-3 脱贫攻坚、乡村振兴与共同富裕的关系

第一章

分析框架：乡村振兴与社会实践

现阶段，大力实施乡村振兴战略是我国开展社会主义现代化建设的核心内容。习近平总书记多次强调，青年要成长为国家栋梁之材，要读万卷书、行万里路，既多读有字之书，也多读无字之书，注重学习人生经验和社会知识，注重在实践中加强磨炼、增长本领；要不怕困难、攻坚克难，到基层、到西部、到祖国最需要的地方去，做成一番事业、做好一番事业。高校社会实践活动与乡村振兴战略的深度融合，可以深化高校实践育人的意蕴，引导学生更好地认识农民、理解乡村、了解国情、体察民情，深刻理解党和国家关于乡村振兴的路线、方针和政策，形成正确思想认识；可以提高大学生的实践水平，让高校学生深入乡村开展研究，切实发现问题，解决乡村发展中存在的问题；可以使学生在服务乡村发展中感受到自身价值，增强主人翁意识，实现自我教育、自我成长。乡村振兴"大课堂"中的第三方评估活动、"五个振兴"为社会实践提供了丰富的机会。

第一节 脱贫攻坚与乡村振兴中的第三方评估

一、脱贫攻坚与乡村振兴中做好第三方评估的必要性

精准扶贫方略是我国打赢脱贫攻坚战的制胜法宝，对脱贫成效进行评估是确保政策落实的关键环节。2016年，中共中央办公厅、国务院办公厅印发《省级党委和政府扶贫开发工作成效考核办法》，要求从2016年到2020年针对精准扶贫工作成效，每年进行一次独立的第三方评估，评估结

果均被作为党委和政府扶贫开发工作成效考核的重要依据，由此正式确立了第三方在精准扶贫工作成效评估中的重要地位。之后，各省市陆续委托第三方机构参与脱贫成效的评估，检验脱贫数据的真实性和政策的落实情况等。除了政府的支持和引导，第三方机构评估的质量对评估结果的公信力和权威性也至关重要。地方政府引入第三方机构参与绩效评估，在肯定其评估的专业性、独立性、客观性和公信力的同时，也开始关注其评估服务的质量。

2021年是巩固拓展脱贫攻坚成果同乡村振兴有效衔接开局之年，也是后评估的第一年。一年来，中央确定衔接工作领导体制工作机制，各部门出台30多个衔接文件，地方各级党委政府推进责任落实、政策落实、工作落实，巩固拓展脱贫攻坚成果同乡村振兴有效衔接取得初步成效。但在衔接工作开局之年，各地或多或少存在一些问题，如观念未转变过来、体制机制未理顺、责任落实不到位、政策衔接思路不清晰、重点工作不突出等，加上新冠肺炎疫情、洪涝等自然灾害、农产品价格波动等外部因素影响，一些地区巩固脱贫成果面临较大挑战，防止返贫和致贫的压力较大。做好2021年第三方后评估工作，对于巩固拓展脱贫攻坚成果同乡村振兴有效衔接开好局、起好步具有重要作用。

二、学生参与第三方评估的必要性

第三方是独立于政府及其部门的组织或个人，包括第三方机构、中介机构、专家和智库等。国内外致力于完善第三方评估机制，共同目标是获得公正的结果。在国家脱贫攻坚的实践大课堂中，学生可以了解现实、认识国情、反省自我，可以亲眼看到与一线城市的先进和繁荣截然不同的凋敝村庄、破旧窑洞以及缺乏生机的土地，从而更加清晰地认识贫困的面貌，以及各级政府探索的因地制宜的扶贫举措、基层干部在脱贫攻坚中的忘我投入、老百姓感谢党和政府的肺腑之言。

在脱贫攻坚与乡村振兴有效衔接的第三方评估中，学生能够收获以下体验和认识。

（1）突破自我，关心天下事。在入户调研过程中，老奶奶端茶递水、老爷爷倚门远送、小弟弟小妹妹的清澈目光，都能让学生感到平日里从未有过的一份责任，他们明白每一份问卷都和这些人的生活紧密关联。

从走近贫困时的触目惊心到对于贫困农户的同情，从感性关注现象到理性思考问题，进而从探求出路到相信未来，学生经过了"触动—感慨—思考—希望"的心路历程，能够突破自我，不再"一心只读圣贤书"，而开始思考曾经认为离自己还比较遥远的国家大事，增强了为国效力的责任感和使命感。

（2）懂得珍惜，甘为国家兴旺而奉献。对于只有从学校到学校经历的学生来说，直面真实的社会是最有效的成长途径。通过在第三方评估中读"无字之书"，学生能够看到不一样的人生。那些陷于贫困而无助的人们以及那些与贫困顽强抗争的人们，让学生知道了自身的优越和幸运，懂得了要珍惜拥有的一切，并为改变贫困人群的命运和落后的农村面貌而努力。那些战斗在脱贫攻坚第一线、为帮助农户摆脱贫困而奋斗的干部所做的一切，让学生感受到了未来的希望，懂得了要像他们一样，在国家建设中坚定理想信念，脚踏实地做出自己的贡献。

（3）承受艰辛，在认真为人做事中成长。如第三方评估的时间均安排在每年5月底到7月或当年12月到次年1月之间，不是酷暑就是寒冬。学生需要清晨出发，翻山越岭走访农户，晚上归来还要挑灯夜战录入问卷，工作节奏快、强度高、时间长，需要密切配合，努力克服各种困难，一丝不苟地完成工作任务。

第二节　"五个振兴"与乡村振兴中的示范与社会力量

一、"五个振兴"与社会实践

从空间区域上看，乡村振兴工作的区域从脱贫攻坚期的中西部22个省（自治区、直辖市）的贫困乡村转向了全国所有农村地区，目标人口从建档立卡贫困人口转向了所有农民，目标任务从实现"两不愁三保障"阶段性目标转向了包括产业兴旺、生态宜居、乡风文明、治理有效、生活富裕在内的长期性、系统性目标。要达到乡村振兴的目标，就需要通过"产业振兴、人才振兴、文化振兴、生态振兴、组织振兴"这五条途径去实现。学生在乡村振兴中参与社会实践的过程如图 1-1 所示。

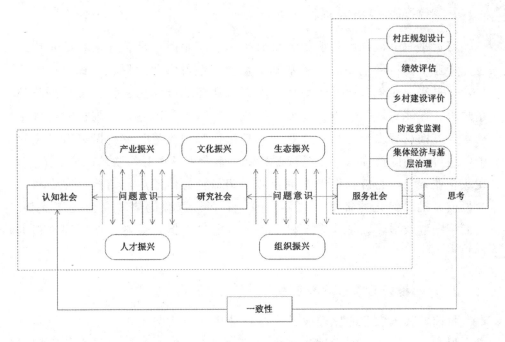

图 1-1 "五个振兴"与社会实践交互

（一）产业振兴是乡村振兴的重要抓手

近几年，中央围绕乡村产业振兴发布了一系列重要的专门指导文件。2018 年，中共中央、国务院印发《乡村振兴战略规划（2018—2022 年）》专篇明确"发展壮大乡村产业"；2019 年，国务院印发《关于促进乡村产业振兴的指导意见》；2020 年，农业农村部印发《全国乡村产业发展规划（2020—2025 年）》，这是我国首次对乡村产业发展作出全面规划；2021 年中央一号文件《中共中央国务院关于全面推进乡村振兴加快农业农村现代化的意见》、2022 年中央一号文件《中共中央国务院关于做好 2022 年全面推进乡村振兴重点工作的意见》，再聚焦乡村产业振兴。省级层面，2022 年江西省委一号文件《关于推进农业农村高质量发展奋力打造新时代乡村振兴样板之地的意见》指出"奋力打造推动农业绿色发展的样板"并要"加快推进农村一二三产业融合发展""擦亮绿色生态品牌"。上述文件清晰地表明，各级政府已经形成了一个共识——产业振兴是乡村振兴的重要抓手。

1. 产业振兴是乡村振兴的重中之重

习近平总书记在河北承德考察时指出，产业振兴是乡村振兴的重中之重。产业是乡村最重要的经济基础，直接关系着农业发展、农民增收。乡村产业振兴在保障农业基础地位、发挥农业多功能作用、弥补现代经济体系短板、保障农产品供给、增加农民收入并缩小贫富差距、维护社会和谐稳定等方面具有重要意义。产业振兴是指在脱贫攻坚和乡村振兴有效衔接中，通过挖掘区位优势，立足资源禀赋，整合市场资源，联结政府、农户、龙头企业、农村经济合作组织等主体，调整乡村传统产业结构，在农村地区形成一批现代化的集聚、共生协同产业，将资源优势转变为经济优势，进而带动群众增收，是开启乡村全面振兴的启动器，最终实现共同富裕的过程。

2. 产业振兴的未来路径展望

目前，我国农业的比较收益在全产业中处于劣势地位，农民单位劳动投入报酬递减，在农业发展过程中出现"内卷化"趋势，农村产业发展无法满足农民的就业和增收需求，大量青壮年农民进城务工，而人力资源的流失进一步加剧了乡村产业发展困境，形成恶性循环。

（1）产业基础弱。目前我国乡村一二三产业的基础较为薄弱。在农业上，我国大量乡村仍然以超小农为主体，形成了大规模散户种植面貌，因此普遍面临着产量低、技术落后和难以有效对接"大市场"的问题。据统计，截至2016年底，我国有2亿多农户的土地经营在50亩以内，为全国总农户数的97%，占了全国耕地总面积的82%，每户平均耕地为5亩。到2030年，农户经营土地在50亩以内的仍将有1.7亿户，这就难以为农产品加工业持续而稳定地提供原料。我国农业基础弱还体现在粮食安全上，虽然我国农业产业可以让国人吃饱肚子，但营养需求却不能得到普遍有效的满足。在第二产业上，目前我国乡村主要分为农产品加工业、手工业以及劳动力密集型轻工业，在产业规模、产业结构和生产效率上均有较多不足。乡村第三产业的发展更是先天不足。尽管目前很多乡村大张旗鼓地搞旅游开发，但成功的并不多，且因前期投入较大，项目失败带来的后果也更严重，阻碍了产业振兴。

（2）产业效益低。乡村产业效益低可以从产销两端来看：一是生产成本过高，特别是超小农的各项成本较高，二是产品市场价格和附加值较低，二者落差导致乡村产业失去了市场比较优势，产品效益普遍较低。以我国茶业为例，我国作为茶叶原产地，产茶总量占全球40%，种植面积占全球60%，均居全球第一，但我国百强茶企的产值总和不足163亿元，抵不上不产茶叶只加工茶叶的英国企业立顿的产值。这表明我国的茶业仅仅做大而没有做强，其产业效益不高，产业附加值也较低。这并非个案，日本在20世纪90年代乡村振兴取得巨大成绩，今村奈良臣的研究表明，在日本农产品未经加工到达消费者手中的比例仅为20.7%，2005年下降为18.4%，经过加工的比例达到53.2%。可见，农业的大部分利润被转移到农业部门之外，由此他提出农业应保留自己的主体性，把被第二三产业剥夺的附加值保留在农业部门，提倡综合产业的融合发展。应该说，乡村产业效益低是产业发展的主要障碍。

（3）产业融合难。农业产业融合可分为产业内融合与产业间融合，前者是指农业内部的子产业之间通过生物链整合，继而形成农产品加工销售等一条龙的过程，而后者则是农业通过技术和经济等方式实现与其他产业的融合。但是在乡村实现三产融合的现实难度较大，农业产业内融合缺乏相应的环境支撑和经验积累，而乡村一二三产业间的融合也因技术限制和资本匮乏而难以成型。陈红霞[①]等人利用QCA方法分析了当前中国村镇产业融合的影响因素与发展模式，他们指出村镇产业难以融合的原因在于一些乡镇缺乏技术基础、上下游产业支持等必要条件，形成了难以突破的产业壁垒；也有研究认为制约乡村产业融合发展的主要原因是乡镇发展过分追求城镇产业经济而忽视了农村产业，应该说实现乡村产业融合知易行难。

要想实现产业振兴，就要充分发挥农村的生态、文化、旅游资源优势，整合金融资源，利用互联网技术，以三产融合为要义，将产业要素有机结合起来，发挥各模式之间的协同效应，不断创新产业发展机制，形成具有中国特色的乡村产业兴旺新模式、新业态（见表1-1）。

---

① 陈红霞，屈玥鹏.基于定性比较分析的村镇产业融合的影响因素与发展模式研究［J］.城市发展研究，2020，27（07）：121-126.

表 1-1　产业振兴的未来路径

用好"两只手"是产业振兴的重中之重	产业兴旺需要处理好政府和市场两者之间的关系。厘清政府与市场的边界，调度好政府逻辑和市场行为之间的张力是产业振兴的关键。依托政府集中力量办大事的制度优势，解决集中性贫困问题，发挥好政府的引导服务功能，做好农村基础设施建设。制定高效、准确的市场帮扶政策，完善奖惩体系，对农户精准识别，避免"精英捕获""弱者吸纳""产业同质化"等现象发生。 振兴靠产业，产业靠市场，产业经营是市场行为，发挥市场在资源配置中的决定性作用，强化市场化思维和主体责任，精准攻克个别发展难题，培育出适应市场变化和人民需求的乡村产业。要避免市场行为下的要素共生困境和要素集聚困境，在市场机制下对生产要素和资源进行优化重组，实现生产要素集聚且共生，促进乡村振兴战略的实施
"三产"融合是产业振兴的根本路径	我国农村一二三产业融合发展还处于初级阶段，三产难以发挥"1+1+1＞3"的效应。 开展多元化产业兴旺工作，将农业与二三产业结合起来，依托新型农业经营主体，推动农业内部重组融合，促进农业横向一体化经营，加深种养殖各环节联系密度，实现废弃物循环利用，培育生态农业、设施农业。 通过龙头企业、互联网平台等主体，创新共享理念，组织引导土地、劳动力、技术、资金等要素与乡村产业融合，打破城乡壁垒，引导城市要素流向农村，促进城乡要素双向流动。形成产业之间的集聚与联动、纵向一体化发展，使农业向二三产业自然延伸，二三产业向农业逆向渗透，形成发展合力，打造集旅游、电商、金融、服务等于一体的多功能产业园区
"四化"发展是产业振兴的必然要求	在乡村振兴背景下，要统筹推进生产规模化、产业特色化、经营市场化、发展绿色化。 一是规模化，产业布局由"散"向"集"转变，改变原先的分散型产业现状，扩大产业规模，种养殖集约化发展，形成产业链条集群。 二是特色化，要坚持因地制宜，宜农则农、宜菜则菜、宜果则果、宜渔则渔，挖掘地方资源、掌握文化禀赋，依据气候特点，打造特色品牌，走适合本土的特色产业发展路径。

续表

"四化"发展是产业振兴的必然要求	三是市场化，增强农村群众市场意识，完善网络基础设施，依托信息化平台发挥电商优势，通过新媒体、电商平台宣传，扩展农产品销售渠道，挖掘更多的潜在客户，激发和引导市场需求，注重推动全产业链延伸，以市场化方式导入更多供应链资源。 四是绿色化，产业兴旺要坚持绿色发展理念，依据当地生态禀赋，发展可持续产业，在追求规模经济效益的同时兼顾生态效益最大化

来源：根据论文①②整理得出。

（二）人才振兴是乡村振兴的坚实基础

2018 年中共中央、国务院印发《乡村振兴战略规划（2018—2022 年）》专篇明确"强化乡村振兴人才支撑"，2021 年中央一号文件《中共中央国务院关于全面推进乡村振兴加快农业农村现代化的意见》中提出"加强党对乡村人才工作的领导，将乡村人才振兴纳入党委人才工作总体部署，健全适合乡村特点的人才培养机制，强化人才服务乡村激励约束"，2022 年中央一号文件《中共中央国务院关于做好 2022 年全面推进乡村振兴重点工作的意见》再次提出"加强乡村振兴人才队伍建设"并"鼓励地方出台城市人才下乡服务乡村振兴的激励政策"，2022 年江西省委一号文件《关于推进农业农村高质量发展奋力打造新时代乡村振兴样板之地的意见》指出"打造过硬乡村人才队伍"。上述文件清晰地表明，各级政府已经形成了一个共识——人才振兴是乡村振兴的坚实基础。

1. 人才振兴是乡村振兴的核心力量

党的一切事业靠人。在乡村振兴的诸多议题中，"谁的乡村振兴""谁来振兴乡村"毫无疑问是核心问题。"国势之强由于人"，人才是乡村振兴最重要的战略资源，是促进农业农村发展由增产到提质的核心力量。

---

① 郭俊华，卢京宇. 产业兴旺推动乡村振兴的模式选择与路径 [J]. 西北大学学报（哲学社会科学版），2021，51（06）：42-51.
② 吴春来. 产业扶贫与产业振兴有效衔接初探 [J]. 西南民族大学学报（人文社会科学版），2021，42（12）：180-189.

乡村人才队伍的建设既是实现乡村全面振兴的关键，又是实现农业农村现代化总目标的重要保障。因此，以人才振兴为抓手，在产业发展、生态建设、文明建设、社会治理、生活富裕等方面对乡村人才提出新要求，建设一支"懂农业、爱农村、爱农民"的乡村人才队伍，有利于全面推进乡村振兴，实现农村农业现代化（见图1-2）。

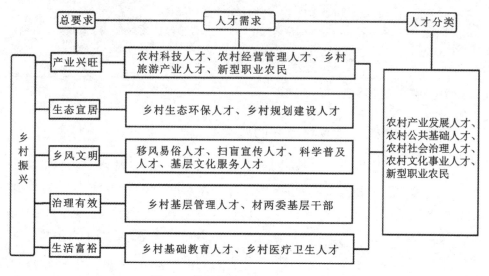

图1-2 乡村振兴对乡村人才的需求

来源：根据论文①整理得出。

2. 人才振兴的未来路径展望

目前我国在取得经济社会发展成就的同时，也面临农业国际竞争力不足和城乡发展不平衡等问题，作为支撑的农业农村人才队伍建设面临巨大挑战，主要体现在以下方面。

（1）数量困境：乡村人才总量不足，中青年人才单向流失严重。据统计，目前农村各类实用人才1690多万人，仅占农村劳动力的33%。有关资料显示，平均每两千多名从事农业劳动的人员中，仅有一名农业技术的推广人员，这在一定程度上反映出乡村人才缺乏的状况。从现实状况来看，近年来随着城镇化进程的不断加快，越来越多的农村劳动力选择到城市务工。乡村常住人口特别是中青年减少趋势较明显，中青年人才单向流失严

---

① 王武林，包滢晖，毕婷. 乡村振兴的人才供给机制研究 [J]. 贵州民族研究，2021，42（04）：61-68.

重。乡村人才总量不足，难以满足实施乡村振兴战略的需要。

（2）质量困境：乡村人才整体受教育程度偏低，年龄结构分布欠佳。第三次全国农业普查数据显示，东、中、西部地区农业生产经营人员的学历为初中及以下的占比分别为90.3%、91.0%、93.3%，说明我国农业生产经营人员以小学和初中学历为主，乡村人才整体受教育程度偏低，导致其对新兴技术、新知识的学习应用能力较弱，难以满足乡村振兴需求。

（3）开发困境：乡村人才分布失衡，人才资源配置不尽合理。从行业分布来看，乡村人才主要集中于传统第一产业，分布在二三产业的相对较少，从事种植、养殖和农产品初级加工等行业居多；从层次分布来看，乡村高级人才主要集中于省、市、县级，专业技术类人才在乡镇基层分布较少。有研究显示，一些地区科技工作者工作量不饱和者达到40%，有至少8%的科技人员基本无事可做，科技人员技能发挥率仅为65.6%。这说明乡村人才资源配置还不尽合理，在一定程度上将造成人才的浪费。

因此，需要坚持把人力资源开发放在重要位置，实行更加积极、开放、有效的人才政策，将乡土人才作为农村人才队伍之一，出台系列政策举措，着力培育一批适应农业农村现代化建设的"土专家""田秀才""新农人"，真正让乡土人才"香起来"，让他们在乡村振兴建设的广阔天地大显身手、各尽其能（见表1-2）。

表1-2 人才振兴的未来路径

支持各类人才返乡发展	建立乡村人才在城乡之间自由流动的体制，支持各类人才返乡发展。 一是支持农业科研与技术推广、农业经营管理和电商等方面人才到乡村发展，实现农业生产过程中的科学管理，进而促进农业生产效率的提升，延长农业生产链，提高农产品的附加值，助力乡村产业振兴。 二是支持高校毕业生到乡村工作，重点引导生于斯长于斯的农村籍大学生支持家乡建设与发展，打通人才回流渠道，创建人才回流平台，吸引一批有志向、有能力的青年人才扎根于乡村，服务乡村。 三是支持各类人才在乡村创业，进一步完善人才返乡创业政策，设立乡村专项创业风险基金，为乡村创业人员提供一定信贷和融资政策倾斜，以解决其在创业过程中的融资难题

续表

完善乡村人才激励机制	推动人才汇聚乡村，用好乡村人才，需采取多种激励手段，完善乡村人才激励机制。 一是政治激励方面，吸纳能力强、政治觉悟高的乡村青年人才加入党组织，特别优秀乡村人才优先提拔或晋升。 二是荣誉激励方面，因地制宜完善乡村优秀人才奖励办法，定期开展各类乡村人才评比活动，及时对乡村振兴中涌现出的优秀人才进行表彰，提升乡村人才的自豪感和荣誉感。 三是薪酬激励方面，坚持物质激励与精神激励相结合，建立与工作业绩挂钩的薪酬激励机制，为乡村人才提供良好的薪酬待遇，在住房、交通、医疗等方面给予乡村人才一定的补贴或专项资金。 四是职称评审激励方面，畅通乡村人才的职称评审通道，科学设置乡村人才职称评价指标，完善各类乡村人才职称评价体系，将职称评价与其工作业绩和实际贡献相联系
优化乡村人才发展环境	只有为乡村人才营造良好的发展环境，才能留得住人才，保证农业农村的可持续发展。 一是加快乡村公共基础设施建设，深入推进乡村人居环境整治，尽快解决乡村生活垃圾、污水及环境污染等方面的难题，缩小乡村和城市生活状况的差距，为乡村人才提供良好的生活工作环境。 二是完善乡村医疗、教育、交通等基本公共服务，消除人才在乡村发展的后顾之忧，提升乡村人才对乡村公共服务的满意度，在岗位编制、职称评定、薪酬待遇等方面向乡村人才倾斜，让他们安心留在乡村工作。 三是充分发挥云计算、大数据等技术优势，使之与乡村振兴有效融合。建设乡村人才数据共享平台，进行分类和动态管理，及时关注和分析乡村人才供需状况，使乡村人才资源配置趋于合理，充分开展调研，及时了解和掌握乡村人才的需求，为乡村人才提供高效便捷服务

来源：根据论文①②整理得出。

---

① 张新勤. 新时代乡村人才振兴的现实困境及破解对策[J]. 农业经济，2021（10）：98-99.
② 李卓，张淼，李轶星，等. "乐业"与"安居"：乡村人才振兴的动力机制研究——基于陕西省元村的个案分析[J]. 中国农业大学学报（社会科学版），2021，38（06）：56-68.

(三）生态振兴是乡村振兴的生命线

2005 年，习近平同志在浙江省安吉县考察时，明确提出了"绿水青山就是金山银山"的科学论断。2006 年，习近平同志进一步总结了人类认识的三个阶段：第一个阶段是"用绿水青山去换金山银山"；第二个阶段是"既要金山银山，但是也要保住绿水青山"；第三个阶段是"绿水青山本身就是金山银山"。党的十八大以来，习近平总书记从战略高度更加重视生态文明建设。2018 年全国"两会"期间，习近平总书记在参加山东代表团审议时提出"让良好生态成为乡村振兴的支撑点"的重要论断，同年中共中央、国务院印发的《乡村振兴战略规划（2018—2022 年）》中明确指出，"大力实施乡村生态保护与修复重大工程""促进乡村生产生活环境稳步改善，自然生态系统功能和稳定性全面提升"。2020 年，生态环境部办公厅、农业农村部办公厅、国务院扶贫办综合司印发的《关于以生态振兴巩固脱贫攻坚成果进一步推进乡村振兴的指导意见（2020—2022 年）》中指出"进一步发挥生态环境保护和生态振兴在脱贫攻坚和乡村振兴中的重要作用"，2021 年中央一号文件《中共中央国务院关于全面推进乡村振兴加快农业农村现代化的意见》提出"实施农村人居环境整治提升五年行动""开展美丽宜居村庄和美丽庭院示范创建活动"，2022 年中央一号文件《中共中央国务院关于做好 2022 年全面推进乡村振兴重点工作的意见》提出"推进农业农村绿色发展""出台推进乡村生态振兴的指导意见""接续实施农村人居环境整治提升五年行动"，2022 年江西省委一号文件《关于推进农业农村高质量发展奋力打造新时代乡村振兴样板之地的意见》指出"奋力打造建设美丽乡村的样板"。上述文件清晰地表明，各级政府已经形成了一个共识——生态振兴是乡村振兴的重要支撑，是乡村振兴的生命线。

1. 面向乡村振兴战略的农村人居环境整治的作用

长期以来，由于公共投资不足、技术模式落后、环境意识淡薄、村庄管理滞后等因素的综合作用，乡村地区生活垃圾随地丢弃、人畜粪便污染环境、生活污水随意倾倒、亮化美化硬化不足、村庄规划严重缺位、建设管护机制缺失等问题较为突出。部分地区通过环境整治已有所改观，但总体而言仍有必要加强整治、持续提升。针对上述问题，因地制宜开展农村人居环境整治，着力推进生活垃圾治理、厕所粪污治理、生活污水治理、村容村貌提升、乡村景观营造，加强村庄规划管理、健全建设管理机制，可以切实改善农村人居环境。规划设计合理、技术模式适宜、资金投入适中、公众参与度高的农村人居环境整治，对于实现乡村振兴战略目标具有重要的促进作用，具体如下：① 农村人居环境整治可以有效提升乡村社区的宜居性，促进生态振兴，加快实现生态宜居的目标；② 好的整治模式、参与机制，可以增强乡村组织力和凝聚力，激发内生动力，促进组织振兴、文化振兴，实现治理有效和乡风文明的目标；③ 整治活动有助于培养出乡村建设与发展的管理人才，而乡村宜居性、组织力和凝聚力增强后，还能提升乡村的吸引力，能留住和吸引更多的人，综合促进乡村人才振兴；④ 在能人带动、人才集聚、环境吸引等因素的综合作用下，整治活动还可能催生乡村特色产业、地方品牌，进而促进乡村产业振兴，实现乡村竞争力的提升和产业兴旺的目标；⑤ 最终，实现乡村发展水平的提高，以及生活富裕和乡村全面振兴的综合目标。由此，科学开展农村人居环境整治，聚焦问题、精准施策、持续发力、久久为功，对于乡村发展与振兴兼具直接促进作用和间接影响作用，对于乡村功能提升和价值显化具有积极意义。

2. 乡村建设评价与乡村振兴的本质关系

"实施乡村振兴战略"和"实施乡村建设行动"，分别是中共十九大、十九届五中全会提出来的，晚于新型城镇化的提出。但从历史逻辑看，实施乡村振兴战略和乡村建设行动，是社会主义新农村建设的延续。

2022年中央一号文件《中共中央国务院关于做好2022年全面推进乡村振兴重点工作的意见》提出"扎实稳妥推进乡村建设""健全乡村建设实施机制""大力推进数字乡村建设""推进更高水平的平安法治乡村建设"。乡村建设是乡村振兴的重要载体，乡村建设评价是推进实施乡村建设行动的重要抓手。当前，我国乡村建设取得了很大进展，农村面貌有了明显改善，但在农房和村庄建设、环境宜居程度、县城综合服务水平等方面还存在突出问题和短板，城乡之间差距明显。要通过以县域为单元开展乡村建设评价，全面掌握乡村建设状况和水平，深入查找乡村建设中存在的问题和短板，提出有针对性的建议，帮助各地顺应乡村发展规律推进乡村建设，提高乡村建设水平，缩小城乡差距，不断增强人民群众获得感、幸福感、安全感。

（四）文化振兴是乡村振兴的灵魂

2017 年，习近平总书记在中央农村工作会议上提出，要"传承发展提升农耕文明，走乡村文化兴盛之路"，同时习近平总书记在江苏考察时强调："农村精神文明建设很重要，物质变精神、精神变物质是辩证法的观点，实施乡村振兴战略要物质文明和精神文明一起抓，特别要注重提升农民精神风貌。"党的十九大以来，中央一号文件多次聚焦乡村文化振兴，关注乡村精神文明建设。2021 年中央一号文件《中共中央国务院关于全面推进乡村振兴加快农业农村现代化的意见》在强调加强新时代农村精神文明建设的基础上，提出要"深入挖掘、继承创新优秀传统乡土文化，把保护传承和开发利用结合起来，赋予中华农耕文明新的时代内涵"。2022 年中央一号文件《中共中央国务院关于做好 2022 年全面推进乡村振兴重点工作的意见》提出"启动实施文化产业赋能乡村振兴计划"，文化和旅游部、教育部、自然资源部、农业农村部、国家乡村振兴局、国家开发银行联合印发的《关于推动文化产业赋能乡村振兴的意见》提出"文化引领、产业带动""到 2025 年，文化产业赋能乡村振兴的有效机制基本建立"。2022 年江西省委一号文件《关于推进农业农村高质量发展奋力打造新时代乡村振兴样板之地的意见》中指出"培育新时代文明乡风"。上述文件清晰地表明，各级政府已经形成了一个共识——文化振兴是乡村振兴的灵魂，是乡村振兴的"铸魂"工程。

1. 文化振兴是乡村振兴的"铸魂"工程

所谓"铸魂"，就是对人的生活状态、精神气质进行塑造，这离不开文化的作用。相对于经济、政治而言，文化是人类社会的精神活动及其产物，优秀文化能够正向影响人的实践活动、认识活动和思维方式，能够促进人的全面发展。乡村文化振兴可以提高人的生活质量、丰富人的精神世界、增强人的精神力量。习近平总书记强调，"要推动乡村文化振兴，加强农村思想道德建设和公共文化建设，以社会主义核心价值观为引领，深入挖掘优秀传统农耕文化蕴含的思想观念、人文精神、道德规范，培育挖掘乡土文化人才，弘扬主旋律和社会正气，培育文明乡风、良好家风、淳朴民风，改善农民精神风貌，提高乡村社会文明程度，焕发乡村文明新气象"。

1）文化振兴是乡村振兴战略的目标之一

乡村振兴战略事关我国社会主义强国目标的实现，为农村发展指明了方向。乡村文化发展具有经济、社会、政治和生态的多重面向和价值，《乡村振兴战略规划（2018—2022年）》提出："推动城乡公共文化服务体系融合发展，增加优秀乡村文化产品和服务供给，活跃繁荣农村文化市场，为广大农民提供高质量的精神营养。"

2）文化振兴是实现乡村振兴的手段

乡村振兴战略总要求是产业兴旺、生态宜居、乡风文明、治理有效、生活富裕，而其中每一个目标的实现都离不开文化振兴的支持。对于产业兴旺，文化不仅会产生强大的精神力量，也会产生巨大的经济价值。乡土社会沉淀着丰富的文化资源，比如传统美食文化、雕刻文化、戏曲文化、古宅文化等，都可能成为潜在的文化产业，形成新的经济增长点。对于生态宜居，传统生产方式拥有丰富的生态理念资源，比如"天人合一""道法自然"思想认为人是自然之子，人应当顺应天道、尊重自然以求万物和谐，这是构建生态文明的重要文化资源。对于乡风文明，它的实现依赖于人与人之间的相互尊重，而传统伦理文化中的尊重师长、孝敬父母、友爱乡邻等品质是构建互助互爱、文明和谐风气的宝贵文化基础。对于治理有效，传统文化具有教化培育功能，可以为个体建立规范性的行为准则，形成自我反省与自我规制，这是乡土社会中"自治"与"德治"的有力支撑。对于生活富裕，乡土文化中有开拓进取、自强不息、勤劳致富的文化理念，可以鼓励农民通过奋斗创造美好的生活。

2. 文化振兴的未来路径展望

随着乡村社会的发展与变迁，在农民生产生活方式越来越非乡村化的同时，乡村文化也变得越来越非乡土化。城镇化、工业化、现代化带给农民日益富足的物质生活的同时，农民的精神生活并没有得到相应的满足。那些曾经让农民骄傲的乡村文化因落后的生产方式无法给予相对应的精神支撑与回应，形成了以下困境。

1）生存困境：乡村文化生存环境的变化

（1）文化生态环境改变。千百年来，农民聚居在一个相对封闭、固定、缺少人口流动、有明显自然边界的空间内，这样的空间结构、地理位置、人员构成、生产生活方式构成了乡村文化的原始生态环境。随着乡村社会的发展,人口流动的增强,异质文化的流入,后乡土时代的到来,乡村文化的生态环境变得开放、流动、现代、多元。文化环境的变化为农民打开了一扇窗,使农民看到、触摸到不同于原来乡土气息的文化样态。一个不同于自己熟悉的乡村生活的世界呈现在农民面前,大量非乡村生活的事物进入其精神世界。

(2)文化载体空心化。村庄的存在使成员所认同的生产生活方式、交往规则、道德规范、风俗习惯、民间信仰、礼俗制度、人文精神等有了实践和展示的空间范围,在村庄的场域内形成了成员所认可的文化情感、表现形式、价值取向,产生了识别自我的文化身份和标志。村庄的消失不仅是一种地理和空间意义上村庄的消失,更重要的是在以村庄为物质载体基础上所形成的生产生活方式、伦理道德、价值追求、文化表达、行为规范的消失,作为农民精神家园的文化语境和场域的消失。

(3)文化建设主体流失与缺失。大量农民的流动造成乡村社会建设主体的流失,进而造成乡村文化建设参与主体的缺失。流动在改变农民生活方式的同时,使流向城市的农民在面对与乡村文化迥异的文化语境与场域时,内心展现出对乡村文化的否定与远离,同时对现代、开放、活力的城市文化充满无限向往与追求。

2)主体困境:文化自觉意识缺失、文化主体意识薄弱、文化情感淡化

(1)文化自觉意识缺失。农民虽然是乡村文化建设的主体,但其普遍缺乏文化自觉意识,缺少对乡村文化进行自我认知、自我评价、自我反思、自我创新的积极性和主动性。另外,乡村文化的现状与生存环境,改变了农民的文化认知与态度,进一步弱化了农民的文化自觉意识。文化自觉意识的缺失,使得农民难以形成理性、正确的文化共同体意识和行为,难以通过文化自觉实现对乡村文化核心价值观念深层次的文化认同。

(2)文化主体意识薄弱。文化主体意识是文化主体在文化建设过程中所展现出的积极、主动参与的意识。农民往往以固有的思想观念审视、剖析乡村文化,很难以辩证思维、现代视角评判乡村文化,在看待自我文化时易得出片面甚至错误的结论。在与异质文化的相互比较中,农民很难保持清晰的认知,做出理性的表达,透过乡村文化外在的表现形式,看到其内在的深层次的价值和意义。

(3)文化情感淡化。过去农民的生产生活方式建构在土地之上,土地是农民的命根子,随着"离乡""离农""离土"成为农民日常生活的

常态，以及土地流转的自由进行，土地不再是农民唯一的生产资料和经济来源。农民与土地之间的关系由紧密变得松动，依附于土地而形成的乡土情结日益淡化，构建在土地上的文化形式和内容不再成为农民的情感和精神寄托。

3）认同困境：文化认同危机的产生、表现与后果

（1）文化认同危机的产生。文化认同是文化共同体对共同文化的确认与接受。随着乡村社会的快速变化，乡村文化环境由封闭走向开放、由传统走向现代。城乡文化交流互动日益频繁，价值观念冲突日益加剧，自我文化认知困难日益凸显，这些因素使乡村文化认同危机的产生成为一种必然。

（2）文化认同危机的表现。首先，农民割裂了传统与现代之间的内在关系，将传统与现代绝对地对立起来，主动远离与丢弃传统乡村文化，盲目渴望与追逐现代城市文化，成为当下大多数农民的普遍共识和行为导向。其次，在多元文化共存与激荡的语境下，由于农民缺乏对自我和他者的辨别能力，其内心会产生文化自卑心理，主观上认定乡村文化是落后保守的文化，城市文化则是先进开放的文化，城市文化理应成为其文化选择的对象和发展目标。最后，"文化的核心部分是传统的观念，尤其是它们所带的价值"，价值观念认同是文化认同的核心内容。在城市文化强势冲击、文化认同感弱化、缺少正确价值观念引领的情况下，农民在价值观念的认知与选择上日益陷入自我迷茫的困境。

（3）文化认同危机的后果。文化认同危机的产生改变了农民对乡村文化的原有认知和深厚情感，不仅使乡村文化与农民渐行渐远，更使乡村文化在缺少坚定而从容的文化自信语境下失去了强大而广泛的主体基础，其发展与繁荣的内在动力遭到破坏和消解，面临着被城市文化同化甚至异化的危险。

乡村文化振兴不是空中楼阁，而是在理性客观地看待经济社会变迁的前提下，尊重文化发展规律，通过挖掘乡土文化、扶持文化主体、加强文化嫁接等一系列方式引导乡土文化的再创造过程，促使乡土文化在与其他文化的交融碰撞中升级创新，最终达到文化振兴服务人民的根本目的（见表1-3）。

表 1-3　文化振兴的未来路径

挖掘乡土文化，阐发乡村内涵	挖掘乡土文化资源，不仅要充分挖掘当地有文字记载、口头流传下来的各种文化资源，而且要充分挖掘当地一草一木、一坡一岭、一峰一谷、一湾一坳所蕴含的精神和要义。乡土文化是乡村文化建设的核心。我国许多乡村特别是传统村落的产生往往都有自身特殊的经历和故事，在其人口数量不断增加、血缘关系不断疏远、村庄建设不断扩大、资源需求不断扩张、经济总量不断发展、个人需求不断提升的过程中，在生产力水平不高、资源承载力有限的情况下，新的矛盾和冲突必然持续不断地产生。为了缓和新的矛盾和冲突，新的行为习惯、道德规范和价值观念等也随之产生。除一些协调、缓和家庭家族关系，缓解家庭家族矛盾的家风、家训、祖训等不断丰富和完善以外，一些缓和人与自然关系、保护自然环境、弘扬优秀道德的神话故事、神话传说，也逐步形成和产生，从中阐发乡村内涵对乡土文化的传承有重要作用
扶持文化主体，促进文化传承	把具有一定经济实力、较强的社会责任意识的农业龙头企业、农民专业合作社、家庭农场和村集体经济组织打造为乡村文化建设的主体力量。如果把传统乡村文化建设的任务，与企业文化建设有机地结合起来，通过创新文化建设的路径和主体，必将促进乡村传统文化的创新和传承。特别是当前我国乡村众多优秀农业企业、农民专业合作社或者村集体经济组织的主要负责人，有可能是当地传统大户、大姓的代表性人物，他们社会影响力大、创新创业能力强、感染力号召力大，在当地拥有一定的话语权，有的甚至拥有相当大的话语权

续表

加强文化嫁接，推动文化创新	在当今信息传播速度加快、信息传播形式多样、体验见证更加便利的大背景下，特别是随着我国交通、通信等基础设施的不断完善，撤村扩村、撤乡建镇等行政区划的调整不断深入，邻村邻乡之间的文化融合、习俗一体、风俗相通成为常态。乡村除了传承和创新乡村自己的传统文化习俗和内容，并不断依托现代技术的发展而不断创新以外，更要加大相关、相近、相亲的异乡异域优秀特色文化的有机嫁接，丰富本土文化内涵，增强本土文化感染力，完善本土的文化样式

来源：根据论文①②③整理得出。

（五）组织振兴是乡村振兴的重要支柱

《乡村振兴战略规划（2018—2022年）》指出，加强农村基层党组织对乡村振兴的全面领导，要"提升组织力，把农村基层党组织建成宣传党的主张、贯彻党的决定、领导基层治理、团结动员群众、推动改革发展的坚强战斗堡垒"。2021年中央一号文件《中共中央国务院关于全面推进乡村振兴加快农业农村现代化的意见》指出"充分发挥农村基层党组织领导作用，持续抓党建促乡村振兴"，2022年中央一号文件《中共中央国务院关于做好2022年全面推进乡村振兴重点工作的意见》提出"充分发挥农村基层党组织领导作用""总结推广村民自治组织、农村集体经济组织、农民群众参与乡村建设项目的有效做法""加强农村基层组织建设"。2022年江西省委一号文件《关于推进农业农村高质量发展奋力打造新时代乡村振兴样板之地的意见》指出"加强农村基层党组织建设""加强党对农村工作的全面领导"。上述文件清晰地表明，各级政府已经形成了一个共识——组织振兴是乡村振兴的重要支柱，是乡村振兴的"第一工程"。

---

① 曹立，石以涛. 乡村文化振兴内涵及其价值探析[J]. 南京农业大学学报（社会科学版），2021，21（06）：111-118.

② 杨乔，范周. 文旅融合推动乡村文化振兴的作用机理和实施路径[J]. 出版广角，2021（19）：37-40.

③ 杨良山，柯福艳，徐知渊，等. 振兴我国乡村文化的几点思考[J]. 农业经济，2021（07）：51-52.

1. 组织振兴是乡村振兴的"第一工程"

乡村组织振兴是乡村振兴的基础保障。乡村组织振兴主要包括四个部分：农村基层党组织、农村专业合作经济组织、社会组织和村民自治组织。其中，农村基层党组织是核心，是党在农村全部工作的基础，是党联系广大农民群众的桥梁和纽带；农村专业合作经济组织是在小农经济长期存在的背景下，促进农业规模化生产、提升农民经济效益、实现农业农村现代化的有效组织形式；社会组织是指由行业协会、自愿组织等非官方组织作为乡村多元共治主体，构建更为完整的乡村治理体系，加强农村社会管理；村民自治组织是指通过加强村民委员会建设，实现村民自我管理、自我教育、自我服务。在推进乡村全面振兴的过程中，乡村组织振兴是强有力的保障，因此需要确保基层党组织的建立和完善，在此基础上不断建立和完善农村专业合作经济组织、社会组织和村民自治组织，为打造平安、祥和、稳定的现代化新农村奠定组织基础。

2. 组织振兴的未来路径展望

（1）村党组织建设偏差、领导权威弱化。一是党组织建设偏差。有的村党组织更迭过快，不能保证村庄建设和发展的连续性；有的村党组织僵化严重，几十年来支部书记不换人，工作思路、工作方式故步自封。二是村党员干部行为偏差。在村庄规划基建等涉及重大村庄经济利益的决策中，有些村庄支部书记的行动逻辑是只关注经济利益，而忽视基层党建、村庄自治和公共服务，成为单纯的经济利益代理人。三是发展党员偏差。一些村党组织发展党员把关不严、程序不规范，存在着"近亲繁殖""家族支部"等不良现象，甚至换届选举变质为争取个人和家族在村里的领导权；党员群体中老化现象严重，活力不足，知识水平不高，与时代和社会脱节；年轻人入党积极性不高、入党动机不纯；返乡党员队伍日益扩大，教育管理难度加大。

（2）村委会自治功能异化、治理能力不足。从基层治理环境来看，村委会虽然名义上归属于村民自治的功能定位，但实际运行中却主要是作为上级政令传达的窗口,负责处理政府部门分配的各项事务,所谓"上面千条线、下面一根针",事实上造成了村委会成为基层政府的"一条腿"。村委会虽为群众自治性组织,但功能发挥上更倾向于行政组织,自治"应然"角色与行政"实然"角色的差异反映了其异化的自治功能。

(3)集体经济组织地位虚化、发展能力羸弱。村集体经济收入是指其经营性收入、发包及上交收入、投资收益及其他收入,来自各级政府部门和财政的各类补助收入不被计算在内。村集体经济收入来源主要包括:土地流转及征地补偿费;土地、房屋、车辆、厂房、山场等租赁费;停车场、物业、渣土填埋点等管理收费;扶贫产业项目收入;小产权房开发等。大多数村庄"有集体、无经济",除了集体土地这一最大的资源性资产以外,经营性资产大多为零,集体经济收入渠道较为单一、羸弱。此外,绝大多数村庄都有债务在身,解决债务压力困难重重,这些村庄债务问题都是长期形成的,主要原因有修路等基建项目、给村民的征地补偿、"两委"及其他工作人员补贴发放等经费不足。

集体经济实力强的村庄,因经费充足,能为村干部和其他人员提供收入补贴,为村民提供比较完善的社区公共服务。大多数无集体经济的村庄,只能靠基层党委政府拨付的经费勉强维持运转,村干部的收入补贴完全比不上城市居委会工作人员,很多时候村干部工作动力不足、工作意愿不强,原因也在于此。

从组织振兴入手,其目标导向即是强化党组织对乡村的掌控力,重塑乡村治理的组织权能。乡村组织振兴路径可确定为"一核多元、两级架构、各归其位、各负其责"。"一核"指党组织,"多元"包括自治组织、集体经济组织、党群服务中心、群团组织、社会组织等。应由当下"政经社三位一体"的治理体制,通过政经分离、政社分离、交叉任职、选聘分离等制度安排转变为"一核多元"的乡村基层治理体制。"一核多元"乡村基层治理体制的出发点和落脚点是重塑政党权威,即巩固党的执政根基,提升党的执政能力,扩大党的群众基础,加强党组织在乡村治理中的统领和整合作用,提升乡村社区公共服务水平(见表1-4)。

表 1-4　组织振兴的未来路径

以政经分离为突破口，重构村庄治理体制	政经分离是指创新集体经济管理模式，实现自治组织和集体经济组织在人事和管理上的分离。以集体经济组织"两确权"、股份经济合作社的组建为切入点，将集体经济和集体财产的运营管理权能赋予股份经济合作社，将自治组织从集体经济微观层面上的运营管理中解放出来，解决长期以来自治组织自治缺位、经济越位的问题，确保其在社区（村）党组织的领导下专心搞好自治，全心全意服务村民。为确保集体经济组织按照市场化、专业化原则组建，遵照章程独立运行，在基层党组织的领导下全心全意为集体经济组织成员（股民）谋利益，集体经济组织应与自治组织做到职能、干部队伍、选民资格、账目资产和议事决策等方面的分离
以政社分离为导向，组建社区党组织直接领导之下的社区党群服务中心	未来要通过村庄的社区化建设，整合村治资源，搭建"社区—村庄"两级架构，重构以乡村基层党组织为核心的组织体系。应在乡村社区层面建立党群服务中心，整合散布在村庄层面的社会管理和服务职能，遵循政社分离原则，将政府委托的行政职能和由公共财政支付的公共服务划归社区党群服务中心承担。服务中心可以通过政府购买服务等方式，弥补社区公共服务短板，提升社区公共服务水平，重塑基层党组织的治理领导权威
以归位赋能为保障，理顺党组织、自治组织、集体经济组织、社会组织的法理关系，弥补乡村基层管理服务的真空	"归位"重在明确各类主体在乡村治理中的定位，各理其事、各尽其责。"社区—村庄"两级架构之下的党组织和自治组织以辖区全体党员、居民为服务对象，进行属地化管理。集体经济组织则以确权村民为服务对象，按照属人原则运行。通过党组织和自治组织的属地化管理，解决越来越多的非村民常住人口的社区融入问题，弥补管理与服务的真空地带。应通过鼓励、支持党组织领导成员参加村委会选举，实现两委成员交叉任职；坚持"权随责走、费随事转"的原则，编制村级自治组织依法履行职责事项、协助政府工作事项等权责清单，积极推进自治组织职能归位

来源：根据论文[1]整理得出。

---

[1] 唐斌尧,谭志福,胡振光.结构张力与权能重塑：乡村组织振兴的路径选择[J].中国行政管理,2021(05):73-78.

二、乡村振兴综合示范点及社会工作介入

（一）乡村振兴综合示范点的建设与运营

2022年江西省委一号文件《关于推进农业农村高质量发展奋力打造新时代乡村振兴样板之地的意见》指出"奋力打造保障粮食等重要农产品供给、巩固拓展脱贫攻坚成果、推动农业绿色发展、建设美丽乡村、改进乡村治理、深化农村改革等六大新时代乡村振兴样板之地"。乡村振兴样板之地打造计划分为三阶段。

（1）到2022年底，新时代乡村振兴样板之地扎实起步开局。乡村产业、人才、文化、生态、组织振兴的制度和政策框架基本形成。全面实施乡村振兴样板创建"十百千"工程（10个样板县、100个样板乡镇、1000个样板村）。

（2）到2025年底，新时代乡村振兴样板之地取得重大进展。乡村振兴样板创建"十百千"工程全面完成，现代农业产业体系、生产体系和经营体系全面构建，乡村建设行动全面推进，农村人居环境全域提升，高标准农田面积达到3079万亩以上，农产品加工业与农业总产值比达到2.8∶1，农业科技进步贡献率达到65%，村庄道路硬化占比达到99%以上，农村自来水普及率达到89%，农村居民人均可支配收入达到2.38万元左右。

（3）到2035年底，新时代乡村振兴样板之地基本形成。农业质量效益和竞争力进一步提升，城乡融合发展体制机制更加健全，县域内农村基本生活要件与城镇大体相当，农民收入迈上新的大台阶，农业农村现代化基本实现，乡村振兴工作走在全国前列。

所谓示范，是指树立先进的榜样，通过信息传递影响后进者，便于后进者借鉴模仿，这不仅包括对目标的借鉴模仿，也包括对实施途径的借鉴模仿。结合到乡村振兴中来，示范包括建设中的试错行为以及其信息传递过程。从动态的角度上看，每个村庄的发展其实都是在进行一系列的试错，因为没有一个村庄能处于绝对静止状态，等待其他村庄发现正确的发展道路供自身借鉴，差别可能只是示范村的试错行为更有目的性而已。通过总结示范村建设成败的经验，并将其传递给其他村庄，可以为其他村庄建设

提供借鉴。但是，不同村庄的资源禀赋存在差异，发展道路必然不同；即便禀赋条件相似，但村民的偏好不同也可成为各自发展的约束条件，导致不同的发展道路。

示范点应当具有内生发展能力，而不能在有政府支持时能运行，没有政府支持即刻瘫痪，经济的自我发展能力是示范点的关键。示范点本意是为了给其他村庄提供发展的借鉴经验，需要的是一种"原型"，不是经过加工、包装而不再真实的特殊个体。为了避免这种示范误区，政府应当以智力支持为主，而不是给予各种物质支持。

示范点的运营应及时通过学术杂志、大众刊物、广播、电视等媒介真实地向外界传播，让非示范点村庄自主做出是否借鉴模仿的选择。在这种传播机制中，应当避免虚假信息的发布以及信息传播的扭曲。只有把这种示范从政治口号、政治宣传转移到经济损益、传统习俗是否可接受上来，才能真正建立起示范的动力机制。

（二）社会工作介入乡村振兴

当前，我国已经进入"巩固拓展脱贫攻坚成果同乡村振兴有效衔接"的新阶段，可以说已经从脱贫攻坚工作转向全面推进乡村振兴。从本质上看，乡村振兴与脱贫攻坚一样，均是系统性的国家工程，是我国农业农村发展的重大决策部署，两者具有广阔的衔接空间。从参与主体来看，乡村振兴与脱贫攻坚在国家倡导与政府转型的前提下，均需要多种力量参与，如社会组织等多元主体共同参与，充分利用多重社会力量实现共治共享。中共中央办公厅、国务院办公厅2021年2月印发的《关于加快推进乡村人才振兴的意见》把农村社会工作人才作为一支专业力量单列在"加快培养乡村治理人才"部分，明确提出加快推动乡镇社会工作服务站建设、加大政府购买服务力度、加大本土社会工作专业人才培养力度等促进措施，探索一种兼具本土性、专业性与职业性的农村社会工作人才队伍建设机制尤为重要。

从全国的情况看，农村发展相对滞后，无法跟上城市发展的速度，在城市—农村的整个经济体系中农村处于边缘地位，农村产业和消费对现代经济体系的支持不足。部分中西部农村的"三农"状况令人担忧，存在产业空、青年人空、住房空、干部空的"空心化"态势。因此，社会工作作为社会服务、社会建设和社会治理的重要专业力量参与乡村振兴是有其迫切性和必要性的。首先，社会工作作为重要的专业力量，要打通面向广大村民提供社会服务的"最后一公里"，解决他们生活中的急迫困难，满足其个性化、多元化的需求，有效保障民生；其次，社会工作参与推动农村社会建设，培育引领农村社区自治组织，促进互助友爱的乡村共同体建设，引领良好乡风文明氛围；最后，社会工作要与基层组织一起引导村民有序参与乡村治理，构建共治共享的社会治理共同体。

当前农村社会工作人才队伍建设已经具备一定的雏形，然而由于外在专业生态环境及内在专业能力等因素的交织影响，其还面临诸多问题与挑战。

其一，农村社会工作人才总量较少，流动性较强，可持续性较弱，难以覆盖大规模的受众需求。囿于农村社会工作的后发展性，再加上农村工作环境比较艰苦、岗位设置相对零散、晋升渠道不够畅通和薪酬待遇不高等问题，农村社会工作人才队伍建设呈现零散性、缓慢性和专业性不强等特点。

其二，农村社会工作的职能定位不够清晰，社会工作者角色较为泛化，服务有时也缺少一定的系统性和科学性。社会工作者既有别于行政工作者，也不同于没有接受专业训练的非专业人士。由于我国传统助人工作的非职业化与日常经验性特点，再加上行政工作的主导性，现实中的农村社会工作职能定位不清、角色泛化、与行政工作内容重叠交叉等，社会工作者一定程度上也会丧失科学性和专业性特质。

其三，农村社会组织发展较为滞后，农村社会工作缺乏社会认受性，农村社会工作者专业认同度比较低。随着国家"放管服"改革和精准扶贫的大力推进，社会组织孵化逐步由城市向农村扩散，尤其在环境保护和社会弱势群体帮扶方面呈现出较好的发展态势。但农村社会组织发展还比较滞后，缺乏社会工作专业人才的开发和培养平台。农村社会工作作为一种新事物还有待进入基层政府和民众的中心视野，专业权威也还没有建立起来，再加上农村社会传统的求助逻辑一般都建立在熟人互惠的关系之上，作为外来的社会工作者一般处于农民求助链的最末端。

第三节　社会实践融入乡村振兴的分析框架

一、坚持问题导向

社会实践是人类有目的地探索和改造世界的一切社会物质活动,具有客观性、能动性和社会历史性。

习近平总书记指出:"要坚持灌输性和启发性相统一,注重启发性教育,引导学生发现问题、分析问题、思考问题,在不断启发中让学生水到渠成得出结论。"学生要坚持问题导向思维,对事物有了社会认知并探究研究后,需要进行社会实践,深入思考"怎么做"。促进思想理论的发展和工作实践的进步必须掌握科学的实践方法。科学的实践方法不仅能够帮助人们站在正确的立场上观察现象、认识世界、研究事物,还能指导人们抓住工作的重点和努力的方向,从而在实践中达到事半功倍的效果。

(1) 以问题为导向首先要树立"问题意识"。所谓问题意识,就是学生不仅应该从社会认知出发,发现问题并发掘问题的理论价值,还应该具备开展探究研究与解决发现问题的主动能力以及科学的研究方法和技术。问题意识是抽象思维、具象思维,强烈的自我反思与批判性思维,理论创新性思维和注重研究实际效应的建设性思维的综合体现。

(2) 以问题为导向不仅仅是理论研究的"起点",更是一个发现、分析与解决问题的完整链。以问题为导向应该完整地体现社会认知的起源、探究研究的推动力来源及社会实践的价值等。学生在社会实践过程中必须具备全局性和整体性观念,避免陷入某一节点或某一阶段的局部环节,因没有"瞻前顾后"而使得探究研究的完整链条脱节。

二、社会实践的三维互促

正确的社会实践必须树立问题意识,由社会认知、探究研究与社会实践三者相互作用、共同推进,坚持理论性和实践性统一,增强思想性、理论性和亲和力、针对性,构建以问题为中心的开放式启发式教学模式,着力让学生在实践中探索答案,有针对性、目的性地学习和思考。通过社会实践的三维互促教学,以期将乡村振兴"新手"培养成乡村振兴"动手大家",如图1-3所示。

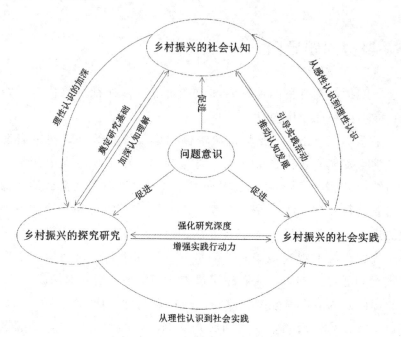

图1-3 社会实践的三维共促示意图

首先通过对学生从乡村振兴的社会认知、学习目标、学习过程、学习评价等方面进行全程规划指导,加深学生对乡村振兴的理解,实现从感性认识到理性认识的飞跃;其次引导学生进一步研究乡村振兴相关知识背后的深层原因,激发学生的求知欲和主动性,拓宽研究宽度,加深研究深度,为乡村振兴社会实践奠定基础;最后依托学校的社会实践平台,通过社会认知与探究研究的深入思考指导社会实践,全面提高学生综合素养,实现从理性认识到社会实践的飞跃,最终推动学生对乡村振兴社会认知的发展。

第二章
社会实践的组织与实施

社会实践是大学生思想政治教育的重要环节，对大学生了解国情、奉献社会、锻炼能力、培养品格、增强社会责任感具有重要的作用。充分发挥大学生社会实践育人功能，必须改进、规范和完善社会实践的组织管理与运行。因此，本章按照社会实践过程的阶段性，将其分为前期准备、实地调研、后期工作及总结三个阶段，也就是以工作空间来划分阶段，走出校门进行实地调研为中间环节（核心环节），之前为准备环节，之后为数据分析、报告撰写、实践总结等环节。一般将实地调研视为外业，前期和后期工作视为内业，各个阶段的工作均有科学、规范化的指导，以为学生实际操作提供详细的参考，使学生快速熟悉社会实践的目标、程序与方法，提高综合实践能力，增强社会服务能力，从而保证社会实践活动的有序、高质量完成。

第一节　社会实践的前期准备工作

一、前期准备工作的内容

社会实践的前期准备工作应包括但不限于以下五个方面的内容，如图 2-1 所示。

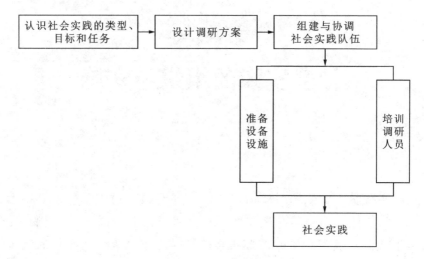

图 2-1　社会实践的前期准备工作

（一）认识社会实践的类型、目标和任务

在乡村振兴社会实践中，目前通常的社会实践活动有绩效评估（第三方评估）、乡村建设评价、村庄规划与设计、红色传承与文化振兴、防返贫社会监测、集体经济与基层治理、生态文明与绿色发展、乡村振兴示范村建设等方面的活动。在理解清楚社会实践的类型后，我们需要厘清社会实践的目标和任务，这将会决定我们要组织的实践队伍的规模、专业和结构。

（二）设计调研方案

根据社会实践的类型、目标和任务，首先需要明确所调研的村庄，收集调研村的资料，让调研人员在进行实地调研之前先对整体情况进行初步的了解，可以针对不同地区的不同情况预设调研问题，并针对性地设计调研方案，系统性地组织调研人员开展调研活动。调研方案要对调研工作总任务的各个方面和各个阶段进行通盘考虑和安排，提出相应的调研实施方法，明确"人员队伍—设备物资—培训模拟"等核心任务，制定出合理的工作程序。调研方案应包含调研目的、调研内容、调研人员、培训安排、调研方式、调研设备、资料收集等。

(三) 组建与协调社会实践队伍

根据调研目的、调研内容，组建社会实践队伍，每个小队包含的人数应根据调研内容设置，尽量让每个调研人员都能领到自己的任务，人员不宜过多，以防出现"搭便车"现象，人员职务构成至少包含队长、资料员、联络员等。

在组建队伍时应招募认可社会实践内容，并愿意与团队一同完善实践活动方案，有热情、有积极想法的同学，这样更利于社会实践活动的开展，以达到出色的效果。在人员组建完毕后，队长应尽快组织召开一次团队会议，就调研方案的雏形进行讨论，团队人员集思广益，利用自己的知识、经验和资源，尽快完善丰富调研方案。

(四) 准备设备设施

准备设备设施是乡村振兴社会实践前期准备工作中的重要部分，设备设施为实地调研、指导实践提供了坚实的基础。所使用的设备设施要求能够能提供验证、参考等所需的文字、图表、照片等各种形式的资料且能保存调研资料。

(五) 培训调研人员

调研人员的培训需要根据社会实践的类型、目标和任务进行针对性的培训，明确社会实践的内容、实践的程序、实践的方法、了解实践的对象与场所，推动调研人员理性认知的加深，激发对乡村振兴知识的兴趣，促使他们愿意自己花时间去学习研究，并在培训后、实践前多在微信群内推送政策文件、优秀案例等，不断让调研人员紧跟时代前沿、了解社会需求。

二、认识社会实践的类型、目标和任务的方法

老师在确定社会实践的项目后，由团队队长与老师商定本次社会实践的类型，并明确实践活动的目标和任务。

调研团队首先需要对乡村振兴相关知识进行研究，深入了解乡村振兴的社会实践类型，其次需要关注政府发布的乡村振兴相关文件、政策导向，

了解目前对全国而言，乡村振兴的现状如何，需要达到什么目标，由此推断出本次社会实践的目标和任务定位。

三、调研方案的设计

明确了社会实践的类型、目标和任务之后，要有针对性地设计实地调研方案。通常来说，调研方案涉及以下几个方面的内容。

（1）本次调研工作的目的、意义和基本要求。充分阐述、明确调研的主题、思想、目的和研究重点。

（2）本次调研的内容。这是调研工作的核心，根据不同的调研主题可以设计不同的调研内容，乡村振兴的调研内容包括但不限于：村庄基本情况（如基本村情、人口数量、年龄分布、职业分布、务工去向与务工比例、人口外流数量、村庄区位、自然资源禀赋、交通环境、互联网技术应用情况等）、专题调研内容（集体经济发展情况、产业发展状况、文化发展传承情况、巩固脱贫攻坚成果衔接乡村振兴重点工作落实情况等）。

（3）本次调研所采用的方式、方法。文献查阅法、问卷调查法、深度访谈法、半问卷半访谈法、直接观察法等，以此来直接或间接获取调研资料。

（4）本次调研工作的起始时间与日程、进度安排。考虑天气条件、假期状况、农忙与否，确定调研时间期限，并有序地计划进度。

（5）本次调研工作的纪律、安全等方面的要求。如在调研过程中调研人员要严守工作纪律，统一行动，不得私自外出；应制定调研工作应急保障措施，防止发生安全事故，确保调研工作安全平稳地进行，如遇各类安全突发状况，要第一时间上报等。

（6）本次调研工作所需的各类物品与经费开支。

四、社会实践队伍的组建与协调

遴选乡村振兴的社会实践人员应根据调研的类型、目标与内容选择，以本校在校学生为主，兼顾兄弟院校及合作单位的相关人员。在招募时需要考虑人员结构，考虑较有经验或者年级较高有理论知识的学生，但是也需要考虑老带新，培养低年级学生，保证学校的社会实践队伍不断层。同时根据调研类型适当招募相关专业的学生参加并让学校各专业的学生广泛参与，这也能够在丰富调研活动内涵的同时保证调研活动的顺利开展。

遴选的标准包括但不限于以下条件。① 优良的道德品质。道德品质不过关的人员理应不入选。② 听从指挥、服从组织安排。在外调研最忌讳的便是调研人员不听指挥、我行我素，这不仅会打乱组织整体的工作安排，而且容易引起人身安全问题。服从指挥、统一行动，能在最大限度地完成工作任务的同时确保调研人员的人身安全。③ 理解乡村振兴的理论知识。对乡村振兴的知识不了解、不清楚的学生即使能够参与社会实践也无法认识到实践的实质内涵。④ 具有吃苦耐劳、不怕困难的精神毅力。调研过程中可能遇到突发情况以及各种各样的困难，迎难而上是调研过程中的常态。另外，优秀的调研人员还应该具备强大的随机应变能力，能够在不同的状况下灵活处理事务。

遴选的程序为先组织报名，报名渠道可以是在校内发放报名通知，或由导师推荐等，然后根据调研的类型制定笔试试卷，挑选时间进行统一笔试，再对通过笔试的人员进行面试最终确定调研队伍人员。

在调研队伍组建完成后，首先应该明确调研团队的分工——队长、资料员、联络员等，目的是使调研人员在实地调研时能熟练高效地运作，不出岔子，之后需要建立微信群以方便联络，并在培训、社会实践的过程中根据社会调研的类型与目标，发送相关政策文件、先进案例等供调研人员学习，鼓励调研人员在群内讨论想法。"思想的碰撞才能产生灵感的火花"，只有调研人员相互探讨才能有更深更精的了解。

五、设备设施的准备与管理

调研设备设施包括但不限于无人机、照相机、U盘、录音笔等，当然包括调研人员各自的手机、笔记本电脑等。

（1）无人机可以用来拍摄地面图像进行实时传输，并且对地面环境进行整体观察，有助于调研人员及时精确地掌握调研区域的现状，通过采集有效的影像资料为最终的调研报告撰写提供科学有效的依据。

（2）"一图胜千言、视频神还原"。拍照、录音、摄影，是做好调查记录的三大法宝,照相机可以用来拍摄调研中遇到的图片及视频,在调研中需要时刻拍摄。

(3)录音笔是实地调研过程中的记录神器,因为在调研过程中需要与村干部、村民等进行沟通交流,调研人员在现场采用纸笔记录可能并不能记录完全,也会影响调研的节奏,这个时候就需要及时录音,在每日调研结束后结合录音及时补充和完善调研记录。

(4)U盘的作用是及时收集资料。因为在调研过程中可能需要从村部收集村内的相关资料,这个时候为了减少村内工作人员的事务,可以直接利用U盘拷贝村内资料,而不需要村内工作人员再收集文件打包发给资料员。

(5)设备设施管理应做到以下几点。① 设置专人负责落实设备购置、使用、转移、报废等具体事项。② 定期清查盘点设备设施,做好使用记录。③ 采用"谁领用、谁管理、谁负责"的原则,在使用过程中出现的任何问题由领用人负责。④ 做到"静态管理"与"动态管理"相结合,静态管理指对设备设施做到存放有序、账物相符。动态管理包括财产的进、出过程管理和设备设施的使用过程管理,要加强动态管理,既做到物尽其用,又要对价值较高的设备设施多加看护。

六、调研人员培训的内容

调研人员的培训应该包括但不限于以下内容。

(一)明确社会实践的内容

社会实践的类型、目标和任务不同,社会实践的内容是不同的。只有确定了社会实践的类型、目标和任务后,才能确定内容。在培训中,需要明确地告诉调研人员社会实践的内容,如确定了社会实践的类型为绩效评估,则培训时需要明确本次社会实践的内容是评估,应当深入群众,了解群众的生活状况与享受政策的情况,评估的工具是问卷访谈。

(二)明确社会实践的程序

在培训中,需要明确地告诉调研人员社会实践的程序,如确定了社会实践的类型为绩效评估,则培训时需要明确:本次社会实践的程序是先与省级部门进行沟通交流,再与所评估的县域相关部门就评估日期与所需资料进行沟通,在社会实践过程中先在村内了解大致情况,随后再由调研人员入户访谈,最后在村部集合讨论评估过程中的问题等。

(三) 掌握社会实践的方法

1. 问卷调查技巧——拉近与访谈对象的距离

1) 注意依据村民作息规律安排访谈时间

首先,要注意特殊的日子可能不适宜进行入户访谈,比如地方习俗中有特别讲究的日子,如某个特殊的祭祀日。其次,要根据村民的生活工作作息规律安排入户访谈的时间,在不干扰其正常工作生活的状况下展开,尽可能选择在其空闲时间进行入户访谈。最后,要注意控制单个访谈时间的长度。入户访谈的时间不能太短,否则这样的入户访谈实质意义不大;但入户访谈的时间也不能太长,时间一长,访谈对象就会陷入疲惫状态,对问题回答较为敷衍,从而导致访谈的内容质量不高。

2) 注意随机应变选择访谈地点

访谈最好是在熟悉、安全、安静的环境中进行。熟悉环境有助于访谈对象放松;环境安全是对访谈双方而言的,有助于访谈对象敞开心扉;环境安静是希望访谈的过程不受干扰。但这都是理想的状态,如在村民的家门口开始搭讪,最好能够进入屋子里,坐下来,慢慢聊。

3) 注意入户访谈时的衣着打扮

走村入户做访谈,注重衣着打扮是很重要的。首先,衣着要得体,若没有统一的着装,要尽量佩戴整齐、显眼、权威的工作证(牌)。其次,衣着朴素安全。一方面考虑自身安全,另一方面是为方便工作开展,如访谈时可以随意调整坐姿,自然地使用肢体语言而不必拘束。最后,携带好随身用品,如水杯、纸巾等。

4) 注意访谈过程中的姿态与动作

入户访谈既是提问的过程也是倾听的过程,访谈过程中需要注意姿态和动作。首先,注意在访谈中用动作及时回应。在访谈对象说话时,调研人员需要表现出对话题足够感兴趣,对被访者本人足够尊重,以及对谈话过程足够关注的态度;同时,要配合手势、眼神、微笑、点头鼓励访谈对象继续说下去。其次，访谈中还要注意身体姿态。入户访谈时，调研人员可以坐得随意一些，如坐在门槛、小板凳上，这样显得比较容易亲近。

5）注意访谈过程中的语言与提问

一是注意遣词用句。一方面，访谈对象提到的某些说法，调研人员回应时最好加以运用，这样访谈对象会感到备受尊重，谈得更加起劲；另一方面要注意遣词用句的通俗性，尽量不使用专业术语。二是注意总结澄清。在访谈对象谈论完一个话题之后，调研人员可以就刚才对方所讲的内容进行总结或澄清。三是注意提问艺术。深度访谈的问题基本上都是开放式的，即是什么、怎么样、为什么，要尽量避免使用判断式句子。

2. 将问卷内容口语化

调研人员在入户调研过程中要充分考虑受访者的生活场所、文化水平等，将问卷中较书面化的表达转述为口语化提问，如"在种植作物过程中，您使用农机设备的环节有？"可以转换为"在种农作物的时候您有没有洒农药，是用机器洒的吗？收割的时候是自己手动收吗？"

3. 应对突发情况

在调研过程中如出现身体不适或其他威胁生命安全的情况应立即停止调研，并与带队队长及老师取得联系，确保生命安全。

4. 拍摄技巧

每个村庄都需要进行拍摄记录，拍摄技巧是非常重要的。

（1）要对每个村庄都至少拍摄九张照片，包含村部座谈会照片、村内访谈照片、入村道路、村内房屋、村内航拍图等。

（2）村部座谈会照片需要从至少三个视角进行拍摄，即从前往后的视角、从后往前的视角、斜视角，还可以加上座谈发言人的特写照片。

（3）村内布局图要能够清晰地反映村内的布局，不能太过模糊，若村子较大可以分段拍摄最后剪辑到一张图上，条件允许的话可以拍摄村庄的航拍摄像，这样能更清晰地标明村内的基础设施、布局等情况。

（4）在村内进行调研时也不能忘记拍照，可以拍下调研人员在村内学习观摩的照片，注意拍摄时的人员分布，不能过于分散。

(四) 了解社会实践的对象与场所

根据社会实践的类型、目标和任务，在培训中明确社会实践的对象与场所是非常重要的，如确定了社会实践的类型为绩效评估，就可以明确本次社会实践的对象是村内的脱贫户、监测户和一般农户，社会实践的场所为村庄内部。

七、实地调研前的调研村资料收集

乡村振兴社会调研前收集的资料通常为调研村的基本村情。可以通过微信公众号、百度等方式搜索调研村的基本情况，其主要包括人口数量、年龄分布、职业分布、务工去向与务工比例、人口外流数量、土地数量、土地结构、村庄区位、自然资源禀赋、互联网技术应用情况与集体经济发展情况等。

第二节 社会实践的实地调研工作

在实地调研工作中需要先确定入村实地调研的内容，在与村干部的座谈中掌握入村调研的村情，并在入户访谈过程中同步做好调研记录，收集好在村部、农户家的资料并汇总至资料员处，每日晚上都需要开展例会总结本日的调研工作，调研人员在讨论中提升调研能力，在调研即将结束前需要"回头看"，检查是否有重要事项、资料的遗漏，坚持现场问清、查清，详见图2-2。

一、入村实地调研的内容

从调研层次上看，我们既需要调查村庄的情况，了解村庄的资源禀赋、区位条件等，也需要对农户的情况进行调查。在村庄内部开展入户调查，

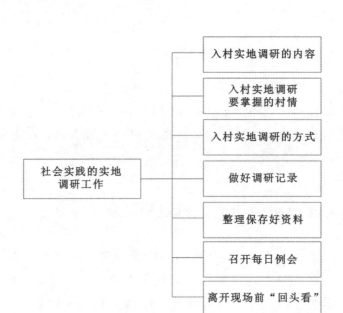

图 2-2 社会实践的实地调研工作

调查每户农居的人口、劳动力人数、宅基地面积、建筑占地面积、房屋建造年代等情况,以及村民的建房需求,尤其是无房户、危房户的建房需求,调查拆迁归并意愿等。

调研团队抵达调研地点后,带队老师或队长与地方负责人进行简短对接。入村实地调研需要围绕调研的目标开展,紧扣调研重点,将调研队伍分为几个小组,对于不确定的调研内容可以先选择一个村庄进行试点,在总结好经验后再进行全面调研。在调研过程中需要一次性调查清楚,不走回头路,这也同样要求在调研过程中多拍摄照片并做好调研记录。

二、入村实地调研要掌握的村情

要掌握的村情主要包括人口数量、年龄分布、职业分布、务工去向与务工比例、人口外流数量、村庄区位与自然资源禀赋、交通环境、互联网技术应用情况、集体经济发展情况、现有产业现状、传统优势产业、产业带头人意愿、村民与村干部未来产业发展意愿、农村基础设施建设情况、周边产业发展情况等。

三、入村实地调研的方式

调查方式可分为个人调查和集体调查。个人调查，即一个人在一个地方住下来，以访谈为主开展调查，边访谈边整理资料边思考。调查周期有两种：一种是一般性调查，时间一般为15~30天；另一种是学位论文或其他重要研究项目调查，时间一般是几个月、半年或更久。集体调查，即若干人集中到一个地方调查，白天分开调查，晚上一起讨论，调查也就变成了现场研讨。这样的"调查＋研讨"模式可以极大地开阔和深化个人经验。在乡村振兴社会实践中，这两种调查方式都是驻村调查，一般住在农户家中，与农户同吃同住，这既有助于深入调查，又可以节约调查成本。更重要的是，农民往往很愿意接受访谈，调研人员易获得全面完整的经验资料。在调查过程中需要注意以下几点。

（1）调查时，要带有自己的理论框架，有着对村庄认识与想象的预设知识，这样调查过程中对所关心问题就会有所选择，同时又要特别警惕既有知识背景对调查视野的局限，尽可能打破自己固有思维的限制。调查时要特别注意发现经验本身的悖论。所谓经验的悖论，并非实践经验的自相矛盾，实践总是自洽的，悖论来自我们大脑中对经验和实践认识的刻板印象。通过深入理解所谓经验的悖论，可以修正我们对经验的认识，深化和丰富我们对经验与实践的理解。调研人员到农村实地调查之前一定会有大致的预设，会有对农村的想象，到了调查现场，首先关心的也一定是自己大脑中预设的问题。但在调查现场，不断出现经验的悖论，不断遇到未知领域，本来是调查A，结果发现B也很重要，再去调查B，又发现C也很重要。由A到B再到C，一步步地扩展和深入，因此需要认真对待每一个新发现的问题并向前探索，一直延续到对Z的关注，最终再回到A，这个时候所认识的A就与之前的A有了极大不同，这时的A就成了具体事物的抽象，是经过分析而内涵丰富的A。这样一来，我们就不只是深化了对经验的理解而且很容易形成经验的质感。

（2）不怕重复。即使在访谈对象谈论其熟悉的事情时，调研人员也要全神贯注聆听，因为访谈对象的讲述中，虽然99%的内容可能是重复的，不重复的只有1%，但这1%却可能正是关键的。如果没有全神贯注，调查人员很可能会忽视这1%的关键内容。注意力高度集中才会对谈话内容敏感，才会在调查中把握住微妙的关键，才会在正确时机果断追问，才可能会有一轮又一轮的认识突破。"响鼓不用重锤"，即使访谈对象讲述的是琐碎的、杂乱无章的日常生活，调研人员的自身素质及其对调查的投入状态也会直接影响访谈效果。因此，调研人员要持续投入关注，才能在看似琐碎的日常谈话中，去粗取精，去伪存真，获得有用的信息。

（3）合理分配调研团队人数。团队调研可分为两种，一种是小团队集体调查，三五个人集中到一个村庄开展调查，白天分头调查，晚上集中讨论，这样有 20 天时间就很容易形成对村庄各方面的深入认识，并且这个过程中调研人员可以得到很好的训练。另一种是大团队集体调查，即在以上小团队基础上，有若干小团队同时在相邻村庄开展调查，这样除每天的小团队讨论以外，每隔三四天大团队还可以进行大组研讨。大组研讨的一大好处是可以打破小组在调查中过快达成的共识，引入新的问题和视角，从而可以更加迅速地在调查现场将调研深化。集体调查的过程就是现场研讨的过程，调查过程紧凑而密集，思想火花四溅。这样的调查可以很快让调研人员获得广泛深刻的经验训练。

四、做好调研记录

调研记录包括照片、录音、视频等。与村委会干部、村民进行访谈的过程中，队员之间可以互相拍照，拍照人员应该抓住访谈的瞬间，拍出的照片要给人一种自然且真实的感觉，照片应该端正大方。在村委会的大合照是非常重要的照片，最好有横幅或者旗帜，合照背景应该是村委会挂牌。此外，还应该有利用无人机拍摄的村庄鸟瞰图、产业发展实景图、每日例会照片等。

利用录音笔在与村干部、村民的访谈中进行全程录音，确保访谈过程可还原、访谈内容真实可信。正常情况下拍摄视频是比较少的，当拍照与录音不足以全貌展示某个现象时，才需要拍摄视频。视频还有另外一个作用，就是最后推广时可以作为很好的资料素材。

五、整理保存好资料

每个小组应该专门配置一名资料员，专门负责每天的资料汇总、分类整理，资料员应当心思缜密。小组成员将当天的录音、照片、视频等汇总给资料员，资料员按照统一的格式分门别类地进行存档。如果当地政府提供了关于当地的各种资料，这部分资料更要细心保管。资料员不能仅仅将各种资料存留在电脑中，还要将资料备份至U盘或其他地方，以防资料丢失。资料员在保管好资料的情况下，还应当确保资料不外传。

六、召开每日例会

在实地调研过程中，每天调研工作结束后，调研团队要坚持每天一碰头、每天一分析、每天一汇总。召开例会，一方面是为了讨论调查过程中发现的问题，另一方面是为了通过讨论提升调研人员的能力。在每日调研任务完成后，可以通过小组讨论，如分组汇报、自主讨论、老师点评、老师总结归纳的方式进行每日工作总结，及时总结当天调研情况，布置第二天调研工作。同时也要对调研资料进行交流分享，发现问题及时探讨，必要时可进行回访。

在调研地的工作总结要坚持以下几个原则。

一是坚持实事求是的根本原则。以事实为依据，是成效说成效，是问题说问题，成效不可夸大，问题不可回避。在实事的基础上求是，求本质求规律。既要"就事论事"，更要"就事论是"。

二是坚持运用科学方法。既要看到现象，又要看到本质；既要看到主流，又要看到支流；既要看到成效，又要看到问题。需要敏锐发现新事物，挖掘发现老问题；在大事中发现小问题，在小事中发现大价值。

三是坚持特色总结。特色总结，贵在发掘。尤其是在乡村组织振兴相关的调研工作中，调研人员要及时总结地方组织振兴工作经验，提炼典型经验，总结工作成效以及乡村组织振兴调研工作与其他调研工作的不同之处，总结工作特色。

四是坚持走群众路线。群众中有生动的事例，有深刻的思想，有丰富的语言。一切的成绩都要群众来检验，所有的问题都逃不过群众的眼睛，乡村振兴工作同样也不例外。总结之前要走访农户，总结之后还要回到农户中去，集中群众的智慧经验，丰富总结的思想内容。

五是坚持从本质规律上寻找结论。好的工作总结应当总结出那些具有典型意义的、反映自身特点的以及带规律性的经验教训，对今后工作有实在的指导作用。

七、离开现场前"回头看"

在调研工作结束前需要召开总结会，全体调研人员集体回顾本次调研的全过程，检查有无遗漏重要事项、资料，思考本次活动的流程是否完善，还有哪些地方可以改善，以及正视本次调研中存在的问题，把握工作的重点以便集体提升，抓好整改措施，全力以赴把问题的整改工作再向前推进。

第三节　　社会实践的后期总结工作

一、调研报告的撰写

撰写调研报告需要注意以下内容。

（1）熟悉报告框架。在实地调研前，应充分确定调研报告的基本框架，要获取的基本数据、基础资料、典型案例，以此指导实地调研的重点。

（2）调研选题要准。首先需要确定"什么是问题"，根据调研的类型确定选题类型，然后根据选题类型确定报告的基本写作形式。

（3）摸清实情要深。在现场调研、走访座谈的过程中，需要确定"哪些是问题"，在调研过程中遇到调查与现行标准、政策目的、文件规定、政策导向、工作要求等不一致的情况时要注意收集真实情况。一是围绕选题，将各种材料收集在一起；二是分析材料，确定一系列基本观点；三是根据观点，进一步补充完善材料。

（4）确定框架要稳。调研报告的框架可采取先总后分、先分后总两种形式，灵活使用横式结构、纵式结构、纵横交叉结构等写作方法。

（5）选择材料要精。需要学习"怎样查找问题"，在矛盾冲突最集中的地区、对象、任务、环节上要查找佐证材料，材料要反映事物的内在本质和主要特点。

（6）语言表达要实。报告语言要严谨平实，问题分析要一针见血，现象描述要言简意赅，增强文章的现实感和说服力。

（7）报告撰写要求。一是要写清楚总体判断，二是要写清楚主要问题，三是要写清楚经验典型，四是要写清楚趋势变化，五是要写清楚意见建议。报告的结论、观点要有据可查，有据可依，让事实说话，让材料说话，让数据说话，让典型说话。

二、数据审核和分析

在现场调研工作结束后，需要针对收集的数据进行审核和分析。

如在笔者团队组织的 2021 年江西省乡村振兴绩效评估中，数据员需要先对评估问卷进行审核。例如，关于"两不愁三保障"的落实情况，如"现在吃饭穿衣还有没有问题？""日常饮水安全有没有问题？""现住房有没有做过安全鉴定？若做过鉴定，等级是什么？"等问题；关于教育政策的落实情况，要注意时间节点为上一年秋季至本年春季；关于医疗政策的落实情况，要注意脱贫户问卷"住院治疗家庭花了大约多少钱？"问题中，花费包括报销的部分，边缘户、突发严重困难户问卷中"住院治疗家庭花了大约多少钱？"是指家庭自费的部分。"家里有没有签约医生？""医生今年来了几次？""您所在的村有没有村卫生室和村医？"等问题需要注意核实。

小额贷款金额要注意单位（元），"是否归还借款？"问题中到期部分还款以及到期还不了款等情况须核实。"若没有借过脱贫人口小额信贷，原因是什么？"要注意若填了"想贷贷不到、门槛提高等以及其他原因"，须核实情况。

"您家是否属于大中型安置点（800 人以上安置点）的搬迁户？"须各村统一回答。

"家里出现了哪些问题后被纳入监测？"若为失学辍学、饮水不安全、基本医疗无保障等情况，要核实情况。防返贫监测的发生时间、纳入时间、享受政策时间如果超过年限可以计入问题。

关于收入情况，有低保金相关数据就一定要有低保人数数据，反之亦然；有养老金相关数据就一定要有 60 周岁以上人数数据，反之亦然；有残疾补贴相关数据就一定要有残疾人数数据，反之亦然；有经营性收入就一定要有经营性支出。

在数据分析中，根据报告内容对所收集的数据进行分析。如在 2021 年江西省绩效评估中根据报告中的"两不愁三保障"分析所有农户的"两不愁三保障"选项。

三、总结调研心得与开展分享会

没有总结就不能更好地提升。在完成乡村振兴社会实践活动之后，每位调研人员都需要提交调研心得，总结自己在调研期间的体验和感受以及学习到的知识和积累的经验，并且要在总结中展示自己的理论知识与实践水平的提升情况，为下一次调研打下坚实的基础。

学生天天都有分享行为，但要说清其中的道理，似乎并不容易。只有调研人员能真正分享的知识才是属于自己的，开展分享会能够更好地提升调研人员的思考、总结、表达能力，结交同道中人。分享会可以是组织调研人员在一个会议室内畅所欲言，讨论自己对于本次调研的看法、思考、建议等，不用强制要求时长，但必须每个人都要发言表达看法，只有思想上进行了碰撞才能产生灵感的火花（见图 2-3）。

图 2-3　第三方评估小组分享会

第三章

巩固脱贫成果后评估的认知与研究

脱贫攻坚已取得全面胜利，巩固拓展脱贫攻坚成果同乡村振兴有效衔接，成为当前阶段的重要任务，开展巩固脱贫成果后评估（下文统称为"后评估"），可以促进落实"四个不摘"要求，更好地推动有效衔接各项工作落到实处，确保高质量巩固脱贫成果和衔接推进乡村振兴。本章按照"认知—研究—服务"的逻辑，主要讨论"评估什么？""怎么评？""如何研究？"。

第一节　巩固脱贫成果后评估认知

一、巩固脱贫成果后评估的含义

考核评估是树立标准、激励约束、指导方向的重要制度安排，这对于巩固拓展脱贫攻坚成果同乡村振兴有效衔接具有重要的制度借鉴意义。第三方评估机构是独立于政府部门之外的专业组织，这些组织与政府和考核评估对象均无直接的利益关系，主要由高等院校、科研机构及其他社会组织构成，具备人才、专业和理论优势，可以根据所掌握的信息对评估对象进行公正的评价并提出针对性意见，完善政府考核评估体系，提高评估结果的科学性与公信力。第三方评估作为一种新型评估方式，在以往的脱贫攻坚成效考核中得到了广泛运用，促使考核评估更加专业化和规范化。实践证明，这是一种行之有效的考核评估方式。借鉴已有经验，"有效衔接"

考核评估应科学合理地选择第三方评估机构，凭借其独立的地位和特有的专业能力，聚焦过渡期"有效衔接"部署要求和工作重点，客观公正地评估各地工作进展和取得的成效，发现存在的问题和薄弱环节，提出整改意见和建议；充分发挥评估的"指挥棒"和"推进器"作用，以评促改，引导各地抓住"有效衔接"年度工作重点，推进地方各级党委和政府压紧压实责任并凝聚工作合力，以最终实现高质量巩固脱贫成果和衔接推进乡村振兴的目标。

二、开展巩固脱贫成果后评估的原因

打赢脱贫攻坚战后，党和全国人民的工作重心转移到巩固拓展脱贫攻坚成果、防范新增返贫致贫风险、提升脱贫地区脱贫人口持续发展能力、衔接推进乡村振兴上来。继2021年开展"有效衔接"工作以来，中央确定衔接工作领导体制工作机制，各部门相继出台相关衔接政策，地方各级党委政府推进责任落实、工作落实，"有效衔接"取得初步成效。但在衔接工作开局之年，各地或多或少存在观念未转变过来、体制机制未理顺、责任落实不到位、政策衔接思路不清晰、重点工作不突出等问题，加上新冠肺炎疫情、洪涝等自然灾害、农产品价格波动等外部因素影响，一些地区巩固脱贫成果面临较大挑战，防止返贫和致贫的压力较大。

开展"有效衔接"考核评估，可以促进落实"四个不摘"要求，保持政策稳定性、连续性，抓好"三保障"和饮水安全等工作，持续深入巩固脱贫成果，坚决守住不发生规模性返贫的底线；可以促进全面实施乡村建设行动，做好乡村规划，推进城乡基本公共服务均等化，加强"四好"农村路等基础设施建设；可以查找问题、补齐短板、改进工作，更好地推动有效衔接各项工作落到实处，确保高质量巩固脱贫成果和衔接推进乡村振兴。

三、后评估的变化与特征

较脱贫攻坚第三方评估来说，"有效衔接"第三方评估有以下几点变化：①"有效衔接"第三方评估主要考核过渡期主要政策保持总体稳定的情况；②"有效衔接"第三方评估的关注重点在后续帮扶方面，关注政策的稳定性；③"有效衔接"第三方评估增加了责任、政策、工作落实不到位导致的规模性返贫考核项。

　　脱贫攻坚与乡村振兴作为发展农业农村、推进我国城乡融合发展的两个重要抓手，二者的衔接贯通具备一定的内在逻辑。从理论逻辑来看，脱贫攻坚与乡村振兴具有内在统一性。① 二者的价值取向和目标追求统一于党的初心和使命，统一于社会主义的本质要求，即消除贫困，改善民生，为中国人民谋幸福，并逐步实现全体人民共同富裕。② 从实践逻辑来看，脱贫攻坚与乡村振兴具有连续性和继起性。③ 脱贫攻坚是乡村振兴的优先任务，乡村振兴则是脱贫攻坚的延续和发展；④ 脱贫攻坚针对的是农村绝对贫困人口，而乡村振兴则瞄准农业农村现代化；脱贫攻坚是短期减贫策略，而乡村振兴则是中长期发展战略。⑤ 二者之间的过渡阶段涉及工作人群、工作任务、治理体系、经济产业体系、社会支持体系等诸多方面的有效衔接⑥，需要将部分临时性、超常规、特惠性政策举措向长效性、常态性、普惠性政策转变。

---

① 林万龙，梁琼莲，纪晓凯.巩固拓展脱贫成果开局之年的政策调整与政策评价[J].华中师范大学学报（人文社会科学版），2022，61（01）：31-39.
② 姜正君.脱贫攻坚与乡村振兴的衔接贯通：逻辑、难题与路径[J].西南民族大学学报（人文社会科学版），2020，41（12）：107-113.
③ 朱启铭.脱贫攻坚与乡村振兴：连续性、继起性的县域实践[J].江西财经大学学报，2019（03）：95-104.
④ 黄承伟.从脱贫攻坚到乡村振兴的历史性转移——基于理论视野和大历史观的认识与思考[J].华中农业大学学报（社会科学版），2021（04）：5-10，176-177.
⑤ 徐晓军，张楠楠.乡村振兴与脱贫攻坚的对接：逻辑转换与实践路径[J].湖北民族学院学报（哲学社会科学版），2019，37（06）：101-108.
⑥ 左停.脱贫攻坚与乡村振兴有效衔接的现实难题与应对策略[J].贵州社会科学，2020（01）：7-10.

第二节 巩固脱贫成果后评估的主要内容和方法

一、评估什么？

"有效衔接"第三方评估既要考核近年巩固拓展脱贫攻坚成果的情况,也要考核脱贫攻坚向乡村振兴过渡期政策的总体稳定情况,主要评估责任落实、政策落实、工作落实和成效巩固拓展4个方面。

(一) 责任落实情况

责任落实情况的评估聚焦持续压紧压实各级党委和政府"有效衔接"责任,重点核查各级党委和政府主体责任、各级农村工作领导小组主体责任、相关行业部门责任及驻村帮扶责任4个方面的落实情况(见表3-1)。

表3-1 责任落实情况评估内容及要点

责任主体	责任落实情况	
	重点关注	评估要点
1. 各级党委和政府	党政主要负责同志亲自抓、分管负责同志具体抓、其他负责同志协同抓情况	(1) 传达学习中央精神、传达学习习近平总书记关于"三农"工作重要讲话和指示批示精神;(2) 研究部署"有效衔接"工作情况,推动重点工作落实情况;(3) 赴脱贫地区调研指导巩固拓展脱贫攻坚成果、全面推进乡村振兴情况
2. 各级农村工作领导小组	各级农村工作领导小组牵头抓总、统筹协调、督促各方情况	(1) 召开会议,研究衔接重要政策和重点工作情况;(2) 统筹协调推进;(3) 压实责任落实

续表

责任主体	责任落实情况	
	重点关注	评估要点
3. 相关行业部门	发改、教育、民政、财政、人社、住建、水利、卫健、医保、农业农村、乡村振兴等行业部门工作落实情况	(1) 部门分工；(2) 行业推进；(3) 部门协调和调研督导
4. 驻村帮扶	各级驻村帮扶工作部署落实情况	(1) 配套政策；(2) 选派轮换；(3) 培训情况；(4) 干部管理；(5) 履职情况

(二) 政策落实情况

政策落实情况的评估聚焦过渡期内巩固拓展脱贫攻坚成果同乡村振兴政策有效衔接，考核政策落实情况，重点评估脱贫攻坚同乡村振兴政策有效衔接总体情况，国家乡村振兴重点帮扶县倾斜支持政策，教育帮扶、健康扶贫、医疗保障、住房安全保障、饮水安全保障、兜底保障等政策，产业、就业帮扶政策措施调整优化和衔接乡村振兴情况这 10 项内容（见表 3-2）。

表 3-2 政策落实情况评估内容及要点

政策落实评估内容	评估要点
1. 脱贫攻坚同乡村振兴政策有效衔接总体情况	评估该地针对国家层面出台的过渡期衔接政策文件：(1) 省级层面出台相关配套文件情况；(2) 县级层面出台实施方案等相应文件情况
2. 国家乡村振兴重点帮扶县倾斜支持政策	(1) 配套政策；(2) 政策规定；(3) 政策落实
3. 教育帮扶政策	(1) 保持教育帮扶政策总体稳定情况；(2) 控辍保学情况；(3) 脱贫户和监测对象家庭学生享受教育资助的政策变化；(4) 相关机制建立和运行情况；(5) 典型经验情况

续表

政策落实评估内容	评估要点
4. 健康扶贫政策	（1）保持产业政策总体稳定情况；（2）贫困户基本医疗参保情况；（3）贫困户和监测对象家庭医生服务签约履行情况；（4）相关机制建立和运行情况；（5）风险评估应对；（6）典型经验情况
5. 医疗保障政策	（1）保持医疗保障政策总体稳定情况；（2）医疗保障主要政策调整和落实情况；（3）基本医保参保；（4）相关机制建立和运行情况；（5）风险评估应对；（6）典型经验情况
6. 住房安全保障政策	（1）保持住房安全政策总体稳定情况；（2）住房安全主要政策调整及落实情况；（3）相关机制建立和运行情况；（4）风险评估应对；（5）典型经验情况
7. 饮水安全保障政策	（1）保持产业政策总体稳定情况；（2）评价水量、水质、用水方便程度和供水保证率等情况；（3）巩固提升工程项目实施和质量情况；（4）工程设施管理和长效机制建立情况；（5）风险评估应对；（6）典型经验情况
8. 兜底保障政策	（1）保持兜底政策总体稳定情况；（2）兜底主要政策调整变化及落实情况；（3）相关机制建立和运行情况；（4）风险评估应对；（5）典型经验情况
9. 产业政策措施	（1）保持产业政策总体稳定情况；（2）产业主要政策调整变化及落实情况；（3）相关机制建立和运行情况
10. 就业帮扶政策	（1）保持就业帮扶政策总体稳定情况；（2）就业帮扶主要政策调整变化及落实情况；（3）相关机制建立和运行情况；（4）风险评估应对；（5）典型经验情况

（三）工作落实情况

工作落实情况的评估聚焦巩固拓展脱贫攻坚成果、全面推进乡村振兴等重点工作，主要评估防止返贫动态监测和帮扶情况、易地搬迁后续帮扶情况、脱贫地区产业帮扶情况、脱贫人口就业帮扶情况、脱贫地区乡村建设情况、脱贫地区乡村治理情况、扶贫项目资产后续管理情况 7 项内容（见表 3-3）。

表 3-3 工作落实情况评估内容及要点

工作落实评估内容	评估要点
1. 防止返贫动态监测和帮扶情况	(1) 保持政策总体稳定情况；(2) 主要政策调整情况；(3) 重点工作落实情况；(4) 相关机制建立和运行情况；(5) 典型经验情况
2. 易地搬迁后续帮扶情况	(1) 保持政策总体稳定情况；(2) 搬迁脱贫户产业、就业等后续帮扶落实情况；(3) 典型经验情况
3. 脱贫地区产业帮扶情况	(1) 产业发展服务支撑情况；(2) 联农带农情况；(3) 产业项目可持续发展情况；(4) 小额信贷管理情况；(5) 风险应对情况；(6) 产业发展成效情况；(7) 典型经验情况
4. 脱贫人口就业帮扶情况	(1) 脱贫劳动力就业以及增收情况；(2) 脱贫和监测对象家庭子女资助政策落实情况；(3) 相关机制建立和运行情况；(4) 典型经验情况
5. 脱贫地区乡村建设情况	(1) 编制村庄规划；(2) 厕所整改；(3) 污水处理和垃圾处置；(4) 问题经验
6. 脱贫地区乡村治理情况	(1) 基层组织建设；(2) 精神文明建设；(3) 问题经验
7. 扶贫项目资产后续管理情况	(1) 配套政策情况；(2) 管理台账情况；(3) 资产管护运营情况；(4) 收益分配情况；(5) 典型经验情况

（四）成效巩固拓展情况

成效巩固拓展情况的评估聚焦巩固脱贫攻坚成果实效，主要评估脱贫户和监测户"两不愁三保障"情况、饮水安全情况及兜底保障情况，收入变化情况，新冠肺炎疫情和自然灾害对巩固脱贫成果的影响，巩固脱贫成果的群众认可度这4项内容（见表3-4）。

表 3-4 成效巩固拓展情况评估内容及要点

成效巩固拓展情况评估内容	评估要点
1. 脱贫户和监测户"两不愁三保障"情况、饮水安全情况及兜底保障情况	（1）"两不愁"实现情况；（2）教育、医疗、住房"三保障"情况；（3）饮水安全保障情况；（4）兜底保障情况
2. 收入变化情况	（1）脱贫户、纳入防返贫监测对象的农民人均可支配收入情况；（2）收入水平及其同全国平均水平的比较；（3）收入来源及其可持续性
3. 新冠肺炎疫情和自然灾害对巩固脱贫成果的影响	（1）新冠肺炎疫情的影响；（2）洪涝等自然灾害的影响
4. 巩固脱贫成果的群众认可度	（1）对巩固脱贫攻坚成果的认可度；（2）对驻村帮扶工作的认可度；（3）对村庄治理的认可度；（4）对基础设施、公共服务、人居环境的认可度

二、怎么评？

"有效衔接"第三方评估主要采用的评估方式包括座谈访谈、资料收集和实地调查3类。

（一）座谈访谈

座谈访谈主要包括省级座谈访谈、县级座谈访谈和村级座谈访谈3类。

1. 省级座谈访谈

根据实际情况，采取个别访谈或分组分专题座谈的方式，主要与省委农办和省政府乡村振兴、教育、卫健、医保、住建、水利、民政、农业农村、人社、财政、发展改革等部门负责人员和部分熟悉情况的业务干部进行座谈访谈，相关人员介绍相关领域责任落实、政策落实、工作落实和成效巩固拓展情况。座谈访谈主要包括两部分内容：一是参照访谈提纲与部门负责同志进行座谈访谈，形成可靠的文字记录；二是参照政策调整情况明细表和数据表向部门业务干部了解相关情况、数据，填写相应表格。

2. 县级座谈访谈

县级座谈访谈采取分部门座谈访谈方式，逐一与县委农办、组织部和县政府乡村振兴、教育、卫健、医保、住建、水利、民政、农业农村、人社、应急、自然资源、财政、发展改革等部门负责同志和部分熟悉情况的业务干部进行座谈访谈，相关人员主要介绍相关领域责任落实、政策落实、工作落实和成效巩固拓展情况。座谈访谈主要包括两部分内容：一是参照访谈提纲与部门负责同志进行座谈访谈，形成可靠的文字记录；二是参照政策调整情况明细表和数据表向部门业务干部了解相关情况、数据，填写相应表格。

3. 村级座谈访谈

村级座谈访谈围绕村级层面巩固脱贫成果重点工作进行交流，参照统一的访谈提纲，分别与村干部、驻村干部进行访谈，形成可靠的访谈记录。

(二) 资料收集

1. 省级资料收集

评估组通过查阅资料，从面上了解被评估省巩固脱贫成果责任落实、政策落实、工作落实和成效巩固拓展情况，梳理出好做法、好经验和存在的短板、薄弱环节。

2. 县级资料收集

实地评估组核心成员分类分工查阅档案材料，全面了解被抽查县巩固脱贫成果责任落实、政策落实、工作落实和成效巩固拓展情况，梳理好做法、好经验和存在的短板、薄弱环节。

3. 村级资料收集

村级资料收集主要是进行村表（安置点表）数据采集。召集熟悉村表所需信息的村干部（社区干部）及驻村干部，结合座谈访谈和实地查看所获信息，以现场交流与核实的方式自行采集所调查行政村或安置点的村表信息。

（三）实地调查

1. 县级实地调查

根据查阅档案材料和座谈访谈获得的线索，选取一些无法在样本村查看资料的重要政策项目，如农村中小学、乡镇卫生院、集中供水设施、污水集中处理设施、连片产业项目、大型帮扶车间及就业点等方面的情况，进行实地调查，找相关人员了解情况，发现巩固脱贫成果的好做法、好经验、短板及问题，做好查看记录。实地调查发现的正面经验和负面问题，要结合全县责任落实、政策落实和工作落实情况查找原因，作为评价"三落实"实际成效的重要依据。

2. 村级实地调查

村级实地调查主要包括实地查看和入户调查两类。

1) 实地查看

结合座谈访谈及村表（安置点表）数据采集，选择反映行政村（安置点）巩固脱贫成果及推进乡村建设工作的相关领域，如村内幼儿园、小学、卫生室、道路、垃圾、污水、厕所、产业、扶贫车间等方面的情况，进行实地查看，找相关人员了解情况，发现好做法、好经验、短板及问题，做好查看记录。

2) 入户调查

入户调查是"有效衔接"第三方评估的主要调查方式之一。评估员入户后将问卷访谈同现场查看、侧面打听印证等方法相结合，获取所需信息。

第三节　巩固脱贫成果后评估的相关研究

一、精准扶贫第三方评估相关研究

在精准扶贫第三方评估学术研究方面，截至 2022 年 4 月在中国知网上以"精准扶贫"和"第三方评估"为主题检索，共有 97 项学术期刊研究成果（其中 C 刊成果 29 项），20 项硕、博士论文成果。综合学者们的研究重点，这些研究成果大致可分为精准扶贫第三方评估的概念内涵、作用以及问题和优化路径研究三个方面。

1. 精准扶贫第三方评估的概念内涵研究

关于精准扶贫第三方评估的概念，汪三贵等[1]认为精准扶贫第三方评估是指利用客观公正的第三方在精准扶贫过程中发挥评估咨询作用而推动精准扶贫目标最终达成的一种评估方式。杨新玲等[2]认为，脱贫攻坚成效第三方评估是独立于实施扶贫开发工作的政府和扶贫开发对象的贫困户两方之外的机构或组织对于精准扶贫实施的过程和脱贫情况开展独立、客观、全面的评估过程。王介勇[3]认为第三方评估是一种必要的外部制衡机制，是客观评判政府扶贫开发工作成效的重要手段。

2. 精准扶贫第三方评估的作用研究

关于第三方评估对于精准扶贫工作发挥的作用，汪三贵等[4]基于评估机构实践，指出在扶贫工作中引入第三方评估，可以在一定程度上保证有

---

[1] 汪三贵，郭子豪. 论中国的精准扶贫 [J]. 贵州社会科学，2015（05）：147-150.
[2] 杨新玲，图登克珠. 对西藏扶贫开发工作成效第三方评估的思考 [J]. 西藏发展论坛，2017（03）：43-47.
[3] 王介勇. 我国精准扶贫实践中的精准化难点与对策建议 [J]. 科技促进发展，2017，13（06）：412-417.
[4] 汪三贵，曾小溪，殷浩栋. 中国扶贫开发绩效第三方评估简论——基于中国人民大学反贫困问题研究中心的实践 [J]. 湖南农业大学学报（社会科学版），2016，17（03）：1-5.

充足的人力和科学的方式来评估各级政府的扶贫工作，更能彰显评估过程的公正、科学和民主。王介勇指出，发挥第三方评估的监督作用可以及时发现精准扶贫政策实施过程中存在的主要问题，以评促改，有利于我国精准扶贫管理模式以及科学决策方式的创新。刘建生等①指出第三方评估正逐步成为我国深化改革、提高效能的重要方法，以弥补政府自我评估的缺陷，改善政府管理方式和完善国家治理体系。陆汉文等②认为在精准扶贫实践中开展第三方评估，一方面改变了分权治理模式之下中央政府的信息劣势，另一方面也改变了地方政府的行为逻辑，驱使其主动了解、回应贫困人口的发展诉求。孟志华等③研究发现引入第三方评估，可以完善政府绩效评估体系，提高评估结果的科学性与公信力，推进政府治理能力的现代化。张涛④指出第三方评估在脱贫攻坚全局中发挥了"指挥棒""质检仪""推进器""温度计"的重要作用，典型示范、支撑决策，推动了精准扶贫政策措施的落地落实。

3. 精准扶贫第三方评估的问题和优化路径研究

根据研究，第三方评估在精准扶贫工作的实际开展中依旧存在问题，亟待采取优化方法加以解决。王志立⑤指出，第三方评估精准扶贫成效的相关法律法规和政策制度略显粗糙，亟待完善根据精准扶贫的指导性文件构建评估指标体系，确保第三方评估的合法性。曾明等⑥认为在具体评估中，存在评估机构被评估对象俘获的可能，这就需要加强社会监督以保障第三方评估的中立性与客观性。祁中山⑦考虑到第三方评价的局限性，建

---

① 刘建生，惠梦倩. 精准扶贫第三方评估：理论溯源与双SMART框架[J]. 南昌大学学报（人文社会科学版），2017，48（02）：69-75.
② 陆汉文，梁爱有. 第三方评估与贫困问题的民主治理[J]. 中国农业大学学报（社会科学版），2017，34（05）：103-110.
③ 孟志华，李晓冬. 精准扶贫绩效的第三方评估：理论溯源、作用机理与优化路径[J]. 当代经济管理，2018，40（03）：46-52.
④ 张涛. 科技创新助推脱贫攻坚　第三方评估支撑精准施策[J]. 中国科学院院刊，2020，35（10）：1218-1222.
⑤ 王志立. 精准扶贫中第三方参与评估的优势、困境及突破[J]. 学习论坛，2018（05）：47-51.
⑥ 曾明，张紫薇. 精准脱贫第三方评估中的评估与反评估——一个力场的分析框架[J]. 理论月刊，2019（11）：123-129.
⑦ 祁中山. 扶贫绩效第三方评估：价值与限度——以2016年国家精准扶贫工作成效考核第三方评估为参照[J]. 信阳师范学院学报（哲学社会科学版），2017，37（06）：38-44.

议从评估制度等方面对其进行改进。丁先存等①对评估工作中存在的困惑进行了反思，并提出了对加强第三方评估工作规范化、加强评估机构专业化等意见。学术界致力于优化第三方评估的体制机制，以更好地保证第三方评估的中立、公正与客观，发挥其在考核中的效果。

二、乡村振兴第三方评估相关研究

在乡村振兴第三方评估学术研究方面，截至2022年4月在中国知网上以"乡村振兴"和"第三方评估"为主题进行检索，共有14项学术期刊研究成果（其中C刊成果2项）。对于乡村振兴第三方评估的作用，王伟正②指出，南方农村报将第三方评估引入乡村振兴领域，成为媒体智库的重要实现形式，扩展了媒体影响力，促进了媒体的融合转型，对拓宽媒体人的职业发展路径也发挥了积极作用。吴秋月等③认为乡村振兴指标考核内容专业、专业技术性强，可以将该评价委托给具有相应资质的第三方评估机构进行，有助于保证评价的准确性。

三、巩固脱贫成果后评估相关研究

在"有效衔接"第三方评估学术研究方面，截至2022年4月在中国知网上以"脱贫攻坚"和"有效衔接"为主题进行检索，综合学者们的观点，相关研究主要集中在考核的必要性和考核评估指标两个方面。

1. 考核的必要性研究

杨肃昌等④认为目前"十四五"时期是实现巩固拓展脱贫攻坚成果同

---

① 丁先存，汪卉卉. 安徽省精准扶贫成效第三方评估的实践研究 [J]. 华东经济管理，2018，32 (08)：27-33.
② 王伟正. 拓展媒体影响力，拓宽职业发展路径——南方农村报第三方评估实践探索 [J]. 青年记者，2021 (17)：63-64.
③ 吴秋月，纵瑞收. 江苏实施乡村振兴战略实绩考核体系研究 [J]. 农村经济与科技，2021，32 (11)：219-223.
④ 杨肃昌，范国华. "十四五"时期巩固拓展脱贫攻坚成果同乡村振兴有效衔接评价指标体系构建 [J]. 宁夏社会科学，2022 (02)：112-123.

乡村振兴有效衔接的关键过渡期。为此，我们必须时刻关注有效衔接工作的推进情况，这就必然要求我们在实践中对巩固拓展脱贫攻坚成果同乡村振兴有效衔接工作的成效做出系统、科学、合理的评价。只有及时做出科学、合理的评价，才能准确地认识有效衔接工作的推进情况，及时发现问题，排除风险隐患，补上短板弱项，不断提升贫困地区的自我发展能力和贫困治理水平。《关于实现巩固拓展脱贫攻坚成果同乡村振兴有效衔接的意见》明确指出，要做好巩固拓展脱贫攻坚成果同乡村振兴有效衔接的考核机制衔接，中央也明确提出要通过严格实施实绩考核制度督促各地区各部门抓细抓实推进衔接各项工作。高强等[①]研究发现，从实践来看，各省份已经建立起较为完整的乡村振兴考核体系，但专门针对推进两大战略有效衔接的考核体系尚未全面建立，因此应当深化各地区对推进衔接的认识。

2. 考核评估指标研究

杨肃昌等[②]认为构建巩固拓展脱贫攻坚成果同乡村振兴有效衔接评价指标体系应根据乡村振兴战略的总要求，从产业发展、生态建设、文化建设、乡村治理和民生改善五个维度选取指标构建评价指标体系。张琦[③]基于贫困治理绩效评估的视角，将巩固拓展脱贫攻坚成果同乡村振兴有效衔接评估指标体系划分为五个一级指标——巩固拓展产业扶贫同产业兴旺衔接，巩固拓展绿色减贫同生态宜居衔接，巩固拓展文化扶贫同乡风文明衔接，巩固拓展基层治理同治理有效衔接，巩固拓展"两不愁三保障"同生活富裕衔接，以及与各一级指标相对应的若干二级指标。

---

① 高强，曾恒源. 巩固拓展脱贫攻坚成果同乡村振兴有效衔接：进展、问题与建议 [J]. 改革，2022（04）：99-109.

② 杨肃昌，范国华. "十四五"时期巩固拓展脱贫攻坚成果同乡村振兴有效衔接评价指标体系构建 [J]. 宁夏社会科学，2022（02）：112-123.

③ 张琦. 巩固拓展脱贫攻坚成果同乡村振兴有效衔接：基于贫困治理绩效评估的视角 [J]. 贵州社会科学，2021（01）：144-151.

第四章

巩固脱贫成果后评估的社会服务

在第三章解决后评估"评估什么？怎么评？如何研究？"的基础上，本章讨论后评估"如何开展"的实操性问题，这是服务社会的重要途径。后评估开展包括前期、中期、后期三个阶段，三个阶段各有不同的任务和目标，共同构成后评估的全过程。

前期准备工作主要是前往评估地之前的各项准备工作，在评估过程中起基础性作用，主要包括总体安排、人员招募、人员安排、组织培训、对接工作、具体工作六项内容。中期实地调查阶段是整个评估过程的核心环节，主要包括召开对接会、座谈访谈、入户调查和每日总结等工作。后期整理总结和报告撰写阶段主要是对实地调查所得的结果进行分析和总结，是对整个评估过程的总结和提升，主要包括后期工作安排、报告撰写和总结提升等工作。

第一节　　评估前期准备工作

一、总体安排

（一）明确评估工作的具体任务

在前期准备阶段，要明确本次评估工作的具体任务。评估的主要任务是通过座谈访谈、收集资料和实地调查，对评估地的"有效衔接"成果进行综合考核，主要评估各地工作进展和取得的成效，发现存在的问题和薄弱环节，提出整改意见建议。

评估需要完成实地调查、问题核实、资料分析和报告撰写4项工作。

1. 实地调查

实地调查工作是"有效衔接"评估的主要工作，通过在评估地进行实地调查获得一手资料，主要分为省级评估工作、县级评估工作、村级评估工作和入户调查4类。省、县、村级评估工作主要包括召开对接会、查阅档案材料、收集资料、开展座谈访谈、实地查看等工作内容；入户调查主要是评估员对抽样农户进行逐户访谈。

2. 问题核实

对于在"有效衔接"第三方评估中发现的问题，应认真开展核查，以确保结论可靠。问题核实主要包括报告进展、问题沟通、问题核查、问题汇总4个步骤。

（1）报告进展。评估组每天要及时梳理发现问题，及时整理每天形成的问题清单。

（2）问题沟通。对于在实地评估中发现并搜集到相关证据的各种问题，需要及时向当地相关负责人员沟通反馈。通过听取他们的意见，保证评估结果的可靠性、公正性。

（3）问题核查。问题核查要坚持"凡疑必核""凡核必准"的原则，问题认定要经过现场初核、专家复核、部门鉴定、总控组研判、评估组终核五道关。问题经核查后，评估组按照核定结果校正实地评估的最终信息。

（4）问题汇总。评估组在完成评估工作后，需要及时梳理问题，审核问题的准确性和证据的扎实程度，并对问题进行分类汇总，形成当地巩固脱贫成果后评估的初步判断。

3. 资料分析

根据"有效衔接"第三方评估的目的，围绕责任落实、政策落实、工作落实和成效巩固拓展的重点领域和关键环节，对资料进行系统分析，概括面上情况，把握突出问题和典型经验。数据分析主要包括定量分析和定性分析。

4. 报告撰写

在完成"有效衔接"第三方评估实地调查工作之后,需要对评估工作进行总结分析,并撰写评估报告。在报告撰写过程中,需要深入了解评估对象的实际情况,细致分析评估资料,撰写并按时提交论证严谨、数据准确、重点突出、针对性强、客观公正的后评估报告。

(二) 第三方评估队伍的组建

为了完成"有效衔接"第三方评估工作,南昌大学专门成立以周创兵校长为组长,朱小理副校长、黄细嘉副校长为副组长的南昌大学"有效衔接"第三方评估工作领导小组,小组成员包括党委办公室、校长办公室、计划财务处、教务处、研究生院、社会工作处、公共政策与管理学院、南昌大学中国乡村振兴研究院、第三方评估中心等单位主要负责人。评估队伍主要由专家团队、骨干团队和评估员队伍三部分人员组成。

第三方评估队伍的专家团队稳定且专业性强,且有丰富的实践经验。南昌大学第三方评估队伍专家团队涵盖南昌大学中国乡村振兴研究院所有成员。专家队伍曾多次参与贫困县退出评估工作和"有效衔接"第三方评估工作,在多次评估实践中总结出了一套科学、专业的评估流程与方法,形成了高效、精准的团队管理经验。

第三方评估队伍的骨干团队主要由核心专家所带的三十余名博士、硕士研究生组成,团队部分成员从本科开始就参与评估工作,具有丰富的实践经验,历次评估也锻炼出一批骨干成员。该骨干团队成员均具有担任学生骨干的资质,经验丰富、工作认真负责,是一支高质量的骨干团队。

评估员队伍主要由南昌大学公共政策与管理学院的博士、硕士研究生和本科学生组成,同时还有南昌大学其他学院的学生参与到评估队伍中。评估员队伍成员均经过多轮筛选和考核,均有相关评估调查经验,工作认真负责,是一支高质量的评估队伍。

(三) 评估需要的学生骨干及其任务

"有效衔接"第三方评估需要学生牵头人、学生组长、数据员和资料员四类骨干。

（1）学生牵头人。学生牵头人的主要任务是协助项目负责人统筹评估期间的各项工作安排，协调各县的各项工作，保证整个评估工作的顺利推进。

（2）学生组长。学生组长的主要任务是负责各县评估任务的统筹安排，与评估地相关工作人员进行对接、统筹本组各项事务安排、协调本县评估进度、安排每日会议、整合每日资料并汇总等。

（3）数据员。数据员的主要任务是进行抽村安排、安排每日任务量、审核并通过问卷数据、数据分析等。

（4）资料员。资料员的主要任务是收集各项资料，包括评估地相关资料、会议记录、签到表、影音资料等。

二、人员招募

（一）人员招募的组织

评估工作开始之前，在第三方评估队伍的骨干团队中安排人员专门负责人员招募工作，招募工作主要包括发布调研信息、收集人员信息、信息筛选、组织安排面试等步骤。

人员招募主要通过微信群宣传的方式，在微信群发布调研信息，并让有意愿参与评估的人员填写个人信息，包括姓名、性别、籍贯、年级专业、学号、电话号码、身份证号、是否有类似经验、胜任理由等。收集好人员信息之后，需要根据信息对报名人员进行筛选，并进行分类。根据人员分类对有必要面试的无经验人员和有相关经验但表现较差的人员进行面试，通过面试筛选出参与第三方评估的人员。

（二）确定招募人数及其男女、年级等比例

（1）招募人数。招募人数主要根据总任务量、评估地的数量、外调工作时间等来确定。

（2）男女比例。男女比例尽量保持平衡，并且每个县的男、女生数量尽量为双数，以便安排住宿和入户调查工作。

（3）年级比例。年级上优先录取博士、硕士研究生和特别优秀的高年

级本科生,尽量选择课程安排比较少、空闲时间较多的年级,尽量减少对评估员学业的影响。

(三) 选择评估人员的标准

(1) 优先录取曾参加过评估且担任过骨干的,或曾被评为优秀调查员的。

(2) 曾参加过评估且在历次评估中表现良好,未出现违纪现象的。

(3) 未参加过评估,但有类似经验且通过面试和笔试的。

(4) 具有认真态度、责任担当、工作负责、公正客观、纪律严明、善于观察、勤于思考、及时记录、善于总结等品质,且通过笔试、面试的(见图4-1)。

图4-1 人员面试

三、人员安排

(一) 对学生骨干进行分组安排

每个分队都需要有学生组长、数据员和资料员,每个分队的三类骨干综合能力尽量保持均衡,选择参加次数较多且熟悉调查工作的人员担任学生骨干。

(二) 对入选的评估员进行分组安排

(1) 每个分队根据任务量、调查难度等进行分组安排,尽量保证每个分队评估员的任务量均衡,以保证第三方评估工作的整体进度。

(2) 保证每个分队有经验的人员和无经验的人员人数相当,且评估员数量尽量为双数。

(3) 男女比例尽量保持均衡且各县男女人数尽量为双数。

四、组织培训

组织人员培训旨在帮助入户评估员了解脱贫攻坚政策措施,熟练掌握入户调查问卷等技术工具,掌握进村入户开展调查的方法和技巧,明确评估行为规范与工作纪律,强化对评估工作重要性、严肃性的认识,增强工作责任心和敬业精神。

(一) 人员培训的组织

在完成人员招募和人员安排工作之后,要安排人员专门负责人员培训工作,主要对培训内容、时间等进行安排。

首先举行全体培训,对录取的所有评估员进行培训,主要包括动员讲话,讲解评估内容、方式方法及相关要求,讲解考核评估系统,交流互动和培训会总结等内容(见图 4-2)。

图 4-2 南昌大学全体培训

其次进行骨干培训,对学生组长、数据员、资料员分别进行培训,培训各骨干在评估期间需要完成的工作和任务。

最后进行组内培训,各小组组织组内所有成员进行组内培训和实操训练,保证各评估员熟练评估流程、问卷等内容,促进评估工作的有效进行(见图4-3)。

图4-3 组内培训

(二)培训内容

培训内容主要包括问卷内容、入户技巧、拍照录像要求、考核评估系统、评估工作要求5项。

1. 问卷内容

对问卷内容进行详细的讲解,以促进评估员熟知问卷,把握好问卷指标。在培训问卷内容时,需要对脱贫户、边缘易致贫户、突发严重困难户和一般农户问卷的问题进行逐个讲解,统一问题指标。对于问卷中出现的专有名词需要进行解释,保证录入问卷的准确性。对于问卷中的易错项和重点关注问题需要进行着重讲解,保证评估员深入了解问卷内容。

2. 入户技巧

入户调查过程中评估员采取AB角分工的方式。入户评估员可分成若干支队,分头在不同行政村(安置点)开展入户调查。每2个评估员按A、B角关系组成一个入户调查小组,分工合作完成入户调查任务。A角为主,负责打招呼、沟通交流、提问、填写App、记工作笔记等工作。B角配合,负责排除干扰、录像、拍照、录音、查看实物、协助A角沟通交流等工作。

入户调查过程中为了保证访谈的顺利进行,需要掌握相关的入户技巧。如把专有名词转化为当地的通俗宣传用词,了解问卷内名词的当地方言发音,学习打招呼的方言、热情礼貌用语等,从而拉近与农户的距离,促进访谈的顺利高效完成。

3. 拍照录像要求

AB角各配备1部智能手机、1个录音笔、1支笔、1个笔记本。要对问卷调查过程进行全程录音。对住房正门外景、客厅（堂屋）、厨卫设施（含冰箱等）、卧室（含衣柜）、问卷调查启动现场等关键场景进行拍照和录像。

1) 拍照重点

屋外：院落、牲口棚、水窖、自来水管道等。

厨房：冰箱、粮食、食用油、肉制品、奶制品等。

客厅：家具、电器等。

卧室：被子、床、柜子、衣物等。

住房：大门正立面、梁架、屋顶、墙等。

人物：身份证照片、户口本照片，脱贫材料如公益性岗位、产业分红等，家中如果有病人，应采集病人的照片。

2) 录像重点

屋外：院落基本情况，重点是庭院经济、饮水和房屋地基情况。

屋内：厨房基本情况、客厅基本情况、卧室基本情况。

实地录像的目的是快速记录农户家庭现场，不需要对整个实地调查过程进行全程录像。

4. 考核评估系统

评估的一个重要工具是考核评估系统，需要对人员进行考核评估系统操作方面的培训。

（1）客户端操作。客户端操作培训包括客户端适用系统、客户端安装、客户端登录、数据同步、数据填报、AB角操作等内容的培训。

（2）PC端操作。PC端操作培训包括PC端登录、信息录入等内容的培训。

（3）常见问题。一是务必记得同步数据。尤其是进村入户前，同步将要去的村建档立卡数据。二是没有网络的情况下客户端的操作说明。

5. 评估工作要求

1) 评估员总体要求

评估员需要培养和满足"态度认真、责任担当、业务娴熟、发现客观、纪律严明、心存敬畏、素质优良、互助合作、善于观察、勤于思考、及时记录、学会总结"的总体要求。在评估期间，需要从同学们的情怀来看立场，要时刻保持客观、中立（正义）的第三方立场。在入户访谈过程中，需要兼听各方，查证求实，互为佐证，探求事实真相、事物本源。在评估期间需要具备善于观察、勤于思考的能力和及时记录的习惯。

2) 评估员的纪律要求

评估员需要做到"纪律严明、作风过硬、认真负责、勇于担当"，在评估期间谨记安全是第一要务，包括防疫、交通和饮食安全，同时要服从组织安排。

3) 评估员的提升要求

评估员需要具备随时随身记录、半天总结、一天总结、一县总结、结束总结的能力，在发现问题和总结中提升自身能力。

（三）骨干人员的培训内容

1. 学生组长

1) 工作任务

在对学生组长进行培训时，需要让各学生组长明确其在前中后期的任务和实地调查期间的每日任务。在学生组长培训期间，需要系统地向其介绍担任学生组长需要完成的所有任务，确保每位组长都了解自身的任务，确保其在评估期间顺利完成工作。同时，需要创建组长微信群，确保组长之间的信息沟通顺畅，遇到难题时方便组长之间的交流与讨论。

2) 工作技巧

在对学生组长进行培训时，需要对组长所涉及的相关任务进行培训，保证组长工作的高效顺利完成。在培训时发放"组长 N 件套""组长工作指南"和"保险购买指南"等资料，其中"组长 N 件套"包括财务模板、调查问卷、访谈提纲、干部座谈访谈签到表、工作安全承诺书（见图 4-4）。

图 4-4 组长 N 件套、保险购买指南、组长工作指南

2. 数据员

1）工作任务

在对数据员进行培训时，需要让每位数据员都清晰了解数据员在评估前中后期都需要完成什么任务，以及每天需要完成的任务，从而确保每位数据员在评估期间高效完成任务，保证评估数据的真实准确以及评估任务的高质量高效完成。

2）工作技巧

在对数据员进行培训时，需要让每一位数据员明晰相关技巧。首先，需要让数据员清楚地了解如何抽样、抽样方法和进度控制。其次，需要让数据员清楚在 PC 端审核数据的流程，给数据员发放"数据审核流程"（见图 4-5）。最后，提醒数据员需要重点审核的问题和容易出错的选项。

3. 资料员

1）工作任务

在对资料员进行培训时，需要让资料员明确其在评估前中后期需要完成的任务，明确在调查期间需要收集的资料清单和影音资料，以及每日需要整理的资料。在培训之后发放"资料员规程"（见图 4-6），以促进资料员对照资料员规程完成评估期间的相关任务。

2）工作技巧

在对资料员进行培训时，要让资料员明确需要收集的县级资料和村级资料，让资料员了解何时何地找何人收集资料比较高效快捷，每日收集的各类资料如何进行整理与分类等工作技巧。

第四章 巩固脱贫成果后评估的社会服务

图 4-5 江西省巩固拓展脱贫攻坚评估数据审核流程

资料员规程

1、县级材料收集

资料员需要向当地干部收集相关材料，材料包括：

(1) 样本县脱贫攻坚情况介绍。包括县基本情况、脱贫攻坚整体部署和防止返贫监测帮扶机制落实情况，克服新冠肺炎疫情影响的有关措施等。

(2) 今年以来，省、县两级出台的巩固拓展脱贫攻坚成果同乡村振兴有效衔接政策文件（今年三季度之前国家印发衔接政策文件之后相应出台的文件）。

(3) 省、县两级党政主要负责同志、分管负责同志参加关于巩固拓展脱贫攻坚成果同乡村振兴有效衔接会议的讲话等。

(4) 省、县两级出台的衔接政策分工安排文件。

(5) 省、县行业部门出台的落实分工方案及年度工作总结（成效、经验和不足）。

(6) 巩固拓展脱贫攻坚成果同乡村振兴有效衔接工作中形成的有效做法和典型试点。

(7) 巩固拓展脱贫攻坚成果重大政策措施、重点工作落实情况。包括扶贫对象动态管理、危房改造、易地扶贫搬迁、健康扶贫、贫困家庭子女义务教育保障、产业扶贫、就业扶贫、扶贫小额信贷及驻村帮扶等。

(8) 佐证疑似问题的必要证明材料。在第三方评估组与地方对疑似问题进行沟通、复核时，样本县乡村应提供相关政策措施落实情况的必要证明材料，附在问题核查情况页之后。

(9) 会议记录。包括县级座谈访谈记录、村访谈记录、大中型安置点访谈记录及签到表。

(10) 问题清单。即问题核查情况表。每天汇总，在每个县评估工作结束后2天内上交。

2、村级材料收集

(1) 村情。村基本情况（包括自然状况、社会经济状况等）、主要工作和措施。

(2) 工作总结。巩固拓展脱贫攻坚成果工作部署、责任落实、政策落实，工作落实情况以及巩固成效。

(3) 第一书记和帮扶责任人基本资料。包括所在单位、帮扶户数。

(4) 合作社建设情况。（如果没有可不提供）

(5) 疑似面上问题或问题户的佐证材料。

(6) 拟开展普查的行政村或村民小组的全体农户名单。包括户籍人口、低保户、五保户、危房户、重病户、残疾人户等信息。

(7) 会议记录。包括村干部、驻村工作队访谈记录，村干部签到表。

3、影音资料收集

(1) 座谈会照片。

(2) 到达村邻的合照。

(3) 农户问卷的照片、录音、录像。

调研员上街影音至笔电脑，并将影音进行备份，各组资料员负责收集备份影音资料。包括照片、录音、录像。影音资料按市-镇-村-户-照片、录音、录像的格式保存至文件。例如：

```
阜阳市 ⇒ 阜南县 ⇒ A镇 ⇒ A村 ⇒ A（农户姓名） ⇒ 录音
                          AH              录像
                   B镇 ⇒ B村 ⇒ B（农户姓名） ⇒ 照片
                   C镇    C村              录像
  1.地方资料
  2.工作组
  3.会议记录
  4.问题清单
  5.影音资料
  6.佐证材料
```

● 注：电子材料整理格式如下（本次资料尽量收集电子版的）：

4、佐证材料收集

每日收集问题清单及佐证材料。

图 4-6 资料员规程

（四）人员考试的组织及考试内容安排

在全体培训会结束之后，安排全体评估员进行考试。考试内容主要包括之前发放的自学材料和培训会上所讲的内容。重点考核培训会上讲解的专有名词含义、易错点、重点内容、突发情况解决等，考核评估员对问卷的掌握情况。通过对评估员的考试，保证所有评估员均熟悉评估相关内容，并提高评估员问题识别的技能。

五、对接工作

（一）对接工作的内容

在"有效衔接"第三方评估实地调查前，需要与评估地相关人员进行对接，包括省级对接和县级对接两个层级。主要的对接工作包括评估组工作安排、评估内容、资料清单3项内容。

1. 工作安排

在与评估地相关人员进行对接时，需要告知对接人员评估组人员情况、评估组行程和工作进度安排，包括评估组的带队老师、联络员、评估组人数等基本情况，以便进行住宿和车辆安排。

2. 评估内容

在与评估地相关人员进行对接时，需要让评估地相关人员知晓"有效衔接"第三方评估的工作内容，以便其提前了解评估内容并做好准备，促进评估工作的顺利进行。

3. 资料清单

在前往评估地进行实地考核前，需要评估地相关人员提前准备好相关材料以供评估组查阅，所以需要提前拟定材料收集清单，在与相关人员进行对接时请评估地相关人员提前准备好相关材料，以提高评估工作效率。

（二）对接方案的撰写

撰写对接方案主要是为保证第三方评估组和评估地的有效对接，保证考核工作的顺利进行。对接方案主要包括主要内容、主要方式、工作安排和考核要求4项内容。

1. 主要内容

（1）考核内容。对接方案需要包括评估主要考核的内容。把评估责任落实、政策落实、工作落实和成效巩固拓展4个方面的主要内容和评估要点进行简要概述。

（2）考核评估原则。对接方案需要包括考核评估原则。评估工作坚持目标导向，注重实效，确保数据真实有效、质量过硬；坚持问题导向，聚焦重点难点，确保评估不留死角、盲点；坚持实事求是，真考实评，确保评估从严从实、不走过场；坚持客观公正，群众认可，确保评估结果经得起实践和历史的检验；坚持作风优良，做到政治过硬、专业出色，确保遵守相关法律法规和评估检查工作纪律，确保符合科学性与专业性要求。

2. 主要方式

对接方案需要包括考核评估主要采取的方式，主要包括座谈访谈、资料收集和实地调查3类方式。在对接方案中需要简单介绍3类方式的具体开展情况，保证评估地相关人员在了解考核方式的情况下提前做好相应准备，保证评估工作的高效进行。

3. 工作安排

（1）评估组人员。对接方案需要包括评估组负责人、专家组成员的简单介绍，联络员联系方式和评估员人数等信息。

（2）评估工作进度安排。对接方案需要包括评估组行程安排和工作进度安排等内容。

4. 考核要求

对接方案中阐明考核要求，主要包括坚持工作标准、较真碰硬考核、廉洁规范考核、严守工作纪律、减轻基层负担、确保安全考核等。

六、具体工作

(一) 评估员前期的准备工作

（1）参加培训。评估员前期需要参加全体培训和组内培训，熟练掌握问卷内容、各项指标内容、熟悉操作评估系统、熟知入户技巧等内容。

（2）购买车票。根据组长要求购买车票。

（3）出发前准备。根据组长提示、评估要求和评估地的地理环境，出发前准备好各类物品，包括工作证、背包、电脑、手机、U盘、充电宝等工作用品和雨具、个人卫生用品和换洗衣物等生活用品。

(二) 调查前期各类骨干的工作

1. 学生组长

（1）组织组内培训。出发前各组长需要组织本组成员相互认识并进行组内培训，对问卷内容、入户技巧和评估纪律等进行加强培训，并发放评估工作牌等物资，提醒评估员需要准备的东西。

（2）出行安排。出发前确定本组的行程安排，通知本组成员购票。

（3）与评估地对接。撰写对接方案，与评估地相关人员取得联系，完成住宿安排，并告知对方评估组到达时间。

（4）购买本组带队老师和成员的保险。在本组成员出发前往评估地之前，需要在保险公司为本组所有成员购买短期综合意外险。

（5）收集组员家长同意截图和组员考试通过截图。本组所有成员在正式参加第三方评估前，需要经家长同意并通过第三方评估考试，学生组长需要收集相关截图，保证所有成员均可参加第三方评估工作。

2. 数据员

(1) 掌握数据员工作。熟练掌握如何抽样、审核数据等内容。

(2) 组内培训。对组内成员进行问卷培训,提醒组员每日需完成上传问卷和影音资料等工作。

3. 资料员

(1) 掌握资料员工作。熟练掌握资料员在调查期间需要完成的包括收集资料、做会议记录等工作。

(2) 撰写评估地基本情况。资料员需要在出发前撰写评估地的基本情况,主要包括该地区(县)地理位置、行政区划、地形地貌、气候、自然资源、人口、经济发展情况、评估期间天气等内容。

(3) 组内培训。提醒组员每天需要交的影音资料、影音资料格式要求、会议记录格式等。

第二节　考核评估实地调查

一、召开对接会

第三方评估组到达评估县后,第一项工作是召开县级对接会,第三方评估组和评估县主要领导和农办、组织、乡村振兴、教育、卫健、医保、住建、水利、民政、农业农村、人社、应急、自然资源、财政、发展改革等部门负责人员参加会议。

在对接会上,第三方评估组听取县级领导介绍县级巩固脱贫成果及衔接推进乡村振兴情况,了解评估县巩固脱贫成果责任落实、政策落实、工作落实和脱贫成果巩固拓展等方面的总体情况。第三方评估组带队老师在对接会上说明评估工作的具体安排和相关纪律要求(见图4-7)。

图 4-7 召开对接会

二、座谈访谈

(一) 县级访谈

在召开完对接会之后，带队老师分别与评估县主要部门负责人员进行座谈访谈，了解各部门巩固脱贫成果责任落实、政策落实、工作落实和脱贫成果巩固拓展等方面的工作情况。座谈访谈工作采取分部门座谈访谈方式，逐一请县委农办、组织部和县政府乡村振兴、教育、卫健、医保、住建、水利、民政、农业农村、人社、应急、自然资源、财政、发展改革等部门负责人员和一名熟悉情况的业务干部参加，主要介绍相关领域责任落实、政策落实、工作落实和成效巩固拓展情况。

座谈访谈需要完成两项任务：一是参照访谈提纲与部门负责人员进行座谈访谈，并做好县级部门访谈记录；二是参照政策调整情况明细表和数据表向部门业务干部了解相关情况、数据，填写相应表格（见图 4-8）。

(二) 村级访谈及村级层面的现场调查

1. 村级访谈

在第三方评估实地调查过程中，第三方评估组带队老师和学生组长需要与村级干部进行村级访谈，了解村级情况。村级访谈主要围绕村级层面巩固脱贫成果重点工作进行交流，参照村级访谈提纲，分别与村干部、驻村干部进行访谈,了解村级基本情况和工作落实情况,并做好村级访谈记录(见图 4-9)。

图 4-8 部门座谈访谈

图 4-9 村级访谈

2. 村级层面的现场调查

在进行"有效衔接"第三方评估实地调查工作中,带队老师需要根据查阅的档案材料和座谈访谈的内容,选取重要政策项目进行实地查看,发现该县的亮点或不足。在选取实地查看的项目时,一般选取农村中小学、乡镇卫生院、集中供水设施、污水集中处理设施、连片产业项目、大型帮扶车间及就业点等重要政策项目。通过实地查看,找相关人员了解情况,发现巩固脱贫成果的好做法、好经验、短板及问题,为该县的调查报告撰写打下基础。在带队老师进行实地查看时,学生组长需要随带队老师一同前往,做好相关记录并留下照片和文字等记录。

对于评估员在入户调查中发现的疑问，带队老师和学生组长需要及时进行现场核实，根据现场核实情况对该疑问做出判断和决定。在现场核实时，学生组长需要做好文字、照片、录像等记录（见图4-10）。

图4-10 带队老师实地查看

三、入户调查

（一）评估员在入户调查期间的工作

（1）入户调查。根据学生组长的安排，按照入户程序进行入户调查，并完成问卷回收、影音资料收集。

（2）发现问题。提前准备好纸笔，对在入户调查时发现的疑问做好记录，拍照录像留下证明材料。

（二）学生骨干在入户调查期间的工作

1. 学生组长

（1）人员管理。根据组员情况（经验、年级、设备等）做好分组安排。

（2）联络安排。负责与地方联络、与评估组组长沟通，做好食宿行安排等后勤事宜，安排评估员入村、入户调查，包括：① 联系并通知早餐/午餐/晚餐的用餐时间、用餐地点；② 联系并负责每个组的车辆，并安排所有队伍上车；③安排每日总结会时间。

（3）问题核查。协助带队老师对有疑问的农户进行核查，对重点问题进行把关。

（4）发现问题。组长提前熟悉评估规程、重点及第三方评估报告，带着问题去调查。

2. 数据员

（1）抽样。确定每日抽样村、样本量和样本比例。

（2）统计安排。统计每日完成的工作量，并根据每日完成的工作量对后续工作进行安排。

（3）问卷审核。每日对完成的问卷进行审核。

3. 资料员

（1）收集资料。收集评估县相关资料，主要包括县级资料和村级资料。

（2）做会议记录。做好并收集各类会议记录和签到表。

（3）收集材料。收集入户调查期间的影音资料、佐证材料等。

（三）入户调查的程序

1. 了解调查村情况

入户评估员到达村委会后，邀请村支书、驻村第一书记、村主任等村干部介绍该村基本情况。评估员在听完村干部介绍情况之后，可以向其提出问卷中涉及的整村情况相关问题，以促进问卷的顺利填写。

2. 准备入户及做好向导工作

入户评估员在了解调查村情况之后，根据学生组长的分组安排跟随村里的向导准备进行入户调查工作。在前往调查户家中的路上需要做好向导工作。第一，建立良好的信任关系。主动与向导交流，宣传第三方评估的意义、工作方法，了解向导对"有效衔接"工作的意见和建议，取得向导信任。第二，主动告知向导纪律，请向导主动积极配合。第三，杜绝向导干扰。在入户过程中，要注意观察向导与农户交流的时候，是否对农户有暗示的动作和语言，农户是否流露出畏惧的情绪，要及时纠正向导的"干扰"行为。

3. 向调查户介绍来意

在到达调查户家中后,评估员主动与农户打招呼,并由向导介绍情况,调查户了解情况之后评估员进行自我介绍。在介绍来意的过程中,评估员需要迅速确认调查对象是否适合访问,如出现醉酒、重病、传染病等情况,应立即退出调查户家中,终止对该农户的调查。调查户和评估员相互确认后,评估员应请向导离开调查现场,并确定好与向导再次见面的时间和地点。

4. 进行问卷访谈

首先,确定调查位置。根据调查户家中的空间位置、家具摆设及当地风俗习惯,选择好访谈落座的位置,与调查户并排或者面对面开始调查。其次,查验身份。请农户拿出身份证、户口本、帮扶材料等,评估员A核验调查对象身份,评估员B对身份资料逐一拍照。再次,问卷访问。评估员A打开农户调查问卷,进行提问调查,完成问卷,并进行全程录音。评估员B打开App问卷调查系统,对调查户家庭情况进行拍照和录像(图像采集重点见本章第一节)。在访问过程中,评估员A要将问卷书面语言转换成口语化、农户容易理解的语言,避免使用书面语言发问,对有疑问的地方采取追问方式获取详细资料。评估员B发现农户对评估员A的提问不理解时,应立即进行补充提问,协助做好问卷调查;如发现农户的回答与实地查看不符,应配合评估员A查找照片,暗示农户回答与实际情况不符合。评估员B还要随时观察调查场所周边的环境,发现"干扰"需要及时制止。最后,实地查看。在问卷访谈中,如果发现有疑问的地方,需由农户带领在现场进行确认,并拍照录像留证(见图4-11)。

5. 问卷检查和告辞

问卷访谈和疑问核查结束后,仔细检查问卷,确保问卷所需填写内容无漏填、错填。问卷检查无误后,结束调查,帮调查户收拾好相关材料并返还,向农户道谢,真诚感谢农户对调查工作的支持。前往与向导约定的地点,进行下一户的入户调查工作。

图 4-11 评估员入户调查

(四) 入户调查的注意事项

1. 评估员在入户调查时需要注意的问题

第一，称呼要入乡随俗、亲切自然。第二，态度要平等，保持客观中立。第三，调查要察言观色，注意农户情绪。第四，提问要通俗，便于理解。第五，对于疑点要适当进行追问。第六，访谈要注意效率，控制时间。

在入户调查中，要做到"四到"，即"眼到""手到""嘴到""心到"。"眼到"即注意观察，调查户家中一切与"有效衔接"相关的细节都需要认真观察。"手到"即动手核实，对存疑的细节都需要亲手核实。"嘴到"即及时提问，对于获得的调查信息要及时梳理，对于明显不符合实际的情况，要及时提出疑问。"心到"即对于调查中发现的问题要留个心眼，多想想其背后的信息，要顺藤摸瓜、深入挖掘。

2. 对于抽样调查对象"不在家"情形的处理

评估员遇到拟调查农户"不在家"的情形，一般采取"回头再来"或电话调查的方式完成调查。经多种方式而确实无法完成正常调查的农户，可以向组长报告，经同意后放弃该农户调查。对于放弃调查的，或"不在家"情形存在异常的，应特别注意是否存在人为干扰调查的情形，并及时上报相关信息。

3. 对于向导干扰调查的处理

入户评估员到达农户家门口，向导向农户介绍评估员后，请向导离开调查现场,并请向导阻止其他非农户家庭成员接近调查现场。若确实存在语言问题,可由向导进行翻译,但向导不能引导农户回答问题,更不能代替农户回答问题。如遇到向导干扰调查的情形,及时向学生组长和带队老师报告,并在每日总结会上进行报告。

四、每日总结

(一)每日总结会需要汇报的内容

(1)当日工作量汇总。各支队汇报当日在各村完成的工作量,以及各类问卷完成的数量,最后进行汇总。

(2)疑点提出和复核。入户评估员提出白天入户过程中发现的疑问,并提供入户过程中采集的资料、在村委会收集的相关材料等证明材料,由各带队老师进行讨论核查。

(3)干扰汇报。在每日总结会上,要报告当地干部群众配合开展调查的情况。对于遇到的所有干扰调查的情形(包括已向带队老师报告的情形),都要在每日总结会上予以报告,以便评估检查组记录调查过程并评估调查质量,必要时向当地政府反馈。

(4)评估过程中发现的其他典型问题。各实地调查小组应汇总当天入户调查和走访过程中发现的与"有效衔接"相关的问题,每日总结会结束后,及时汇总相关材料,为后期报告撰写提供可用素材(见图4-12)。

图4-12 每日总结会

(二) 评估员完成入户调查之后需要完成的工作

(1) 汇报问题。汇报自己当日发现的疑问,并在总结会上由带队老师等进行讨论决定,对于确定有问题的,撰写问题清单并提供佐证材料。

(2) 上传问卷和影音资料。审核自己的问卷之后在客户端上传当日完成的问卷,在 PC 端上传影音资料。

(3) 拷贝影音资料。把当日入户调查的影音资料拷贝给资料员进行备份。

(三) 各骨干完成入户调查之后需要完成的工作

1. 学生组长

(1) 统计工作进度。统计各项工作的完成情况,每日晚上统计各组工作量,汇报给带队老师及评估组组长,控制整组工作进度。

(2) 汇总材料。汇总并提交当日问题清单和佐证材料。

(3) 收集照片。每日收集入户照、村部合影、每日总结会等工作照片。

2. 数据员

(1) 汇总进度。汇总当日完成的工作量。

(2) 问卷审核。每日对完成的问卷进行审核。

3. 资料员

(1) 做会议记录。开每日总结会时做好会议记录,并拍照。

(2) 汇总资料。汇总当日的会议记录、签到表和影音资料。

第三节　后期总结整理工作

一、后期安排

（一）评估员后期需要做的工作

（1）撰写调查总结。各评估员根据在调查期间的所感所想撰写调查总结并提交给学生组长汇总。

（2）根据数据员的需求修改问卷。数据员在审核问卷时发现的疑似错误点需要评估员进行解释，如确为错误需要对问卷进行修改。

（3）参加总结分享会。评估员在参加完评估外调工作后，需要对自己在调查期间的所感所想进行总结，撰写调查总结并参加总结分享会，促进评估员间的相互成长。

（二）学生骨干后期需要做的工作

1. 学生组长

（1）整理材料。分类整理本组在调查期间所收集的相关材料。

（2）财务整理。整理本组在外出调查期间的财务事务，填写费用使用情况表。

（3）财务报销。明确各类票据的开具、收集、整理等相关事宜，结束外出调查工作之后对各类票据进行整理、贴票和报销。

2. 数据员

（1）审核问卷。完成审核问卷工作，对在评估地完成的所有问卷进行审核。

（2）统计问卷数量。统计在评估地完成的问卷总量、各类问卷数量等。

(3) 数据分析。在完成入户调查工作之后，对通过入户调查收集的调查问卷，村表、安置点表、县表所采集的数据，在系统中收集的脱贫县脱贫村脱贫户数据、监测户数据等进行分析，多采用比较分析方法，注重对脱贫前后的变化、监测前后的变化、政策调整前后的变化等变动情况进行分析，并结合收集的相关资料进行分析。

数据分析的内容主要包括调查对象返贫及返贫风险情况、调查对象"三保障"情况、饮水安全和兜底保障情况、调查对象收入状况、产业发展情况、就业务工情况、疫情和自然灾害的冲击及应对情况、防返贫动态监测与帮扶工作开展情况、易地搬迁后续扶持情况、驻村帮扶情况、农户认可度等。

3. 资料员

(1) 收集材料。收集整理县级资料、村级资料、会议记录、签到表等。
(2) 收集影音资料。收集整理影音资料。

(三) 召开专家研讨会

在完成"有效衔接"第三方评估实地调查工作之后，需要对评估期间发现的亮点与问题进行讨论。每个评估队伍在完成对该县的评估任务之后，需要系统阐述在实地调查期间发现的亮点和问题，经评估专家组研讨之后再最终确定该县的亮点和问题，用于该县调查报告和省级调查报告的撰写（见图 4-13）。

图 4-13 专家研讨会

二、调查报告

(一) 调查报告的人员安排

撰写各县调查报告人员大概为 2~3 人，主要为熟悉该县总体情况的学生组长、分县数据员和资料员。调查报告的数据分析部分一般由数据员撰写，经验与问题建议等一般由了解评估县整体情况的学生组长撰写，并结合调查报告中的数据部分进行总结。

(二) 调查报告需要包括的内容

调查报告的撰写要深度整合定量评估资料和定性评估资料，发挥入户调查负责人、座谈访谈与现场核查负责人的关键作用。调查报告通常应包含以下几方面内容。

(1) 评估工作开展情况。包括评估队伍、评估时间、评估方式方法等的简要介绍。

(2) 巩固脱贫成果成效。包括"两不愁三保障"、饮水安全、兜底保障和收入状况。

(3) 巩固脱贫成果责任落实、政策落实、工作落实情况。重点阐述防返贫动态监测与帮扶工作开展情况、巩固脱贫成果领导体制工作机制建立运行情况。

(4) 巩固脱贫成果典型经验。概要阐述 3~5 条经验，含主要措施、取得成效、道理和启示。

(5) 巩固脱贫成果短板与问题。概要阐述 3~5 个突出短板或问题，注重问题的重要性、证据的扎实性。

(6) 意见与建议。根据评估期间发现的短板和问题，提出相应的可实施性意见（见图 4-14）。

XX 省 2021 年度巩固脱贫成果后评估

摘要报告

XX 大学赴 XX 省第三方评估组

（202X 年 X 月）

根据中央农村工作领导小组部署安排，受国家乡村振兴局委托，XX 大学牵头组织对中西部 22 省（区、市）2021 年巩固脱贫成果开展后评估工作，XX 大学具体承担对 XX 省后评估任务。按照领导小组《2021 年度巩固脱贫成果后评估实施方案》（以下简称“实施方案”），202X 年 XX 月 XX 日至 202X 年 XX 月 XX 日，XX 大学组建分省评估组，对 XX 省 2021 年巩固脱贫成果情况进行了实地评估。有关情况摘要报告如下。

一、评估工作开展情况

根据实施方案，结合 XX 省实际，2021 年度后评估主要评估责任落实、政策落实、工作落实和巩固成效 4 方面 20 项内容，采取抽样调查、座谈方案与数据分析相结合的方式进行。

（一）**抽样调查**。按照向巩固脱贫成果任务重、难度大的地区和群体聚焦的抽样原则，**县抽查**，以脱贫县为主，兼顾巩固任务重的其他县，实地抽查 2 个国家级脱贫县，为 XX 县和 X 县；1 个巩固任务重的其他县，为 XX 县。**村抽查**，以脱贫村和巩固任务重的村为主（抽查 3 县无大中型易地搬迁安置点）。3 个县共抽查 XX 个脱贫村，XX 个巩固任务重的其他村。对其中的 XX 个行政村的 XX 个村民小组进行了普查。**户抽查**，以脱贫户和监测对象为主，兼顾一般农户。3 个县共抽查 XX 户，其中脱贫户 XX 户（家庭人均纯收入低于 7000 元的 XX 户，随机抽查 XX 户），占 XX%；监测对象 XX 户（脱贫不稳定户 XX 户，边缘易致贫户 XX 户，突发严重困难户 XX 户），占 XX%；一般户 XX 户（长问卷调查 XX 户，短问卷调查 XX 户），占 XX%。抽查户中无搬迁户，受灾户 XX 户。

（二）**座谈访谈**。按照贯通政策供给、政策执行、政策落实的评估逻辑，分层分类开展访谈。**省级层面**，与综合核查组共同座谈访谈省级相关行业部门有关负责同志 XX 人，重点了解省级部门之间工作对接、数据共享、情况通报等机制建立和运行情况。**县级层面**，访谈县级党政负责同志、分管负责同志 XX 人，访谈县级行业部门负责同志 XX 人，重点了解县级层面责任落实、政策落实、工作落实和巩固成效情况。**村级层面**，访谈村基层组织负责同志、第一书记、驻村工作队长 XX 人，重点了解行政村巩固脱贫成果政策落实、重点工作落实实际情况。

图 4-14　2021 年度巩固脱贫成果后评估调查报告

三、总结提升

（一）调查总结

“没有总结就不能更好地提升”。在完成“有效衔接”考核评估工作之后，每位评估员都需要提交调查总结，总结自己在调查期间的主观体验和感受，总结在调查期间学习到的知识和积累到的经验，并且在总结中更好地提升自己，为下一次调查积攒经验。所有参与评估工作的学生都需要撰写调查总结，学生组长遴选本组优秀调查总结，进行表扬和鼓励。同时，对遴选的优秀调查总结进行出版，以供所有评估员学习，激励评估员进一步提升自己（见图 4-15）。

（二）评估易错点总结

1. 每日任务量的安排

在安排每日任务量时，应该保证预期工作时间内每天的任务量保持均衡，并且安排到每个评估员身上的任务量尽量保持均衡，同时需要考虑调查地的距离、村庄农户聚集程度等因素，从而保证每位评估员的任务相对均衡，所花费的时间大致相同，提高整组的工作效率。

上饶市万年、横峰两县的调研心得

响应学院号召，积极报名参加了 2021 年江西省巩固拓展脱贫攻坚成果第三方评估实地调研活动。根据学院组织安排，我们在带队老师的带领下来到上饶市万年、横峰两县开展评估工作。评估工作使我们既得到了锻炼，又助力了成长。

一、基层干部接触多了，对基层的了解更深了

每到一个村，负责接待我们的是乡镇里的书记乡长，也就是乡镇政府的一二把手，陪我们进村入户的乡镇里的领导班子成员，每个村里的书记主任都认认真真的和老师以及我们汇报脱贫工作。通过这么些天和基层干部的接触，了解到，驻村帮扶工作一面要联系群众，两另一方面也要和其他基层干部协商合作。与基层干部的交流的时间多了，经过他们也更加深入的了解了基层工作的艰辛和重要。经过与基层干部的接触，我们发现，一是基层人员编制少，工作任务量大，他们经常没日没夜的加班，一方面切实改变了贫困户的生活状况，一方面也整理了摆在我面前的档案资料；二是农村经济事业发展建设落后，村民参与新农村建设的进取心没有调动起来，绝大部分的村民还是主要依靠外出打工提高家庭收入；三、乡镇财政是财政管理体系中最基层的一级，直接应对广大人民群众，业务量大，服务项目多，服务难度大，比如村里的集体经济，常在留在村里扩大生产规模还是发放村民提高收入两个问题上两难。

二、去农户家的次数多了，对农村更加热爱了

从一户到另一户，从一个村到另一个村，走进贫困户的家里，我们先看房屋构造、饮水种类，再看贫困人口的精神面貌，从他们提供的纸质资料里寻找一些破绽，然后再进一步询问。所有的贫困户对现行的脱贫帮扶政策感激涕零，他们养鱼、养羊、养鸡、种果树、种茶油，他们自力更生的打工创业，他们艰苦奋斗的白手起家，他们报团取暖的合作发展。他们有奔明几净的家，虽然在高楼大厦，他们有志在四方的儿女，虽然不能成龙成凤。在一个村书记的带领下，我们参观了村里农户的果冻橙大棚基地。到了橙子大棚，我们被眼前一个个黄灿灿的橙子所征服了，那里的橙子长势喜人，一片丰收的景象。农户咧着嘴笑着说，多亏乡村领导的宣传，今年的橙子不愁卖，收入可观。

通过近十天的走访，收获了友谊，一群可爱的小伙伴，认真负责的完成组长交代下来的任务。更懂得了要"接地气"、体民情，提高自身适应新环境的本事，学习基层干部直接应对一线、应对老百姓，克服困难、排忧解难的本事，学习村民那种不怕吃苦、自力更生、纯朴善良的传统。经过锻炼，助力成长。我相信在我们党和政府的带领下，经过自我的勤劳双手必然会创造出完美幸福生活。

赴远方，遇微光
——基于 2021 江西省脱贫攻坚第三方评估所感

城市与土地资源管理 191 班 殷嘉鸿 7104119014

宇宙将漫天星光撒下人间，创造出另一片净土。我们所到之处，皆是洒落的点点微光。作为江西省脱贫攻坚评估小组的一份子，我有机会背上行囊，走出南昌，坐上动车奔赴赣州，在远方寻找属于另一片土地的微光。

遇乡村之微光，作为一个来自能江西两千多公里的北方人，在切见赣州水乡田园后，脑海中对封存在我天际的白色歌谣一抹地面的色彩所代替。如果舍弃色彩外因分的话，我想映衬着金色麦子、绿色图本、碧色乡风、红色领航才能描绘出乡村振兴的美丽画卷。村落是和城市相对应的存在，对于农民，它给予他们居住、生活的必须，而对于都市，它给予温暖和诗意。

图一 与美丽的乡景邂逅

遇工作之微光。调研评估工作远比我想象的要繁重许多，每天在不同乡村与农户家中奔波，入户访问、做笔记、填数据、审问卷……仿佛进入到了固定程序一样每日不断循环，也让我让我真正数到了"走出课堂，边访实践，懂得阻挠，学会沟通。在此过程中深刻体会到了脱贫攻坚工作的重要性，用自己的眼睛看到了惠民政策的落实、乡村振兴的成果，用自己的心灵感受到了国家的力量与强大。正如习近平主席所说："脱贫摘帽不是终点，而是新生活、新奋斗的起点。"

图 4-15 评估员调查总结

2. 评估员分组

在对评估员进行分组时尽量保证每个组有经验的同学和无经验的同学数量保持平衡，在刚开始时有经验的同学带领无经验的同学完成入户调查工作。安排到每位评估员身上的任务量尽量保持均衡，并且综合考虑每位同学完成问卷的速度，从而保证每位评估员可以花差不多的时间完成入户调查工作，保证每日工作进度。

3. 提高材料收集的效率和准确性

在前往评估地进行实地调查前确定评估工作所需要的文件、数据及其他材料，在到达评估地之后与评估地对接人员对接，并提出希望尽量在实地调查工作完成之前拿到全部相关资料的诉求，在外调结束返回之前完成资料收集工作，尽可能不要在外调结束后反复向地方收集相关数据，从而提高材料收集的效率和准确性。

（三）开展总结表彰会

在"有效衔接"考核评估所有工作都完成之后，南昌大学中国乡村振兴研究院都会开展总结表彰会，总结经验，表彰优秀人员。

1. 总结分享

总结表彰会上挑选优秀的学生组长、数据员、资料员和评估员进行总结分享，评估员分享其参与"有效衔接"第三方评估工作、走村入户的深刻感受和所获经验知识（见图4-16）。

图 4-16　第三方评估分享会

2. 颁奖表彰

在总结表彰会上对调查期间表现优秀的队长、数据员和评估员进行表彰，授予"优秀队长""优秀数据员""优秀调查员"的荣誉，并颁发证书。通过颁奖表彰对所有参与评估的人员进行鼓励，增加大家做好每项工作的动力。

在南昌大学中国乡村振兴研究院举办的"乡村振兴强国有我"行走课堂实践育人分享会上，参与第三方评估的评估员师生代表，围绕"国家脱贫攻坚好政策、基层干部好事迹、乡村面貌新变化、评估成长经历和切身感受"等主题，用朴实无华的语言、真挚深厚的情感分享自己深入全国各地参与精准扶贫评估的所见所思所感所悟。在分享会上，学校对3位"优秀青年指导老师"、7位"优秀队长"、3位"优秀数据员"和32位"优秀调查员"进行表彰。此次分享会深刻展示了南昌大学中国乡村振兴研究院、南昌大学第三方评估中心深度融入脱贫攻坚与乡村振兴战略的实践育人模式（见图4-17）。

图4-17 "乡村振兴 强国有我"行走课堂实践育人分享会

第五章 乡村建设评价的认知与研究

实施乡村建设行动，是发现和缩小城乡差距、顺应乡村发展规律开展有序建设的重要基础。在进行乡村建设评价实践之前，我们需要对乡村建设评价的相关内容进行初步的了解和学习，认识它的背景和内容，初步形成乡村建设评价的思维和理念，坚定立场，明确目标，为后期开展实践活动提供坚实基础，以便我们能更顺利有序地开展相关工作。本章将按照乡村建设评价"认知—研究—服务"的逻辑，主要围绕"乡村建设评价是什么？包括哪些内容？有哪些必要环节？如何开展评价工作？"整个过程进行讨论。

第一节 乡村建设评价的认知

一、乡村建设评价的含义

党的十九届五中全会提出"实施乡村建设行动，深化农村改革，实现巩固拓展脱贫攻坚成果同乡村振兴有效衔接"。随后，国家进一步提出"建立乡村建设评价体系，促进补齐乡村建设短板"。"实施乡村建设行动"是以习近平新时代中国特色社会主义思想为指导，在推动乡村全面振兴背景下，坚持党管农村，立足乡村发展规律，科学探讨乡村建设行动的内涵、路径和机制，推动实现农业农村现代化与共同富裕的过程。乡村建设涵盖了农村工作的各个方面，是改善人居环境、完善农村公共产品体系、提升村民物质生活水平的过程，而乡村建设评价就是对这一过程进行检验、评定的活动。

乡村建设评价要求以习近平新时代中国特色社会主义思想为指导，深入贯彻党的十九大和十九届二中、三中、四中、五中全会精神，把乡村建设评价作为推进实施乡村建设行动的重要抓手，以县域为单元开展评价，全面掌握乡村建设状况和水平，深入查找乡村建设中存在的问题和短板，提出有针对性的建议，帮助各地顺应乡村发展规律推进乡村建设，提高乡村建设水平，缩小城乡差距，不断增强人民群众获得感、幸福感、安全感。

二、进行乡村建设评价的原因

开展乡村建设评价有其必要性。乡村建设是乡村振兴的重要载体，乡村建设评价是推进实施乡村建设行动的重要抓手。当前，乡村建设取得了很大进展，农村面貌有了明显改善，但在农房和村庄建设、环境宜居程度、县城综合服务水平等方面还存在突出问题和短板，城乡之间差距明显。通过开展乡村建设评价，全面掌握乡村建设状况和水平，可以为各地推进乡村建设、提高乡村建设水平、缩小城乡差距提供数据支撑和政策建议。

除必要性外，开展乡村建设评价也有重要意义。一方面，它为深入贯彻习近平总书记关于乡村建设工作的重要指示精神，贯彻落实党中央、国务院关于推动城乡建设绿色发展的决策部署，建立乡村建设评价机制，推进实施乡村建设行动提供重要保障，是发现和缩小城乡差距、顺应乡村发展规律开展有序建设的重要基础。另一方面，乡村建设评价也是国家了解当前乡村建设真实水平的有效手段。在参与乡村建设评价实地调研的过程中，可以真切感知调研地当前乡村建设的真实水平；在与农户访谈的过程中，可以了解到乡村建设的主体（农户）的真实想法及其对乡村建设的建议。

三、乡村建设评价的探索和实施

浙江省在总结"安吉经验"的基础上，于2014年4月发布了中国首个美丽乡村地方标准《美丽乡村建设规范》，同年10月，福建省发布了省级地方标准《美丽乡村建设指南》。2015年，中华人民共和国国家质量监督检验检疫总局、中国国家标准化管理委员会在吸收这两个地方标准基础上，出台了《美丽乡村建设指南》国家标准，指导中国美丽乡村建设，为乡村建设评价探索提供了基础。在国家开展相关试点工作前，学界围绕新农村建设、美丽乡村建设、生态文明等角度进行了大量乡村建设评价研究和探索，同时开展实地调研进行相关工作的考察。这些工作和研究都为之后的乡村建设评价试点工作和体系的构建完善提供了有效借鉴。

2020年下半年，住房和城乡建设部下发《关于开展乡村建设评价试点工作的通知》，全国15个县入选乡村建设评价试点县，逐步开展乡村建设评价试点工作。本次工作主要围绕"缩小城乡差距、补短板提质量"目标，从发展水平、服务体系、居住舒适、生态安全、县城建设5个方面对乡村建设进行全面分析评价。这次试点在尊重乡村建设发展规律和内在逻辑的基础上，构建了一套基于目标导向、问题导向和结果导向的评价指标与方法。2021年7月，在试点工作的基础上，住房和城乡建设部决定选取河北省平山县等81个县开展2021年乡村建设评价工作。2022年，住房和城乡建设部继续开展乡村建设评价工作，在原有工作的基础上优化评价指标体系，完善评价方法，加强专家队伍建设，扩大样本县规模，样本县由2021年的81个县增加至102个。乡村建设评价采取第三方评价方式开展，由部级和省级专家团队构成第三方评价队伍，按照数据采集、问卷调查、现场调研、分析评估、形成评价报告等步骤进行，对乡村建设评价工作的开展和体系的构建进行了进一步的细化和完善。

第二节 乡村建设评价的主要内容及指标解析

在初认识的基础上，进一步分析乡村建设评价的重要内容和评价指标，包括乡村建设评价指标体系解析和村干部及村民问卷解析。二者既有不同又存在联系，乡村建设评价指标体系主要从县级层面通过座谈访谈等形式收集数据，以样本县填报为主；而村干部问卷和村民问卷则需要调研员通过实地查看、入户访谈等形式从村级层面和村民的个人层面收集数据。二者的联系在于问卷采集会给予指标体系以数据支持，指标体系中有10项指标的数据来源于问卷采集。

一、指标体系解析

所列指标及问卷均以住房和城乡建设部 2022 年乡村建设评价指标为例。2022 年乡村建设评价指标体系包括发展水平、农房建设、村庄建设和县城建设 4 大核心目标,农民收入水平、政府财力水平、就业发展水平等 19 个分解目标,共 73 项指标,共同构成了本次乡村建设评价的指标体系。

(一) 发展水平核心目标

"发展水平"维度是对乡村振兴成效的整体评价,是一系列乡村建设活动带来的经济发展、社会和谐、人口集聚等的结果。乡村建设通过政府、集体与村民等多方主体的共同努力与实践,旨在推动乡村全面振兴与实现共同富裕。对发展水平的度量是评价的核心,也是乡村振兴成效的重要表征。

发展水平核心目标包括农民收入水平、政府财力水平、就业发展水平、产业发展水平、治理水平和生态环境 6 个分解目标,每个分解目标又包括若干具体指标。

(1) 农民收入水平:主要收集城乡与农村居民人均可支配收入等数据,以此来了解当前农村居民收入及生活水平,判断样本县城乡差距。

(2) 政府财力水平:收集人均财政收入、支出及财政自给率,判断政府财力水平。

(3) 就业发展水平:主要调查样本县人口外出率、返乡率以及失业率,判断样本县是否有足够的就业机会,能否留住人才,吸引人才返乡。

(4) 产业发展水平:收集一二三产比重、亩均第一产业增加值等,评价样本县第一产业发展情况及三产比重是否合理。

(5) 治理水平:主要评价村民参加村集体活动的积极性。

(6) 生态环境:主要评价样本县地表水水质及环境空气质量达标率。

(二) 农房建设核心目标

"农房建设"维度通过对农房自身建设的相关状况及其与村庄环境相协调程度的评价,来反映农村现代化与城市现代化之间存在的部分差距。乡村建设旨在推动农业农村现代化，而农房居住状况是衡量现代化水平的重要标尺，其中水冲式厕所成为衡量城乡生活现代化水平差距的关键性指标。以农房为核心的聚落构成了基本的社会单元，在生产与生活中建立了社会关系，乡村建设中农房建设和各项基础设施建设之间存在紧密的耦合关系，各项村庄基础设施建设均需要与农房密切衔接方能更好地提升农民的生活质量。

农房建设核心目标包括现代住房和风貌特色2个分解目标，每个分解目标又包括若干具体指标。

（1）现代住房：从人均住宅面积、农房现代化宜居水平以及县城年度培训乡村建设工匠人次3个方面进行评价。

（2）风貌特色：收集风貌协调度、履行审批手续的农房占比及历史建筑空置率3个方面数据。

（三）村庄建设核心目标

"村庄建设"维度通过对村庄公共服务建设的相关状况和村庄整体环境是否干净整洁、适宜居住进行评价，来反映村庄的建设水平。村庄建设核心目标包括村级公共服务质量和环境宜居2个分解目标。每个分解目标包括若干具体指标。村级公共服务质量是对城乡服务水平差距的度量，城乡公共服务供给水平的差距是城乡发展不平衡的重要体现。同时乡村公共服务的供给也是村民关心的建设活动，实现基本公共服务均等化是"实施乡村建设行动"的重要目标。而对环境宜居程度的评价有利于引导树立绿色生态的乡村建设观念。一方面，稳固的生态环境是"实施乡村建设行动"的重要前提；另一方面，乡村建设需要摒弃牺牲生态环境追逐短期经济利益的方式，实现生产、生态和生活的统一，推动现代化生活方式的形成。

（四）县城建设核心目标

"县城建设"维度是对县城承载能力、服务能力、吸引能力的评价，县城能否具有与所在城市同等水平的服务能力决定了城乡融合发展程度。县城是新型城镇化的重要载体，提高县城建设水平是促进城乡公共服务资源配置相衔接、实现县域一二三产融合、缩小城乡差距的重要内容。县城等级较高的教育、医疗、养老等基本公共服务设施成为吸引人口集聚的主要因素。因此，对"县城建设"的评价是衡量乡村建设是否实现缩小城乡差距目标的重要内容。

县城建设核心目标包括密度强度、教育服务、医疗服务、养老服务、生产服务、交通服务、住房服务、市政设施服务和乡镇建设9个分解目标，每个分解目标下包括若干具体指标。

（1）密度强度：包括县城人口密度、县城建地比、县城建设与自然环境协调度等，考察县城建设密度强度是否符合绿色发展要求。

（2）教育服务：包括县城市重点及以上高中数、县城高中高级教师及以上的教师占比、上一年度县城考取"211高校""985高校"的考生占比等，主要考察样本县县城教育质量。

（3）医疗服务：包括县城二甲及以上的医院数、县城千人医疗卫生机构床位数、县城千人执业（助理）医师数等，考察县城医疗设施及服务质量。

（4）养老服务：包括县城养老机构护理型床位占比等，考察县城养老设施覆盖率及养老服务质量。

（5）生产服务：包括农产品批发市场数量、物流货仓数量等，考察县城生产服务设施是否能满足县城生产需求。

（6）交通服务：包括县城路网密度、县城步行道总长度等，考察县城交通通达度及道路是否能满足居民健康生活需求。

（7）住房服务：包括房价收入比、县城购房者中农村居民占比等，考察农村居民是否能负担县城房价，房价是否合理。

（8）市政设施服务：包括县城污水集中收集率、县城建制镇生活垃圾无害化处理率、县城人均市政公用设施固定资产投资等，考察县城市政设施服务质量。

（9）乡镇建设：包括乡镇商贸中心覆盖率、乡镇农资经营网点覆盖率、乡镇农房建设管理人员数3个指标。

详细指标体系见下侧二维码。

2022年乡村建设评价指标体系

二、问卷解析

(一) 村干部问卷需要收集的数据

村干部问卷是从村级层面对村庄建设情况进行宏观了解。该问卷以从了解一个个行政村的建设和发展来了解该县的乡村建设水平为目的,主要包括村庄基本情况、人口情况、住房情况、公服情况、人居环境5个方面内容。每项内容下包括若干具体数据。

(1) 基本情况:了解调研村的初步情况,主要包括行政村地理位置、地形地貌、村域总面积、各类用地面积及村集体收入等。

(2) 人口情况:了解调研村人口情况及务工务农情况,包括村庄户籍数、人口数、常住人口数等。

(3) 住房情况:了解村庄住房现代化水平及农房数量变动情况,包括村内农房总数、一年以上无人居住的农房数、上一年的建房成本等。

(4) 公服情况:了解调研村15分钟生活圈建设情况,包括村内是否有幼儿园、小学、快递点、养老服务设施、政务一体机;到达幼儿园、村卫生室、车站、超市、快递点等常见地点的时间等。

(5) 人居环境:了解调研村道路、路灯、供水等基础设施建设情况;公厕、垃圾、污水等人居环境整治程度;农房建设审批率等。

详细问卷见下侧二维码。

村干部问卷访谈记录表

(二) 村民问卷需要收集的数据

村民问卷的主要目的是通过了解村民生产生活方式的变化和满意度情况来了解乡村建设水平。问卷内容主要包括村民个人/家庭基本情况、农业生产情况、县镇村公共服务、农房与配套设施、村庄人居环境、村庄治理6个方面内容。除了关注村民这些维度的生产生活方式以外,也重点关注村民满意度情况，村名满意度是乡村建设水平的一个重要评价维度。每项内容包括若干具体数据。

（1）个人/家庭基本情况：包括被调查者个人情况及家庭基本情况，当前家庭收入及生活水平等。

（2）农业生产情况：包括家中耕地状况、是否使用农机具以及对县内提供的农业生产服务是否满意等。

（3）县镇村公共服务：包括教育、医疗、养老服务、网购便利程度；对各项公共服务是否满意及建议。

（4）农房与配套设施：包括家中农房数量、建造情况、现代化水平；对住房条件是否满意及改善意见；家中商品房的位置及购买目的等。

（5）村庄人居环境：包括各类垃圾及污水处理方式、对村庄整体环境的态度；村内河流、水塘水质状况；村内道路状况；村庄整体环境改善意见等。

（6）村庄治理：包括参加村民集体活动的情况；对村内各项事务的熟悉程度；参与过的村庄建设集资及对村内邻里状况态度等。

详细问卷见下侧二维码。

村名问卷访谈记录表

第三节　　乡村建设评价的相关研究

以 2022 年 5 月为时间节点，在中国知网搜索关键词"乡村建设评价"，共检索出学术期刊论文 178 篇。对以上文献进行分析发现，近年来学者主要围绕新农村建设与乡村旅游、美丽乡村建设、乡村建设成效等角度对乡村建设评价进行研究。

一、乡村建设评价相关研究

(一) 新农村建设与乡村旅游评价

卢宏[①]结合我国乡村旅游的发展特点和社会主义新农村建设的实际，在协调度一级指标下建立经济协调度指标、社会协调度指标、文化协调度指标、环境协调度指标和管理协调度指标 5 个二级指标，再对五个二级指标进行关键要素分析，选取出一系列三级指标，由此建立了基于居民状况和认知的乡村旅游与社会主义新农村建设"协调度"的评价指标、模型和评价方法。何成军等[②]在 PSR 模型基础上构建乡村旅游与美丽乡村建设协调度评价指标体系，采用基于突变决策的熵权改进进行指标权重确定，从目标层—准则层—要素层—指标层选取 40 个指标因子，构建了基于 DSR 概念模型的乡村旅游与美丽乡村建设耦合协调度评价指标体系。

(二) 美丽乡村建设评价

陈锦泉和郑金贵[③]研究了生态文明角度下的美丽乡村建设评价体系，从生态经济发展、社会和谐、生态健康、环境友好、生态保障 5 个方面构建了评价指标体系，并运用广义神经网络模型对评价指标体系进行筛选。刘继志[④]从美丽乡村建设的模式和评价效益入手，采用层次分析法和综合加权法，从社会、经济和生态效益 3 个层面构建了美丽乡村建设效益评价体系，对乡村建设效益进行评价，以期为实现乡村建设奋斗目标提供理论参考。叶晨曦[⑤]对美丽乡村的可持续发展进行研究，利用层次分析法将评价体系分为目标层、准则层和指标层 3 个部分，选取经济发展、科技发展、

---

① 卢宏.乡村旅游与新农村建设"协调度"评价的实证分析 [J].暨南学报（哲学社会科学版），2012，34 (10)：146-154，164.
② 何成军，李晓琴，程远泽.乡村旅游与美丽乡村建设协调度评价及障碍因子诊断 [J].统计与决策，2019，35 (12)：54-57.
③ 陈锦泉，郑金贵.生态文明视角下的美丽乡村建设评价指标体系研究 [J].江苏农业科学，2016，44 (09)：540-544.
④ 刘继志.天津市美丽乡村建设模式及效益评价体系构建 [J].中国农业资源与区划，2019，40 (10)：256-261.
⑤ 叶晨曦.河南省美丽乡村可持续发展评价研究 [J].中国农业资源与区划，2019，40 (05)：202-208.

生活质量和环境保护4个层面，在各层面共选取25个指标构成了评价指标体系。

（三）乡村建设成效评价

彭艺和乌画[1]对乡村建设水平评价及对景观的影响利弊进行研究，从经济发展水平、生活质量水平、社会发展水平及生态发展状况4个方面构建包括20个指标在内的评价体系，基于统计数据采用熵权法对乡村建设水平进行定量化测度。李超等[2]调研了12个省（自治区、直辖市）农村建设现状，从12个维度对乡村建设进行了评价，并应用OLS模型分析了乡村建设评价的影响因素。张挺等[3]以乡村振兴战略总要求为出发点，通过德尔菲法以专家打分的方式筛选指标，构建出包括产业兴旺、生态宜居、乡风文明、治理有效、生活富裕在内的5个二级指标，共53个观测指标的初始测量量表，构建了新的乡村建设成效评价指标体系和评价量表，旨在从农民的认可和满意度的角度去评价乡村建设成效。

以上研究为乡村建设评价工作的开展和乡村建设评价体系的构建提供了参考，提高了评价体系的科学性及系统性。当前，乡村建设取得了很大进展，农村面貌有了明显改善，但在农房和村庄建设、环境宜居程度、县城综合服务水平等方面还存在突出问题和短板，城乡之间差距明显。[4] 现有评价体系存在指标重复、指标可操作性差、指标不明确、缺乏标准值、公众参与度弱等不足[5]。因此，构建乡村建设评价指标体系并开展乡村建设评价工作对新时期乡村建设尤为重要。

---

[1] 彭艺，乌画. 湖南省乡村建设水平评价及对景观的影响利弊［J］. 中国农业资源与区划，2020，41（09）：207-212.

[2] 李超，孟庆国，郝希. 乡村建设情况与村民评价分析［J］. 经济研究参考，2016（44）：109-120.

[3] 张挺，徐艳梅，李河新. 乡村建设成效评价和指标内在影响机理研究［J］. 中国人口·资源与环境，2018，28（11）：37-46.

[4] 住房和城乡建设部. 住房和城乡建设部部署2021年乡村建设评价工作［J］. 现代城市研究，2021（09）：131-132.

[5] 曾忠忠，张锦，张波，等. 乡村建设评估指标体系研究［J］. 建筑师，2019（05）：78-84.

二、乡村建设评价研究

为贯彻落实党中央国务院关于"实施乡村建设行动"重大决策部署，为全国乡村建设评价工作的开展提供技术支撑，住房和城乡建设部科技与产业化发展中心与中山大学组织村镇建设智库相关成员单位编写了《乡村建设评价导则》，该导则进一步完善评价指标体系，指导和规范全国县域乡村建设评价，为开展乡村建设评价工作提供技术支撑。[1] 崔晓菊等[2]立足于我国乡村建设、村镇发展现状及存在的问题，依照国家和地区基本发展原则，构建了由五大核心目标组成的乡村建设评价指标体系，详细划分了具有突出性评价代表的46个核心指标和22个支撑性指标。李郇等[3]基于2020年住房和城乡建设部在4省12县开展的乡村建设评价试点工作，研究发现试点工作中采用的指标体系能够有效发现城乡差距和乡村建设的成效与问题；并结合广东省三县乡村建设评价试点工作，对试点县乡村建设情况进行系统全面的评估，分析了广东省乡村建设取得的成效与不足，指出当前在乡村建设中农房建设与基础设施建设存在脱节、公共服务设施建设未能适应就地城镇化与老龄化趋势需求等问题，并提出下一步工作建议。[4]

通过对中国知网检索出的学术期刊进行研究发现，当前学界对于乡村建设评价的研究多集中在对评价指标体系的构建，对指标体系构建的研究可成为今后学习及研究的重点。但通过分析也发现对乡村建设评价的研究多为对新农村建设评价、美丽乡村建设评价、乡村旅游评价等，与本章所讨论的乡村建设评价不同，少有对本章所讨论的由住建部主持开展的乡村建设评价工作进行的研究。因此，学生在通过本章学习及实地调研之后，可利用理论学习的基础及实地调研的经验，对乡村建设评价进行研究，撰写相关论文。

---

[1] 《乡村建设评价导则》编制工作启动会议顺利召开 [J]. 建设科技，2021（01）：7.
[2] 崔晓菊，陈伟. 乡村建设评价指标体系构建及实践研究——以某省三县乡村建设评价为例 [J]. 建设科技，2021（07）：19-24.
[3] 李郇，黄耀福，陈伟，等. 乡村建设评价体系的探讨与实证——基于4省12县的调研分析 [J]. 城市规划，2021，45（10）：9-18.
[4] 黄耀福，李郇. 广东省乡村建设问题探究——基于三个县乡村建设评价的实践 [J]. 建设科技，2021（07）：14-18，24.

第六章

乡村建设评价的社会服务

不真正进入乡村，如何了解乡村？就当前实践来看，实施乡村建设行动在基层现实基础、落实过程与目标达成等方面均与政策任务本身有着程度不一的偏差与张力，而乡村建设评价是一项需要深入乡村实地调研、与基层干部和农户面对面交谈的工作，能真正发现当前乡村建设的短板。作为第三方评估团队，我们应秉持独立、客观、公正的原则对样本县乡村建设水平进行评价，高质量完成评估团队应做的各项工作，并协助地方政府完成各项评价工作，在报告撰写完成后指导地方政府落实各项建议，补齐乡村建设短板，提高乡村建设水平，服务乡村发展，促进农业农村现代化和乡村振兴。

第一节 评价的三个阶段和七项主要工作

一、评价的三个阶段

乡村建设评价是一个有前、中、后期的完整过程，前期、中期、后期三个阶段既有不同的任务，又相互影响，共同组成乡村建设评价这一整体。

（一）前期准备工作

乡村建设评价的前期准备工作是第一个阶段，主要包括与地方政府对接具体工作事宜、制订工作计划、人员招募与人员培训三大块。前期准备工作是中、后期工作的必要基础和前提，也是完成乡村建设评价工作的重要一环，没有前期准备就无法开展实地调研。

（二）中期实地调研

乡村建设评价的中期实地调研包括工作对接、动员部署和开展县级培训会、座谈访谈，市县级指标数据及问卷、村景照片等数据采集及实地调研工作总结。中期实地调研是我们真正深入乡村、了解乡村、服务乡村的阶段，也是后期成果整理的数据来源。

（三）后期成果整理

乡村建设评价的后期成果整理包括数据分析、报告撰写、成果应用及工作总结。后期成果整理阶段既是前、中期工作阶段的结果呈现，也是对前、中期工作质量的检验，后期工作阶段的完成也标志着乡村建设评价工作的圆满完成。

二、评价的七项主要工作

（一）与样本县对接，收集资料

向样本县收集资料，以便在后期对指标数据进行校核，以及在撰写评价报告时将其作为材料补充。需要对收集到的资料进行归档整理，上传至乡村建设评价信息系统。

（二）人员组织及培训

组织省级专家团队开展培训，讲解评价指标、问卷调查、村景采集、现场调研等内容和要求。

（三）座谈访谈

与样本县有关部门开展座谈，了解样本县在县城建设、乡村建设等方面的基本情况、主要特点等，了解其面临的困难和问题、开展的创新性特色工作、下一步工作考虑、有关指标数据等，形成座谈记录。

（四）核实和填报指标数据

对样本县填报数据进行分析，发现不合理数据时要与样本县相关人员进行核实，了解详细情况。整理分析抽样获得的指标数据，汇总城市指标数据，在乡村建设评价信息系统进行填报。

（五）实地调研

省级专家团队选择3乡镇9村开展实地调研，包括开展村民和村干部访谈、村景照片采集、实地考察等。

（六）组织开展照片打分评价

组织志愿者对采集到的村景照片和县城全景照片进行打分评价。

（七）数据分析，形成报告

省级专家团队基于多渠道采集的数据和调研了解的情况，从城乡差距、农民满意度等方面进行综合研判，分析评估乡村建设水平和存在的问题，提出工作建议，完成省级、县级乡村建设评价报告。

乡村建设评价的三个阶段和七项主要工作见图6-1。

第二节　　出发前要完成的工作

一、工作对接

出发前与地方政府对接需要完成以下两项工作。

（1）向样本县相关负责人介绍评价工作内容，请其按调研前材料收集清单（见表6-1）准备材料，并协助其制定工作方案。

第六章 乡村建设评价的社会服务

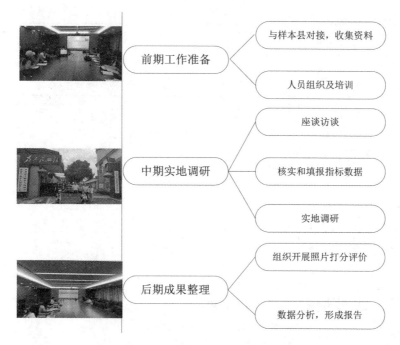

图 6-1 评价的三个阶段和七项主要工作

（2）根据样本县经济发展水平选择3个镇，并根据乡镇中村庄的经济发展水平，选择经济发展水平较高、一般、较差的3个村庄开展实地调研。每个镇调研的3个行政村中最多有1个示范村，以保证尽量能真实地反映当前县域乡村建设的实际情况，从而通过评价发现问题和差距。

表 6-1 调研前材料收集清单

职能部门	资料需求
县政府	2020年政府工作报告
县统计局	2020年县统计公报、第七次人口普查数据
县住房和城乡建设、农业农村、生态环境等部门	县域农村污水处理、垃圾分类、厕所革命、农房风貌管控等方面的工作报告、工作方案等
县农业农村局	县域发展数字乡村、农业机械化科技化、农业生产服务等方面的工作报告、工作方案等
县教育局	县域教育资源配置的工作报告、工作方案等

续表

职能部门	资料需求
县卫健委	县域医疗卫生设施配置的工作报告、工作方案等
县民政局	县域养老设施配置的工作报告、工作方案等

来源：住建部 2021 乡村建设评价工作手册。

二、制订工作计划

在与地方政府进行对接后，评估团队需根据实际情况进行调研人员招聘等前期工作，制订工作计划，安排好外调时间、每日工作进度等，撰写对接方案并提前发送给地方政府，请地方政府配合工作。

三、人员招募及人员培训

详见第二章。

第三节　现场要完成的工作

一、工作对接

评估团队到达样本县后应第一时间与地方政府再次进行对接，将出发前确定的各项事宜具体化。与地方政府确定培训会及座谈会具体时间，并根据样本县具体情况再次确定抽样镇、村，如有情况及时进行调整。安排好每日调研的镇、村，提前告知地方政府，请地方政府配合各项工作。

二、动员部署及培训

样本县召开动员部署暨培训会，部署乡村建设评价内容、分工和时间要求等。评估团队针对样本县领导小组、有关部门、乡镇有关人员，以及所在地级市相关负责人员进行动员培训，讲解指标体系数据采集、问卷调查、村景照片采集等工作的有关要求和完成时限。

三、部门座谈

组织县级相关部门开展座谈会，了解样本县在县城建设、乡村建设等方面的基本情况、主要特点等，以及面临的困难和问题、开展的创新性特色工作、下一步工作考虑等。座谈形式可以灵活安排，可与有关部门集体座谈，也可以分别座谈。评估团队要做好座谈记录，为后期报告撰写提供可溯源的资料。

四、问卷、指标数据、村景照片的采集

（一）问卷采集

问卷采集在村一级层面完成，除完成村干部与村民问卷采集外，还需进行实地考察，在村内实地查看农房建设、村容村貌、人居环境、基础设施建设运行等情况并做好相关记录。

1. 村干部问卷

村干部问卷有两种采集方式，对抽样乡镇除抽样村以外的行政村村干部问卷采集，可以通过指导其进行线上问卷采集来完成；对抽样村村干部问卷采集，需要调研员当面进行访谈来完成，并做好访谈记录。

评估团队需要对样本县代表不同经济发展水平的3个抽样乡镇所有村的村干部进行培训，培训内容为指导村干部完成"村景拍拍"微信小程序的村干部问卷填写。为村干部讲解小程序使用方法，对问卷中易造成误解的问题进行解释，并在填写过程中及时解答村干部的疑问，确保所采集的

问卷质量可靠,以真实地反映村庄建设水平。

在进行抽样村村干部问卷访谈时,在了解必填题目的基础上,调研员还可以根据实际情况拓展访谈内容,了解乡村建设的更多内容,便于了解乡村建设实际情况和深层次原因,更好地服务于评价。调研员要做好访谈记录,尤其是非填空的内容,在上传系统时,将相关内容都整理好上传到信息系统。尽量留下村干部的联系方式,以便后期有疑问时可进行求证。

2. 村民问卷

村民问卷采集由调研员在抽样村随机抽选至少3名村民就问卷内容进行访谈,村民访谈表只是访谈基础,在完成了选择和填空外,调研员可以进行拓展性访谈,了解更丰富的信息,便于了解乡村建设实际情况和深层次原因,更好地服务于评价。尽量入户看看农房内的功能布局、厕所、厨房等,具体了解农房建造、厕所改造、污水管网建设等情况,适当拍照存档,访谈结束后留下受访者的联系方式。入户访谈过程中需做好访谈记录,以方便在后期整理问卷时对有疑问之处可以先自行核对。

(二)指标数据采集

对样本县填报数据进行分析,发现不合理数据时要与样本县相关人员进行进一步核实,了解详细情况,及时对县级政府存疑的数据解疑。整理分析抽样获得的指标数据,确保县级政府指标数据全部按时填写且数据无误,汇总城市指标数据,在乡村建设评价信息系统进行填报。

(三)村景照片采集

村景照片能直观、客观地反映村容村貌。住建部引入第三方机构自主开发的"村景拍拍"系统,"村景拍拍"是一个记录乡村演变、关注乡村发展、分享乡村人文景观的共享平台。调研员需在村庄内使用"村景拍拍"微信小程序进行村景照片的拍摄采集。每个村至少拍摄18张照片,具体拍摄场景及数量如表6-2所示。无人机拍摄照片包括村庄全景、村庄俯视及房屋立面3个角度,每个角度可多拍照片,拍摄的无人机照片和视频可以发给村委,村委可以用作宣传照片。

表 6-2　村景拍摄场景及数量

大类	具体对象	照片数量
活动广场	村庄较为宽阔的活动空间	1
水体	河流、水塘或水渠	1
环境	小花园、小菜园、小果园、小公园	2
	村口（带有村庄名字标识）	1
农房	连续的多栋农房	2
	独栋农房	2
公共建筑	村委会	1
	学校	1
	祠堂	1
道路	村庄对外联系的道路	2
街巷	村庄内部的大街小巷	2
设施	公厕	1
	垃圾收集点	1

来源：住建部 2021 乡村建设评价工作手册。

那么如何通过照片来反映村庄建设的真实情况？调研员需要注意以下几点。

（1）如果没有某一大类的要素照片，可以多拍农房照片。

（2）如果某一大类有多个，如村内有两个活动广场，可以两个活动广场都拍照上传，不能人为选择较好的拍摄。

（3）调研员在拍摄村景的过程中要有自己的判断，不能盲目听从村干部的引导，坚持独立、客观的原则，以求反映最真实的情况。

以 2021 乡村建设评价本团队在江西省寻乌县采集的 18 张照片为例（见图 6-2—图 6-19）。

图 6-2　活动广场

图 6-3　水体

图 6-4　小菜园（1）

图 6-5　小菜园（2）

图 6-6　村口

图 6-7　连续多栋楼房（1）

第六章 乡村建设评价的社会服务　129

图 6-8　连续多栋楼房（2）

图 6-9　独栋楼房（1）

图 6-10　独栋楼房（2）

图 6-11　村委会

图 6-12　学校

图 6-13　祠堂

图 6-14 对外联系的道路（1）

图 6-15 对外联系的道路（2）

图 6-16 村庄内部小巷（1）

图 6-17 村庄内部小巷（2）

图 6-18 公厕

图 6-19 垃圾收集点

五、实地调研工作总结

（一）每日工作总结

调研员需要统计好个人每天完成的问卷量，并整理好当日入户调研过程中遇到的各种问题，包括问卷问题、户上问题及地方政府工作等各种问题，并整理好在实地调研过程中发现的亮点，在每日问题总结会中提出供大家共同讨论，由专家答疑，并及时将当日完成的村民问卷上传至系统。评估团队安排专人做好每日总结会照片拍摄、会议记录及问题清单整理。

（二）县级工作总结

评估团队离县前需确保指标数据采集、问卷采集等各项工作按质按量完成，并保存好各种纸质记录表，以方便后期工作查找。对有疑问的地方和需要地方提供材料的问题，要及时与对接人反馈，确保不带问题离县。离县前全体调研员召开总结会，通过讨论实地调研中的所见所闻，形成对样本县乡村建设水平的初步认识，为后期报告撰写提供基础。

第四节　现场回来后的内业工作

一、数据分析

数据分析是对实地调研工作所收集的资料、数据进行分析，是报告撰写的数据来源，包括照片打分评价、村干部和村民问卷分析、乡村建设水平比较3项工作。

（一）照片打分评价

照片打分评价包括村景照片打分评价和县城全景照片打分评价，是评价报告中村庄整洁度、村庄风貌、县城建设与自然环境协调度的数据来源。

（1）村景照片评价。组织10~15名志愿者，按照评分细则从村庄整洁度（见表6-3）、村庄风貌（见表6-4）两个方面对村景照片按优、良、中、差4个等级进行打分。

表6-3 村庄整洁度评分表

评价要素	评价参考维度	综合分值
道路、街巷	路面平整无坑洼	1~10分 1分（最差） 10分（最好）
	道路边界清晰	
	路面无杂草、垃圾或浮土	
	车辆无乱停乱放	
其他外部环境 （树木、小花园、小菜园、小果园、小公园）	建筑无断壁残垣，无乱搭乱建	1~10分 1分（最差） 10分（最好）
	垃圾无乱埋乱倒	
	柴火杂物无乱堆乱放	
	车辆无乱停乱放	

来源：住建部2021乡村建设评价工作手册。

表6-4 村庄风貌评分表

评价要素	评价参考维度	综合分值
房屋建筑	房屋布局整齐，不杂乱	1~10分 1分（最差） 10分（最好）
	色彩与周边环境整体协调	
	屋顶、门窗、山墙等农房建筑样式具有当地特色，与周边建筑相协调	
	建筑材料乡土化，少用城市型建筑材料	
道路	路面平整，无洼坑	1~10分 1分（最差） 10分（最好）
	采用混凝土或沥青	
	道路边界清晰	
	绿化植物乡土化，少用城市景观类植物	
	有路灯，道路标识清晰规范	
街巷	采用乡土化铺装材料	1~10分 1分（最差） 10分（最好）
	街巷与周边建筑整体协调	
	有路灯	

续表

评价要素	评价参考维度	综合分值
其他外部环境（树木、小花园、小菜园、小果园、小公园）	绿化植物乡土化，少用城市景观类植物	1~10 分 1 分（最差） 10 分（最好）
	树池、围墙等材料乡土化，少用城市型建筑材料	
	有运动健身设施和休息座椅	

来源：住建部 2021 乡村建设评价工作手册。

（2）县城全景照片评价。组织 5 位专家，对县城全景照片体现的"县城建设与自然环境协调度"进行打分评级，具体细则见表 6-5。每位专家对本省 3 县 12 张照片，按优、良、中、差 4 个等级进行评分，最后取 5 位专家的平均分作为各县评分。

表 6-5　县城建设与自然环境协调度评分表

评价指标	评价参考维度	分值
县城建设与自然环境协调度	山水环境保持良好，无挖山，无填湖	1~10 分 1 分（最差） 10 分（最好）
	外部空间尺度宜人，无超大马路，无超大广场	
	县城发展集约，无"摊大饼"	
	县城高度合理，以低层为主，无 18 层以上小区	
	建筑布局规整，不杂乱	

来源：住建部 2021 乡村建设评价工作手册。

（二）问卷分析

问卷分析包括村干部问卷分析和村民问卷分析。村干部问卷主要分析养老设施等各项基础设施的覆盖率，村民问卷主要分析村民对基础设施、教学、养老等设施与服务的满意度，为报告撰写提供数据支撑。

（三）乡村建设水平比较

对样本县乡村建设水平的评价有纵向比较与横向比较两种方式。

（1）纵向比较：主要利用采集的样本县所在地的市级指标与样本县所采集的指标进行比较，评价城乡差距，还可以与发达国家水平进行比较，找准改进方向。

（2）横向比较：与样本县所在省份的其他两个样本县进行横向对比，对每一项数据逐一进行比较，找出样本县乡村建设的成效及短板，还可以与全国样本县水平进行比较，找出突出短板与显著成效。

二、报告撰写

评价报告是前期和中期工作的成果呈现，在中期实地调研和数据分析的基础上撰写乡村建设评价报告，应坚持从宏观到微观、定性与定量结合、纵横向对比的原则。评价报告包括1个省级报告与3个样本县报告，报告分为背景情况、乡村建设成效评价、乡村建设问题评价和有关建议4个部分。

（1）背景情况部分包括项目开展的背景、样本县情况介绍、调研过程及采集的数据信息。

（2）乡村建设成效评价及建设问题评价两个部分基于多渠道采集的数据和实地座谈访谈了解的情况，在数据分析的基础上，通过纵向和横向比较，从城乡差距、农民满意度等方面进行综合研判，找出显著成效与突出短板。

（3）建议部分是针对当前乡村建设存在的问题，结合省级相关文件，考虑样本县具体发展情况，提出切实可行的建议，供地方参考，以推进乡村建设各项工作。

在报告撰写完成后，应及时将报告反馈给省和样本县政府，征求省和样本县政府意见，对于地方政府提出有疑问的数据进一步进行核实，并根据反馈的意见进行修改。

三、成果应用

省级专家团队在征求地方意见完成评价报告后，将评价成果反馈给地方，并指导省（区、市）和样本县运用评价成果，采取有针对性的措施解决乡村建设存在的问题和短板，并将评价成果作为编制"十四五"乡村建设相关规划、制定有关政策、确定乡村建设年度计划和项目库的重要依据，不断提高乡村建设水平。

四、工作总结

(一) 乡村建设评价项目特点

在报告撰写完成之后，评估团队对乡村建设评价工作进行总结，发现该项目具有以下特点。

1. 指标体系完善

乡村建设评价项目在正式开展之前已进行了长时间探索并开展了一年试点工作，指标体系经过实地调研检验后已十分完善，能对乡村建设水平进行全面的评价。

2. 时间跨度大

整个评价项目从前期准备到报告提交时间跨度长达半年，外调时间较短，但报告撰写时间较长，需要反复修改打磨。

(二) 乡村建设评价项目常见错误

评估团队在乡村建设评价工作过程中发现以下工作环节容易出现错误。

1. 组织安排常见错误

(1) 省级专家团队对于需要核实的情况，不指导地方如何收集数据，不核实地方上报情况的真实性、合理性，地方上报后直接转报。

(2) 对于相关人员反馈的需要修改核实的数据未按照要求时间上报正确数据。

2. 实地调研常见错误

(1) 实地调研所选择的村庄以试点示范村为多，缺少对一般性代表村庄的了解。后期核实有关情况时，对一些情况了解得不具体、不深入。

(2) 调研记录不翔实。现场案例记录、后期整理工作存在不足，时间一长印象模糊，有些问题难以举出具体案例。

3. 报告撰写常见错误

（1）撰写报告时将地方提供的资料简单堆砌，没有使用评价指标及问卷调查、现场调研等数据和信息，调研内容和报告撰写脱节。

（2）报告撰写习惯讲问题之前先讲成效，成效与问题之前观点不清晰、不鲜明。

（3）文中表述的数据与图中表述的数据不一致、作图质量不高等问题多有出现。

第七章

乡村产业振兴社会实践的三维目标

乡村产业振兴是乡村全面振兴的物质基础,也是乡村振兴的根本动力。推动乡村产业振兴,是解决我国农业农村发展不平衡不充分问题、促进城乡融合发展的需要,有利于重构乡村产业体系,有利于助推乡村全面振兴,有利于促进城乡、区域协调发展和社会和谐稳定,进而推动经济高质量发展。本章按照"认知—研究—服务"的逻辑,主要讨论产业振兴的含义、产业振兴可能面临的困境、产业振兴乡村调查的内容等问题,并结合产业振兴典型案例分析其经验与启示。

第一节 产业振兴的社会认知

习近平总书记指出:"产业兴旺,是解决农村一切问题的前提。"近几年,中央围绕乡村产业振兴发布了一系列重要的专门指导文件。2018年,中共中央、国务院印发《乡村振兴战略规划(2018—2022年)》专篇明确"发展壮大乡村产业";2019年,国务院印发《关于促进乡村产业振兴的指导意见》;2020年,农业农村部印发《全国乡村产业发展规划(2020—2025年)》,这是我国首次对乡村产业发展作出全面规划;2021年中央一号文件《中共中央国务院关于全面推进乡村振兴加快农业农村现代化的意见》、2022年中央一号文件《中共中央国务院关于做好2022年全面推进乡村振兴重点工作的意见》一再聚焦乡村产业振兴。

对于乡村绿色发展,习近平同志早在2005年8月份考察浙江省安吉县余村时就提出"绿水青山就是金山银山"的科学论断;2016年全国两会期间习近平总书记提出"冰天雪地也是金山银山"的科学论述。2021年2月，国务院发布《关于加快建立健全绿色低碳循环发展经济体系的指导意见》提出要加快农业绿色发展、鼓励发展生态种植、生态养殖，发展生态循环农业，同年10月，中共中央、国务院印发了《关于推动城乡建设绿色发展的意见》；2021年11月，国务院印发《"十四五"推进农业农村现代化规划》，进一步明确了以绿色发展引领乡村振兴，推进农村生产生活方式绿色低碳转型的具体要求。

何为乡村产业？《关于促进乡村产业振兴的指导意见》指出，乡村产业根植于县域，以农业农村资源为依托，以农民为主体，以农村一二三产业融合发展为路径，地域特色鲜明、创新创业活跃、业态类型丰富、利益联结紧密，是提升农业、繁荣农村、富裕农民的产业。产业振兴包括夯实农业生产能力基础、加快农业转型升级、提高农产品质量安全、建立现代农业经营体系、强化农业科技支撑、完善农业支持保护制度、推动农村产业深度融合、完善紧密型利益联结机制、激发农村创新创业活力等9个方面。

一、产业振兴是乡村振兴的重中之重

为什么要如此强调产业振兴？只有抓好了产业振兴这个实现乡村振兴的关键，美丽乡村建设才有经济基础，农民生活富裕才有最可靠的物质支撑，进而才有乡风文明的精神建设。无论是脱贫攻坚还是乡村振兴，都要依靠发展产业来建立促进农民增收与推动生活富裕的长效机制。

"产业兴旺、生态宜居、乡风文明、治理有效、生活富裕"是实施乡村振兴战略的总要求，乡村振兴是包括产业振兴、人才振兴、文化振兴、生态振兴、组织振兴的全面振兴，其中最重要、最根本、最关键的是产业振兴。

习近平总书记在河北承德考察时指出："产业振兴是乡村振兴的重中之重，要坚持精准发力，立足特色资源，关注市场需求，发展优势产业，促进一二三产业融合发展，更多更好惠及农村农民"。这一重要论述凸显了产业振兴的重要地位，产业振兴的重要性具体体现在以下几个方面。

（1）产业振兴是农村全面发展的基础，是乡村振兴重中之重。

（2）产业振兴是畅通城乡经济循环、加快构建新发展格局的重要途径，是促进城乡共同富裕的重要内容。

（3）产业振兴是巩固拓展脱贫攻坚成果的根本之策，是实现稳定脱贫和持续增收的长效措施。

二、产业振兴中的产业创新和政策创新[①]

根据当前学界观点和现实的实践，从大方向上来看产业振兴的主要实现方式分为产业创新和政策创新。

（一）产业振兴中的产业创新

1. 推进农村一二三产业融合发展

在乡村振兴背景下，已经不能就一产化农业来论产业，应该按照"延长产业链，提升价值链，完善利益链"的理念思路，推动农村一二三产业融合发展。在县域经济中的农业要"接二连三"，工业企业也要前伸后延，服务业要发挥自身对农业的引领与对接作用，通过组织与制度的创新培育利益共同体，整合并优化配置乡村的资源资产。为此要从基础设施建设、政策法规、人才技术上颁布优惠政策，放开进入限制，放活监管机制，正确积极高效地利用政府资源特别是要发挥好政府的统筹协调作用，因地制宜、循序渐进推动乡村的产业融合发展。

2. 发挥农业的多功能性（创意农业）

实现乡村产业振兴客观上要求发展多功能农业，或者说一二三产业融合发展的关键点、创新点与基础都在于各地结合本地资源环境条件推动农业多功能的开发、多价值的实现。要充分展现其在政治、文化、教育、生态、社会、休闲娱乐等方面的功能，特别是在养生、养老、养病（或称康养、寿养、医养）等方面的价值。要重视现实各种资源的多元化价值，具体包括对乡村中历史文化资源与自然生态资源进行开发利用，开展多元化的社会活动，征集或丰富乡村创意题材，发展创意农业，发挥农业多方面

[①] 温铁军，杨洲，张俊娜. 乡村振兴战略中产业兴旺的实现方式[J]. 行政管理改革，2018（08）：26-32.

的价值功能,在现代市场经济中满足中产阶层引领社会消费趋势带来的多方面需要。

3. 发展社会化农业(城乡融合)

社会化农业是指农业生产要素的配置提供、日常的经营管理、前提的规划设计、产品价值的实现应该有多方力量共同参与,优势互补,弥补个体经营的局限性或不足,增强、优化农业发展的条件,拓展农业的潜力与功能,包括为农业生产提供更稳定的保障,共担农业发展的成本与风险,共享收益与价值。

4. 发展"两型农业"(立体循环农业)

现实中的农业是工业化特别是化学化的农业,是工业文明的产物,规模大、品种单一,不利于保持生物多样性。同时农药、兽药、饲料添加剂和化肥的滥用,成为造成农业面源污染和食品安全问题的主要原因,直接破坏了生态平衡。因而,要传承中华文明历史,就要促进农业的生态转型,发展中央要求的"资源节约型,环境友好型"农业,即两型农业,发展立体循环农业。

5. 壮大农村集体经济

中国即使城镇化率达到70%,仍然有约4亿人口生活在农村,中国国情决定了不可能通过消灭"三农"来解决"三农"。关键问题在于怎么将小农经济与现代化结合起来,对此习近平总书记强调"小农经济长期化"与重构集体经济,就是指通过发展集体经济的办法引导小农经济走向现代化。唯有发展壮大集体经济,才能克服小农经济的局限性,增强乡村自我建设与发展的能力,同时为城乡融合发展、建设生态文明提供经济保障与对接的制度环境。

(二) 产业振兴中的政策创新

1. 制定新政策推动"市民下乡"参与乡村振兴

应该鼓励和引导城市居民以及社会资本进入乡村,在乡村从事各种经济活动,参与合作社及中小企业创办,推进各种乡村与农业创意题材的创造、开发与经营，或在乡村长期居住、生活。如城市家庭租入农户土地经营权开辟家庭菜园，租入农户多余房屋或房间用于疗养度假或者开展农家乐、民宿等经营活动。

2. 深化"三变"改革，推动农村集体经济发展

"三变"改革指的是"资源变资产、资金变股金、农民变股东"的改革，有三种方式与步骤可以推动农村集体经济发展。第一，与村社可持续生存相关的资源性资产，在确权时应该被明确为集体所有。比如山林、水塘、庙宇等。第二，资源内部化定价使之成为可交易的资产，借鉴股市发行人制度在村内培育"一级市场"，再开放外部投资形成"二级市场"，也就是从内部化完成原初定价过渡到吸引外部投资人，促进要素再定价产生增值，村集体建章立制只做资产管理和收益分配——集体一般不搞经营。以自然村或行政村为界，请上级政府把各类下达资金捆绑用作乡村组织创新的"杠杆"，作为建立集体经济组织的启动股本金，使集体经济组织坐拥成规模的资金，成为吸纳农户资源配比入股的做市商。

3. 培养重用"一懂两爱"人才

"一懂两爱"指的是懂农业、爱农村、爱农民，人才不足特别是"一懂两爱"人才的缺乏是最终制约乡村振兴特别是产业振兴的关键问题。培养"一懂两爱"人才，一是教育要回归社会公益事业的属性，国家要加大公共财政对教育特别是农林院校的支持，限制规模化特别是产业化的教育发展；二是改革完善大学生村官乃至基层公务员的选拔与培养机制，加大选聘大学生村官的力度，放宽大学生参加选聘的条件，但在选拔上明确"一懂两爱"的要求；三是引导青年返乡创业，乡村离不开青年人，青年人也需要乡村。

4. 创新机制体制，发展"三位一体"综合合作社

创新农业专业合作社的组织方式、制度规范与管理模式，形成"生产、供销、信用"三位一体的综合合作社，作为发展集体经济的主要途径与载体，承接集体资产的经营。为此，政府要在政策、人才、技术、公共基础设施建设上为其提供扶持，包括下派县级供销社工作人员给合作社配备"经理人"，其工资待遇由公共财政支付，人才由合作社使用，负责管理合作社的日常事务。

5. 转变思维与导向培育发展社会组织

引导各种社会力量形成实施乡村振兴战略的主体力量，支持社会组织积极参与乡村振兴事业，发挥其连接乡村居民与城市市民的桥梁、纽带、媒介的作用，使乡村振兴成为全社会的共同事业（见图7-1）。

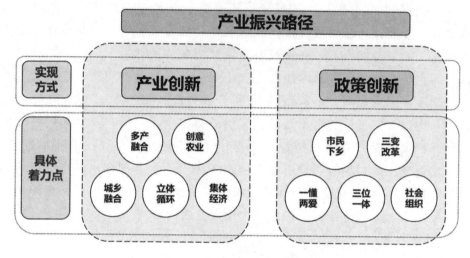

图7-1 产业振兴实现方式

三、乡村振兴的产业振兴方向

从《关于实施乡村振兴战略的意见》来看，乡村产业需要坚持3个发展方向。①

1. 产业融合发展

所谓农村产业融合，指的是以农业、农村及农民为基本依托，以新技术、新平台及新模式将农村地区乃至城市的人力资源、物质资源及资金资源进行跨界的、交叉式地集约化配置，从而使农村一二三产业有机整合在一起，最后使农村地区的产业链条不断延伸，并且呈现出产业化、技术化和规模化的特征，达到农村产业更加现代化、农民收入不断增加的目的。

---

① 袁树卓，刘沐洋，彭徽. 乡村产业振兴及其对产业扶贫的发展启示［J］. 当代经济管理，2019，41（01）：30-35.

农村产业融合的模式是在农村经济不断发展过程中，伴随着技术的进步、市场的扩大和产业的不断融合发展，所形成的新模式。乡村产业融合有以下几种通常模式。

（1）以城市经济带动农村产业融合型。通过发挥中心城镇的资源配置功能，在城市郊区建设科技型、生态型农业，推动现代都市农业与城市生态涵养保育相结合。

（2）产业链延伸型。依托当地的农业资源和特色产品进行产业链拓展和延伸，如开发利用特色农产品，从最初的生产拓展为加工、销售为一体的产业链，还可以通过特色的养殖业发展其他产业。

（3）功能拓展型。加强产业链横向拓展，推进农业与旅游、教育、文化、健康养老等产业深度融合。通过农业多功能的拓展，赋予原有产业新的附加功能，进一步催化新的产业形态和消费业态，使得农业发展领域拓宽，增加农业发展的增值环节和空间。

（4）技术渗透型。培育现代农业生产新模式，利用物联网、互联网、智能控制、远程诊断、产品标识等现代信息技术，整合现代生物技术、工程技术和农业设施，在设施蔬菜、设施渔业、畜禽养殖、食用菌工厂化生产等领域扶持推进智慧农业，实现农产品线上线下交易与农业信息深度融合。

2. 提质增效发展

农业提质增效发展要以"走绿色路、吃生态饭"为前提，加强监控农产品质量安全，推进农业绿色高效发展。统筹规划，循序渐进，做好绿色农业区划工作，将绿色农业的发展与社会主义新农村建设、绿色生态省（市、区）建设有机结合起来。重点围绕绿色农业"确保农产品安全、生态安全和资源安全，提高农业的综合经济效益"的发展目标，提出发展绿色农业的总体思路、途径、目标和模式、重点支持领域与保障措施。加大绿色农业生产技术科研力度，健全绿色农业技术推广体系。

3. 品牌创新发展

区域品牌的形成主要受集群所具有的产业优势、良好的区域环境、龙头企业创牌和优势名牌群体的聚合效应、地方政府政策导向与效能四个维度的影响。

四、推进乡村产业融合的措施和着力点[①]

从产业业态上看,在乡村振兴战略背景下已经不能就一产化农业来论产业,应该按照"延长产业链,提升价值链,完善利益链"的理念思路,打破产业及价值与利益链接中的藩篱,促进三产融合发展。推进乡村三产融合的措施和着力点见表 7-1。

表 7-1 乡村三产融合方法简表

推进三产融合措施	具体着力点
科学制定乡村产业规划	1. 摸清现阶段现有三产发展状况、基础设施、气候条件、种植结构、土壤条件、周边环境、经济条件等实际现状; 2. 做好优质种植业区域规划,形成集中连片规模化生产; 3. 养殖产业中要稳步推进适度规模和标准化养殖; 4. 将周边产业与本地产业结合,对现有农产品加工业整体布局; 5. 在大中城市郊区建立都市农业发展区
改善和保护农业生态环境	1. 管制土地用途,保护与提升耕地质量; 2. 依据废弃物处理能力和资源环境承载能力,合理确定畜禽养殖规模和品种,发展规模化、标准化养殖; 3. 推进科学施肥; 4. 依靠科技进行病虫监测预报; 5. 加强农村生态环境保护和整治,推动基础设施建设
培育多元化各类经营主体	1. 鼓励与引导社会各界下乡创业; 2. 建立综合性农业生产服务主体; 3. 大力培养农村实用人才; 4. 引导小农户立足本地优势产业和自身优势创办农民合作社; 5. 加大对农村三次产业融合经营主体的财政扶持力度

[①] 汪恭礼. 乡村振兴战略视角下的农村三次产业融合发展探析 [J]. 河北大学学报(哲学社会科学版),2018,43(06):118-127.

续表

推进三产融合措施	具体着力点
推进土地集中连片流转和适度规模经营	1. 完善和发展农村社会保障体系； 2. 妥善做好农村各类土地确权、登记和颁证等基础工作； 3. 充分界定土地所有权、承包权和经营权三权的内涵和边界； 4. 落实十九大报告提出的"保持土地承包关系稳定并长久不变"精神，稳定家庭承包权； 5. 放活经营权，推进经营权的资本化、股份化和市场化； 6. 推进农村宅基地制度、土地征收制度改革和集体经营性建设用地入市改革试点
抓住农业供给侧结构性改革有利时机，推进农村三产融合发展	1. 立足实际，优化种植结构协调发展； 2. 根据本地农业生产实际和资源禀赋大力发展农产品加工企业； 3. 拓展农业多种功能； 4. 鼓励各类新型经营主体产销对接； 5. 促进互联网等现代技术与农业深度融合
引导和规范工商资本合理投向	1. 引导工商资本向农技推广与传播、新产品开发等小农户无能为力的农业生产薄弱环节投资； 2. 加大对工商资本投资的项目论证与宣传； 3. 防止工商资本掠夺性经营，确保流转的农地质量不下降； 4. 指导工商资本投资的经营主体与当地农业经营主体结成紧密的利益共同体

目前，农村三次产业融合发展仍然处于初级阶段，农村三次产业融合各类新型农业经营主体的带动能力较弱，农业生产经营机制体制障碍和要素瓶颈制约仍然没有突破。主要表现在以下五个方面。① 农业产业规划滞后，增加了现代农业产业体系构建难度。② 农业生产自然资源和生态环境遭到不同程度的破坏，影响了现代农业生产体系构建。各类招商企业落户用地的需要，导致农村耕地逐年减少，水系、生态遭到不同程度的破坏，土地资源与人口的矛盾越来越明显。③ 传统经营模式难以转变，现代农业经营体系有待加强，传统农业"小而散""小而全"的经营体系的局限性日

趋突出。④农村土地流转成片难度大,制约了农村三次产业融合。开展农村土地流转,将土地向专业大户、农民专业合作社、农业企业等各类新型经营主体集中,需要规模经营来降低成本,但土地流转集中成片难度很大。⑤农村产业发展不足,农村大量劳动力进城务工,农村劳动力年老弱化。同时,农业生产效益低下,对农业生产投资严重不足,出现了农业生产兼业化、副业化,甚至一些农户弃耕抛荒。

五、产业振兴可能面临的困境①

产业振兴主要存在产业振兴主体之困、产业振兴融合之困、产业振兴资金之困、产业振兴市场化之困、产业振兴科技化数字化之困这五个方面的困境,这五大困境是一个紧密联系、相互贯通、相互作用、有机统一的整体,统一于乡村振兴战略(见表7-2)。

表7-2 产业振兴面临的困境

困境类型	主要表现
产业振兴主体之困	1. 乡村产业人才缺乏; 2. 农村新型经营组织还没有发挥主力军的作用; 3. 乡村产业服务主体缺乏; 4. 乡村产业从生产端到市场端缺乏龙头企业示范带动
产业振兴融合之困	1. 乡村产业融合度不高,产业链条短; 2. 土地资源制约乡村产业融合; 3. 乡村旅游资源未深入挖掘,配套设施不完善
产业振兴资金之困	1. 乡村产业的引资能力不足; 2. 支农金融主体缺乏
产业振兴市场化之困	1. 流通基础设施不健全; 2. 流通模式以零售为主,批发市场不完善; 3. 生产规模小,市场开拓难; 4. 缺乏足够的品牌效应

---

① 赵超. 乡村产业振兴的困境与实现路径 [J]. 当代县域经济, 2021 (11): 8-15.

续表

困境类型	主要表现
产业振兴科技化数字化之困	1. 乡村产业主体的数字化意识不强； 2. 数字化支持作用有待发挥； 3. 乡村产业的技术支撑不足

第二节　乡村产业发展的调查与研究

一、产业振兴的相关研究

1. 农业现代化是产业振兴的首要任务

农业关系我国14亿多人的吃饭问题，是治国理政的头等大事。我们要确保粮食安全，就必须把饭碗牢牢地端在自己手里，靠别人是靠不住的。农业兴则基础牢，粮丰产则百姓安。农业的重要性无论怎么强调都不为过，这也是我们党为什么一直非常重视农业工作的原因。从产业自身特性来讲，农业是弱势产业，单靠自身的发展是非常艰难的。加之我国人口多、耕地少、自然条件差，传统农业的竞争力比较差，收益率较低，所以，农民难以靠传统农业来实现致富。因此，要实现农业的振兴，既要挖掘农业自身的潜力，同时外部的支援也是必不可少的。第一，工业反哺农业、城市支持农村和多予少取放活的方针要长期坚持。第二，完善粮食储备、最低收购价等各项制度，保持粮价基本稳定。第三，农业要加强供给侧结构性改革，走绿色发展之路。第四，提高农业劳动生产率，增加单位土地收益率。

2. 三产业融合发展是乡村产业振兴的根本途径

由于农业自身的产业特性，农民单纯依靠发展农业来实现致富是难以办到的。农民要富，必须大力发展第二、第三产业，走三产融合发展的道路才能根本上解决农民致富的问题。三产融合发展必须立足于农村地区的资源优势、区位优势，因地制宜，找到适合本地区的发展之路。乡村第二、第三产业的发展要立足于为农村服务、为农业生产服务、为农民生活服务，充分利用农村地区的各种资源，为第一产业的发展提供生产、销售、运输、储存等方面的技术支持和服务。第一，要调整优化农业种植养殖结构，加快发展绿色农业，延伸农业产业链。促进粮食、经济作物、饲草料种植结构协调发展，大力发展种养结合循环农业，推进农林复合经营。第二，大力发展农产品的深加工业，提升农产品的附加值。积极推广适合精深加工、休闲采摘的作物新品种，支持农村特色加工业发展，开发农村特色产品，打造农村特色品牌。第三，发展农业生产性服务业，促进第一、第三产业的融合。鼓励开展农业科技服务、农业信息咨询、代耕代种代收、大田托管、烘干储藏、统防统治等市场化和专业化服务。第四，大力发展农业新型业态。推进"互联网+"等现代信息技术应用于农业生产、经营、管理和服务，鼓励对大田种植、畜禽养殖、渔业生产等进行物联网改造。

3. 完善农村产业体系、生产体系、经营体系是乡村产业振兴的必由之路

产业体系应该是一个第一、第二、第三产业融合发展的产业体系。在第一产业内部，要根据资源禀赋，合理安排农、林、牧、渔的比例结构，充分科学有效利用各种自然资源。同时，现代农业应适应现代社会的需求，使农产品在生产出来后，要进行加工、储运，实现产业链的延长和增值。在农村的产业体系中，第二、第三产业是农民实现致富的关键，只有第二、第三产业发展了，农民的收入增长幅度才会大，才可能实现富裕，拓宽农民增收的渠道也应该从产业中寻找。农村的第二、第三产业不能脱离第一产业来发展，不能是城市产业在农村的复制，而应是立足于农村的资源优势，发挥其特色、特点，延长第一产业的产业链，挖掘一产的增值空间，为第一产业发展提供科技支持、市场开拓、售后服务等功能。

生产体系应当与产业体系相适应。农业要实现现代化，也就需要用科技改造传统农业，从育种、栽培、种植到加工、销售等环节都要应用现代科技。不断提高机械化率，逐渐替换使用人工、畜力的传统生产方式。推进"互联网+"和现代农业的结合，不断提高农业的竞争力和劳动生产率。对于第二、第三产业要应用大数据分析、物联网、云计算等新一代信息技术，进行个性化、网络化、智能化生产。

经营体系应当是积极培育新型职业农民，促进经营主体的多元化。大力培育家庭农场、种养大户、合作社、农业企业等新型经营主体，推进土地入股、土地流转、土地托管、联耕联种等多种经营方式，提高农业经营集约化、规模化、产业化、组织化、社会化水平。大力发展多元化的生产性服务，完善农资购买、机种机收、统防统治、烘干仓储等社会化服务体系。引导农村第二、第三产业向县城、重点乡镇及产业园区等集中，培育农产品加工、商贸物流等专业特色小城镇。

4. 集体产权制度改革是乡村产业振兴的基础

以公有制为主体、多种所有制经济共同发展，是我国处于社会主义初级阶段的基本经济制度，我们必须长期坚持。在农村地区，我们必须坚持农村土地集体所有制，这是社会主义本质的体现，也是我们最终实现共同富裕的制度保障。但是，随着我国经济不断发展，城市化水平不断提高，很多地方出现了大量耕地撂荒、宅基地闲置的现象，导致大量土地资源被浪费。这迫切需要对土地制度进行改革，探索新的土地集体所有制的实现形式。土地是农村最重要的经济资源，乡村产业要实现振兴，必须铲除原来土地制度安排中的一些弊端，理顺相关主体的责权利之间的关系，才能让各种要素的活力都竞相迸发出来，最终实现乡村的繁荣昌盛。

二、乡村产业调查的内容

对乡村产业发展进行调研，首先需要根据乡村振兴的相关政策内容对产业振兴与产业发展调研提出调研任务，调研任务即是入村调查的切入点，调查的切入点应该明确而具体，且具有可实施性。并非所有的乡村都能发展产业，在进行初步筛选之后，一般我们选择资源要素丰富、区位优势明显等满足一些条件的乡村进行产业发展调查。对于乡村产业发展，我们应该要清楚地知道以下内容。

（1）人口情况：包括人口数量、党员数量、年龄分布、职业分布、学历分布、务工去向与务工比例、人口外流数量，以此来初步了解该村的基本情况，判断该村"空心化"的程度。

（2）土地调查：包括该村区位状况、占地面积、耕地面积、耕地类型（山地、林地、旱地、水田）、土地整治情况、土地流转情况、土地利用率等。

（3）产业调查：包括该村自然资源禀赋、传统优势产业、当前主要产业、产业类型、一二三产业情况、各产业 GDP 占比、是否有产业带头人、集体经济发展情况、农户参加经济合作组织比率、农机覆盖率、是否有类似于国家扶贫开发的政策性帮扶产业、当前产业发展面临的现实困难、村委与村民对本村产业发展的未来意愿等。

（4）其他相关调查：农村基础设施建设、周边产业发展情况等、"互联网＋"技术应用情况等。

第三节　乡村产业发展的社会服务

对于当代大学生来说，服务乡村振兴、助力产业发展，一方面能锻炼学生的实践能力，另一方面更能让学生在实践中检验自身所学、在实践中服务社会，大学生能为村庄产业发展做些什么？具体而言，可以从以下几个方面入手。

一、调查研究产业发展的现状及存在的问题

通过对乡村产业的调查，我们能对乡村产业发展的现状和问题有以下基本的判断。

该村传统优势产业有哪些？这些产业现在还具备竞争优势吗？如果还具备，是通过什么机制而在市场上获得优势的（是区位优势还是资源禀赋要素）？这种机制具备可持续的长效发展能力吗？如果不具备，那如何转化思维发展传统优势产业？

该村目前主要产业有哪些？产业发展面临哪些实际的困难？（是产业发展主体缺乏、产业发展资金不足、产业融合遇到了瓶颈，还是产业市场下滑等）如何克服这些困难以推动产业发展？

二、产业发展的规划和策划

从2022年农业农村部推介的全国农业绿色发展典型案例来看,主要有如下经验。① 强化组织领导,层层压实责任。比如北京市顺义区构建了"主体分、镇村收、第三方处理"的体系。② 加强资金保障,推动工作落地。比如黑龙江省克山县建设废弃物中转站、集中处理站、区域贮存库,北京市顺义区对参与菜田废弃物循环利用的各方主体给予补贴等。③ 借力智慧平台,发展数字服务。比如天津市西青区借力智慧农业服务平台,创新小站稻统一品种、统一农资、统一标准、统一管理、统一仓储的"五统一"标准化生产模式。④ 强化校地合作,创新生产种植。比如邯郸市曲周县与中国农业大学曲周实验站合作,开展以新型含脲酶抑制剂氮肥应用为核心的小麦-玉米绿色综合生产技术的研究并落地。⑤ 加强监督促引导,促进监督实效。比如内蒙古自治区兴安盟科尔沁右翼前旗制定负面清单,明确农药经营者和使用者的包装废弃物回收处理义务9条。

三、产业振兴典型案例——江南村"一领办三参与"模式

(一) 基本村情

江南村,江西省吉安市吉安县永阳镇下辖行政村,位于永阳镇南面,禾水河边,距县城20千米,与泰和县交界,耕地面积1230亩,人口397户1551人。由于人多地少、产业单一,村民主要收入来源为种植水稻和外出务工,全村人均纯收入仅为4453元。2014年建档立卡贫困人口72户272人,贫困发生率高达17.5%,是远近闻名的贫困村。

(二) 政策举措

一是"入股资金"统筹扶持。县政府给予每户贫困户5000元产业发展扶持资金,由村级统筹纳入井冈蜜柚产业合作社,为贫困户签订股权协议,颁发股权证,实现贫困户按股分红。县政府给予未脱贫贫困户、全家无劳动能力贫困户等7户失能弱能贫困户产业扶持资金4.2万元,统筹入股合作社,提高产业扶贫带贫减贫成效。

二是"四轮驱动"金融扶持。江南村充分利用担保贷款、贷款贴息、现金直补、产业保险"四轮驱动"金融扶持政策，为贫困户提供产前、产中、产后全程保姆式服务，对有劳动力、有耕地、有技能又有积极性的贫困户，通过产业差异化奖补引导贫困户自主发展井冈蜜柚产业。按每亩400元标准进行差异化奖补，为每户贫困户提供不超过10万元的贷款支持，并予以全额贴息，实行产业免费参保，有效解决了产业发展难题。全村23户贫困户和农户贷款产业发展资金190万元，获得产业奖补资金约10万元。

三是"一领办三参与"奖补扶持。按照"一领办三参与"奖补政策，江南村井冈蜜柚产业基地可获得投资总额的30%进行产业资金奖励，其中奖励资金的70%计入村级集体经济股份，30%用于"一领办三参与"对象按各自入股比例增资扩股。江南村井冈蜜柚合作社获得"一领办三参与"产业奖补资金49.4万元，其中村集体奖补34.6万元、合作社奖补14.8万元。

（三）具体做法

1. 发挥支部示范引领作用，让干部群众产业发展热情高起来

一是选优配强"两委"班子。按照"脱贫致富带头人、服务群众贴心人"标准，优先配强村党组织带头人，选拔出党性强、有能力、作风好、威信高的"能人书记"。从村医村教、致富能人、务工经商回乡人员、大学生等优秀人员中推选进入村"两委"班子，进一步夯实了脱贫攻坚基础。江南村"两委"干部共有6名成员，班子结构合理，梯队分明，书记、主任是"60后"，其他4名干部都是"80后"。江南村"两委"班子，连续5年被评为全县先进基层党支部。

二是凝聚帮扶力量。江南村充分利用市委办和江燕公司定点帮扶契机，积极争取井冈蜜柚产业项目资金和政策扶持，争取农业、水利、交通、扶贫等涉农项目资金近200万元，整合用于井冈蜜柚产业发展中的土地整治、水电路配套等，其中整地、道路等基础设施投入58万余元，水利滴灌配套和渠道投入140万余元。同时，按照井冈蜜柚"千村万户老乡工程"政策，所有井冈蜜柚苗木都是免费提供。

三是激发内生动力。深入开展"三讲一评"颂党恩活动，注重用扶贫成效和脱贫典型教育贫困群众树立勤劳致富、脱贫光荣的思想，让更多的群众投身产业发展中去，解决贫困群众"被动干"的问题，积极引导贫困群众听党话、知党恩、跟党走。2018年脱贫户周林福获得县级表彰，被评为"脱贫致富典型"和"最美脱贫户"。

2. 创新利益联结机制，让合作社减贫带贫能力强起来

一是突出干部带头领办。通过村干部与致富能人带头领办合作社，起到"做给群众看、带着群众干、帮助群众富"的示范引领作用，充分激发群众发展扶贫产业的热情。2012年，借着全市推广井冈蜜柚"千村万户老乡工程"的东风，村党支部书记带领村"两委"干部和部分党员先后到福建平和县、江西吉水县白水镇等地考察蜜柚种植技术，了解井冈蜜柚经济效益和发展前景，通过仔细算经验账，村干部们都觉得井冈蜜柚种植前景可观，纷纷投入井冈蜜柚产业中来。

二是发动党员主动参与。"村看村、户看户、社员看干部"。村"两委"党员干部发挥表率作用，风险先扛，自投资金先行试种，在戴家自然村流转荒地300亩，摸索种植经验。党支部书记自己带头，投了22.2万元，8名村党员干部主动参与投入资金72万元，总共投入94.2万元，给大家吃下定心丸，让群众看到了村干部的决心，看到了村里是真正想为群众办实事。

三是吸纳村民参与。为有效激发村民的积极性并提高其参与度，江南村实行多种形式入股方式，确保户户参与。在股份分配中，坚持贫困户优先入股基地，村"两委"干部最后认领股份，村民除资金入股外，还可用土地租金、投工投劳作价入股，形成了入股有分红、就业有收入、土地有租金、产业有保障的多渠道稳定增收致富模式。

四是统筹贫困户参与。组织贫困户利用产业入股资金加入产业合作社，通过颁发股权证，明确持股数量、权利与义务，实现按股分红，确保贫困户有长期、持续的分红收益。

3. 规范合作社运营管理，让贫困群众产业增收富起来

一是统一流转。针对农村闲置低产撂荒地较多、收益较低这一现状，在村委会的引领下，充分利用闲散土地资源，通过租赁和土地入股等形式统一流转土地1100余亩。对出租土地的农户，按当年国家粮食政策规定的

最低保护价计算每年每亩200斤稻谷折价补偿，大大提升了土地产出效益，增加了农户的现金收益。

二是统一规划。坚持规划先行，先规划后建设。江南村积极争取县里农业、水利、交通、扶贫等涉农项目资金，整合使用于井冈蜜柚产业发展中的土地整治、水电路配套完善设施，有效整合各类土地资源，形成了连片开发的井冈蜜柚基地。

三是统一种植。村"两委"班子分批次组织种植能手到外地学习先进的栽培技术和管理经验，确保每户种植户都有1个技术明白人，能按照标准建园和种植蜜柚。邀请外地专家和种植能手到江南村实地传经授业，安排井冈蜜柚技术服务队深入田间地头，手把手地辅导群众进行蜜柚种植，实现技术队员与果农无缝对接，以良种良法提升村民信心。

四是统一管理。井冈蜜柚产业基地由专业合作社统一管理，均采用滴灌设施，长期聘请并安排了1名专业技术人员和2名本村懂栽培技术和日常管理的贫困户全天候进行管护和经营。同时，针对蜜柚施肥、采摘、灌溉等农忙时期，本村贫困户和闲散富余劳动力可优先在柚园务工获取劳务工资。

（四）取得成效

江南村通过多年的实践探索，形成了村干部或致富带头人领办、党员主动参与、村民自愿参与、贫困户统筹参与的"一领办三参与"产业扶贫模式，通过完善的利益联结机制，规范合作社运行管理，改变了传统农业单独耕种、低产低效的问题，既做强了村级集体经济，又带动了农民致富。江南村井冈蜜柚种植已发展到1100多亩，先后投入资金768万元，建有6个蜜柚基地，建立了蜜柚分拣销售中心，吸纳农户入股158户，占全村农户的48%，全村72户贫困户实现全部入股，蜜柚总产量约30万斤，实现产值达75万元。贫困发生率由2014年的17.5%下降至2019年的0.19%，贫困户年人均纯收入由2014年的2653元增长到2019年的1.31万元，村集体经济收入9万元。2020年，全村井冈蜜柚产值可达100多万元，贫困户可获得每股分红500元，村集体经济收入预计可达50万元，能够确保所有贫困户稳定脱贫可持续。

（五）经验启示

"一领办三参与"模式，不仅仅是变化了产业扶贫方式，更是在贫困户、合作社、村集体之间建立了稳定的利益联结机制，实现了农业的产业化发展、现代化管理、规模化经营，具有很强的生命力。一是稳固利益联结是根本。针对贫困户想发展缺资金、想种植怕风险、有技术愁销路的问题，"一领办三参与"产业模式，通过干部示范领办，让农户、贫困户和合作社形成稳定的利益联结共同体，使农户成为脱贫攻坚的主体，让农户有了自己的产业，激发了贫困户主人翁意识。二是选准主导产业是关键。井冈蜜柚是吉安县"四个一"产业扶贫品牌之一。江南村借助脱贫攻坚、井冈蜜柚"千村万户老乡工程"的政策东风，以"一村一品"产业发展为主线，立足资源禀赋优势，把蜜柚产业作为农业增效、农民增收的优势主导产业来发展，不断推进蜜柚产业的特色化、规模化和产业化种植，打破了传统农业产业发展格局。三是政策精准扶持是保障。农村脱贫不仅要每户农户增收、每户贫困户摘帽，也要有集体经济收入来源。江南村统筹贫困户入股优质、可持续的产业，让贫困户有了可持续的稳定可观的产业收入。"一领办三参与"产业奖补政策，给予村集体70%奖补资金的股份，壮大了村级集体经济，增强了村级组织的服务能力，实现了"输血式"扶贫到"造血式"扶贫的转变，推动了脱贫攻坚和乡村振兴有效衔接。

第八章

乡村治理与治理有效

乡村是中国社会最基本的细胞，是国家治理的最小单元。乡村治理是实现国家治理体系和治理能力现代化的基础。乡村治理现代化是实现农民富裕、农业发达、农村繁荣的制度基础。本章按照"认知—研究—服务"的逻辑，主要讨论乡村治理是什么，如何进行乡村治理评价，有哪些评价要点等。

第一节　乡村治理的社会认知

党的十八大以来，在国家治理蓝图逐渐展开的过程中，乡村治理问题成为我国社会的热点。没有乡村的有效治理，就没有乡村的全面振兴。乡村治理是社会治理的基础和关键，是国家治理体系和治理能力现代化的重要组成部分。党的十九大提出乡村振兴战略，并强调要健全自治、法治、德治相结合的乡村治理体系，这是我们党在新的历史方位，对乡村治理做出的重要要求。

中共中央办公厅、国务院办公厅印发的《关于加强和改进乡村治理的指导意见》指出，到2035年，加强与改进乡村治理总体目标包括"乡村社会治理有效、充满活力、和谐有序"。从乡村治理到乡村"有效"治理，短短2个字的增加，言简意赅地指出了现在我们乡村治理仍需要努力的方向。

实施乡村振兴战略的本质就是要推进农业农村现代化，补齐我国现代化的短板。其中，实现乡村治理体系和治理能力现代化是实现乡村振兴战略的关键一环。当前，乡村发展现实与乡村振兴改革目标不对接，乡村治理结构与乡村有效治理不对接，包产到户与现代化发展不对接，正在成为农村经济高质量发展的阻碍。

随着我国的乡村治理进入历史新方位，加强和改进乡村治理工作，要实行问题导向，在政策目标上提高认识、有所聚焦并逐步拓展，在政策措施上改革完善管理体制，加强党的领导和政府组织协调，贯彻落实群众路线，夯实政治建设，以法治立秩序，以自治增活力，以德治扬正气，实行政治、法治、自治与德治相结合，强化各项保障。① 乡村治理的最终目标和实现路径见表 8-1。

表 8-1　乡村治理的最终目标和实现路径

考虑城乡人口流动；扩大乡村治理主体范围，实行共建共治共享；建立治理框架	1. 要提高对乡村治理目标的认识，以人为中心抓好乡村治理工作。明确乡村治理的任务是要解决问题，贯彻落实群众路线，治理是为了群众，治理方式是依靠群众，治理过程是组织群众、管理群众和服务群众。 2. 要考虑我国城乡人口流动以及不同乡村之间人口流动的大趋势及其对乡村治理的影响。对目前已离开乡村但与乡村发展有关的人员和目前及未来新进入乡村的人员的合理权益要进行科学界定并提供严格保护。 3. 要对乡村事务实行共建共治共享。既要考虑本乡本村人口的情况和需求，也要考虑其他相关人口（包括城镇进出人口和跨区流动人口）的情况和需求，推动建设开放包容的乡村。 4. 要创新乡村治理体制。坚持党的领导、人民当家作主、依法治国有机统一，加强党和国家对乡村治理的领导组织协调，处理好乡村治理与其他治理的关系，夯实政治建设，以法治立秩序，以自治增活力，以德治扬正气，实行政治、法治、自治与德治相结合，强化法治作用，推进国家治理体系和治理能力现代化

---

① 秦中春. 治疆逻辑：新疆的长治久安和现代化治理研究［M］. 北京：中国发展出版社，2017.

续表

加强村庄人员管理；了解乡村居民现状；健全联系机制；完善登记制度	1. 要从实际居住情况入手，全面建立、健全和完善村庄人口调查、联系和登记备案制度。既要加强村庄常住人口调查登记管理，也要加强村庄户籍人口调查登记管理，还要加强村庄临时人员调查登记管理。 2. 健全村庄人口及信息登记制度，完善人口及信息分类统计方法和技术标准体系，丰富人口登记信息内容。既要调查了解村庄人口及家庭的基本信息，也要调查了解这些人口的宗教信仰及参加宗教活动详细情况、民族成份及参加民族活动详细情况等，以及文化水平、职业技能、发展需求、思想动态、政治观点、法律意识等情况。 3. 完善和创新村庄人员动态联系机制，将邮政、快递人员等作为重要工作人员，及时动态更新信息。加强信息工作激励约束，建立信息不实举报或虚假处理机制
引导乡村居民的进步；改造人的精神思想；推动人的现代化；夯实善治之基	1. 要加强对现代社会发展规律和现代国家制度的宣传引导，推进在全社会建立马克思主义的世界观、历史观、人生观、财富观和辩证唯物主义、历史唯物主义的方法论，提高人们科学认识问题、分析问题和解决问题的能力。 2. 完善宗教管理政策，防范宗教极端思想渗透，对传播宗教和用宗教来管人的要从申报登记入手，进行全面管控，加强责任追究。完善民族管理政策，防范民族分裂思想渗透。加强法治宣传教育，提升公民意识和遵法守法观念。 3. 培育社会主义核心价值观，激励人的勤奋努力，把时间利用好，贯彻按劳分配，对没有劳动投入及劳动贡献的在分配上要谨慎对待，促进从劳动不足转变到转移就业和多渠道就业。 4. 大力推广使用国语，加强职业技能教育，促进人的知识增长，提高劳动能力和劳动生产率。 5. 引导人的积累投资，从不重积累转变到重视积累，扩大使用机器设备和其他先进技术的范围。 6. 加强现代先进文化引领和传统优秀文化熏陶，在乡村引导、培育和推广健康善良、积极向上、开放包容的思维方式和良好心态，正确认识和理性对待人与人之间的各种差异，扎实建构人的心理平衡

续表

管控乡村居民之间的矛盾；重视改革"三有结合"；完善治理体系，保证社会稳定	1. 要处理好与群众利益密切相关的重大公共问题，深化缓解矛盾纠纷，确保无群体性事件和大规模上访。 2. 党和国家的涉农机构改革要适应新时代要求，进一步简政放权、放管结合、优化服务，重建组织架构，调整机构职能，明确具体责任，可有效解决问题，能真正解决问题。要把乡镇街道、（行政村）村庄及其社区作为乡村治理基本单元，加强和改进社区治理。 3. 乡村社区不仅承载着人民美好生活需求，也是乡村管理的基层平台，要以人为本，注重信息技术最新成果的应用，注重共享共建共管，考虑投入从何而来、什么人可入驻、如何入驻、与周边社区关系处理等问题。各地各部门要结合本地实际，要明确农村稳定问题谁管、管什么和怎样管，破解治理难题，实现刚柔相济，把矛盾化解在基层。 4. 注重发挥优秀传统文化、群众精神以及村规民约的重要作用，充分调动群众参与的积极性，深入了解老百姓的"微痛点"，探索"为民解忧"新规律，推动社会治理体系优化
服务乡村居民的需求；强调分类分级施策；创新体制机制；有效解决问题	要提高群众认识，正视乡村服务提升的约束条件，明确首先做好基础工作，然后逐步深化拓展，建立投入优先序。要综合考虑文化、政治、经济、社会、生态的需要和更富强、更文明、更民主、更和谐、更美丽的目标，围绕进步乡村（文明、和谐）—平安乡村（和平安定、扫黑除恶、纠纷排解、依法治理）—发展乡村（经济发展、社会发展、乡村振兴、乐活乡村）—美好乡村（家园美丽、人民幸福）的路径把工作做好，逐步深化治理目标和拓展治理目标

续表

疏导乡村居民的转变；正确解释人的差异；支持社会流动；搭建转变阶梯	要在理论上承认和尊重差异，包括工农差异、城乡差异和乡村与乡村之间的差异等，在实践中正确对待和积极化解这种差异。乡村地理位置的不同和人的勤奋努力、知识增长与运用、储蓄积累投资的多少等，均是决定差异的重要因素。对人与人之间的各种差异进行正确解释与合理引导非常重要，关系重大。要把建立良好稳定的社会秩序，激励人的生产性努力，抑制人的分配性努力，调节人的不努力，防控人的破坏性努力，支持人的社会流动，搭建引导和帮助乡村人口迈向美好生活的转变阶梯作为乡村治理的重要任务。这种转变阶梯因人而异，因村而异

来源：根据论文①整理得出。

第二节　　乡村治理评价的开展

一、乡村治理评价的要点

1. 责任落实情况

聚焦压紧压实各级党委和政府乡村振兴责任，特别是乡村治理主体责任。

（1）考察县委、县委政府传达学习中央精神情况。党政主要负责同志主持召开会议传达学习习近平总书记关于"三农"工作和乡村振兴工作重要讲话和指示批示精神；研究部署推进工作情况，包括党政主要负责同志担任党委农村工作领导小组组长，研究部署全面推进乡村振兴工作情况，推动乡村建设和乡村治理重点工作落实情况；调研指导推动工作情况。

---

① 秦中春. 乡村振兴背景下乡村治理的目标与实现途径[J]. 管理世界，2020，36（02）：1-6，16，213.

（2）考察农村工作领导小组责任落实情况。研究部署工作情况，包括领导小组全体会议、专题会议、出台文件等；统筹协调推进情况，包括建立健全乡村建设和乡村治理有关专责小组，跨部门沟通协调机制；压实责任落实情况，包括乡村振兴政策措施分工方案；将乡村建设行动实施情况和乡村治理工作作为乡村振兴督查考核重要内容，纳入领导干部推进乡村振兴战略实绩考核并强化考核结果应用；强化乡村振兴督查、重点任务落实情况、跟踪督办等情况。

（3）考察相关政府部门责任落实情况。部门分工情况包括实施方案、任务分工、分头推进、部门协调、工作对接、数据共享情况等。

2. 政策落实情况

（1）规划编制。县级党委和政府统筹推进乡村规划工作情况；以县为单位、多规合一编制或修编村庄布局规划情况；村庄布局分类、保持村庄风貌和防止大拆大建情况；乡村建设相关项目库建设情况。

（2）资金投入。县级按规定统筹使用相关资金推进乡村建设情况；土地出让收入统筹安排支持乡村建设情况；金融支持乡村建设情况。

（3）土地政策。乡村建设行动重点工程项目合理用地需求保障情况，包括：合理安排新增建设用地计划指标情况；规范开展城乡建设用地增减挂钩相关情况。

（4）人才政策。引导各类人才投身乡村振兴的相关政策；乡村治理人才队伍建设情况。

3. 工作落实情况

（1）乡村基础设施建设及管护。农村道路：村公路骨干网络建设情况和公路与乡村产业深度融合发展情况、农村公路建设项目进村入户倾斜情况，包括较大规模自然村通硬化路建设、养护机制建立情况。农村防汛抗旱和供水保障：防汛抗旱基础设施建设情况、农村供水保障情况、从农村饮水安全向农村供水保障转变情况，包括如何强化水源保护和水质保障，如何推进供水入户。农房质量安全提升，重点关注农村低收入群体等重点对象危房改造和地震带抗震改造推进情况。

（2）乡村物流、数字乡村与村级综合服务。乡村物流建设：农产品仓储保鲜冷链物流设施和农村物流配送效率等建设情况。数字乡村建设：数字技术与农村生产生活深度融合情况、农村信息基础设施建设情况、乡村管理服务数字化推进情况。村级综合服务建设：主要关注"一站式"便民服务开展情况。

（3）农村人居环境。厕所整改：核查本地区问题厕所排查摸底、整改落实情况，改厕后续管护情况及农民实际使用情况、是否因地制宜选择改厕技术模式。污水处理、垃圾处理：核查本地区农村生活垃圾收运处置体系建设情况、垃圾分类及无害化处理情况、农村有机废弃物综合处置利用设施建设情况、对垃圾分类及环保清洁相关宣传工作开展情况。村庄清洁行动；问题经验。

（4）农村基本公共服务提升。在教育方面：城乡学校布局调整情况、城乡学校共同体建设情况；乡村教师队伍建设情况，义务教育阶段教师"县管校聘"全面推行情况，义务教育学校校长老师交流轮岗情况，县城学校教师到乡支教情况。在医疗卫生方面：完善统一的城乡居民医疗保险制度，同步整合城乡居民大病保险；适当提高城乡居民基本医疗保险财政补助和个人缴费标准；加强农村基层医疗卫生服务和医务人员配备。

（5）农村基层组织建设。村"两委"成员素质，如年龄、文化程度、工作经历、为民服务精神等；村党组织书记通过法定程序担任村委会主任及村集体经济组织负责人情况、"两委"班子成员交叉任职情况、村委会成员和村民代表中党员的比例；村级重要事项和重大问题经村党组织研究讨论机制建设情况；从青年农民、农村外出务工人员中发展党员力度及优化农村党员队伍结构情况；第一书记派驻长效机制建立情况；驻村工作队派驻情况。

（6）农村精神文明建设。农村移风易俗工作推进情况，包括治理农村婚丧大操大办、高价彩礼、人情攀比、厚葬薄养、铺张浪费、封建迷信等不良风气，深化农村殡葬改革，祛除陈规陋习，加快普及科学知识，反对迷信活动等；积分制、清单制、数字化治理、网格化管理等方面工作的推进情况。

4. 成效巩固拓展情况

乡村道路畅通：重点关注农村公路建设项目进村入户情况和管护机制建立情况。农村供水保障：重点关注农村供水保障的稳定性和供水设施管护机制的建立情况。农村人居环境改善：乡村清洁能源使用、厕所改造、污水处理和垃圾处理覆盖情况。住房安全保障：农村低收入群体等重点对象危房改造推进情况。乡村物流畅通：农村物流配送效率等。数字乡村建设：农产品电商销售比例、百人智能手机数和5G网络覆盖率等指标。农村基本公共服务：教育、医疗卫生公共服务资源在县域内统筹配置和衔接互补情况。农村基层组织建设成效：村"两委"干部的素质提升、驻村工作队工作开展和"四议两公开"制度落实情况。农村精神文明建设成效：清单制、积分制推行和移风易俗建设情况。

二、乡村治理评价的阶段性工作

乡村治理评价是一个有前、中、后期的完整过程，前期、中期、后期三个阶段既有不同的任务，又相互影响，共同组成乡村治理评价这一整体。

乡村治理评价的前期准备工作是第一个阶段，主要包括与地方政府对接具体工作事宜、制订工作计划、人员招募与人员培训三大部分。前期准备工作是中、后期工作的必要基础和前提，也是完成乡村治理评价工作的重要一环，没有前期准备就无法开展实地调研。

乡村治理评价的中期实地调研包括工作对接、动员部署和开展县级培训会、座谈访谈，市县级指标数据及问卷采集、实地调研工作总结。中期实地调研是我们真正深入乡村、了解乡村、服务乡村的阶段，也是后期成果整理的数据来源。

乡村治理评价的后期成果整理包括数据分析、报告撰写、成果应用及工作总结。后期成果整理阶段既是前、中期工作阶段的结果呈现，也是对前、中期工作质量的检验，后期工作阶段的完成也标志着乡村治理评价工作的圆满完成。

乡村治理评价各个阶段的具体流程参考第六章内容。

第三节　乡村治理的相关研究

随着改革的深入、时代的变迁，乡村治理要以乡村振兴为契机，以服务人民为宗旨，国内学者将乡村治理模式与机制研究置于乡村振兴背景之下，围绕党组织引领，激发群众自主参与，推进自治、德治、法治有机融合。截至 2022 年 5 月，以"乡村治理"为关键词，在中国知网进行文献搜索，共检索出相关学术期刊论文 13000 余篇，关于乡村治理的研究，学者主要侧重于乡村治理的当前困境、乡村治理路径等方面。

一是关于当前乡村治理困境的研究。从现实来看，很多乡村区域的基层治理形势并未发生明显改善，存在村庄内部利益群体冲突、秩序混乱和部分村民重复信访等治理难题。① 王晓毅提出随着传统社会的解体，传统的社会组织的作用已经弱化，但是新的组织机制尚未完善，一些地方出现治理人才匮乏和村民参与不足等问题。② 二是关于乡村治理路径的研究，有学者根据乡村社会治理存在的困境提出流动性治理来优化乡村社会治理路径③，提出以技术创新带动社会治理方式的变革，具有"脱域式"和"低成本"特征④，而乡村治理各项资源间的组合，以及治理资源和治理对象之间的匹配，是一项系统工程。在实践中，资源的投入并不必然带来治理能力的提高，只有系统的、正确的资源投放才能提高治理绩效。⑤ 还有学者从"三治"融合的角度提出村级治理的差异化、弹性化、精细化需求⑥，冯雷等构建了"有效性—合法性"的分析路径，讨论半正式治理在我国乡村社会的意义及其体现。⑦

在全国上下大力推进乡村振兴的大背景下，如何通过组织振兴实现乡村振兴和实现乡村的有效治理？组织振兴和乡村振兴需要何种制度设计？如何优化和完善农村基层民主？如何以组织振兴"引擎"助力乡村振兴"提速"？我们有必要对这些问题进行深入研究，所以开展乡村组织振兴调查对于重点剖析我国基层组织的构建体系、治理能力、价值基础，洞悉基

---

① 唐斌尧，谭志福，胡振光. 结构张力与权能重塑：乡村组织振兴的路径选择 [J]. 中国行政管理，2021（05）：73-78.

② 王晓毅. 乡村振兴与乡村治理现代化 [J]. 山西师大学报（社会科学版），2022，49（01）：53-60.

③ 肖平，周明星. 新时代乡村社会治理创新：基础、困境与路向 [J]. 云南民族大学学报（哲学社会科学版），2021（04）：110-117.

④ 何阳，娄成武. 流动治理：技术创新条件下的治理变革 [J]. 深圳大学学报（人文社会科学版），2019，36（06）：110-117.

⑤ 吕德文. 迈向城乡共治的乡村治理新格局——基于 P 县的田野发现 [J]. 广西师范大学学报（哲学社会科学版）：21-32.

⑥ 孙冲. 村庄"三治"融合的实践与机制 [J]. 法制与社会发展，2021，27（04）：5-23.

⑦ 冯雷，邵春霞. 乡村治理现代化中半正式治理的作用重建——以上海市 Q 村为例 [J]. 求实，2021（04）：64-77，111.

层组织振兴推动乡村振兴的规律具有重要意义,从而为我国乡村地区基层治理提供具体提升路径与相应的政策建议。

王敏、杨兴香[①]以乡村法律制度建设为着手点,提出要构建法治框架下的多元乡村治理模式,健全乡村法律体系,形成相互协调补充、层次分明的法律规范体系;要通过乡村"两委"行政管理人员培训、人才引进等途径,来提升乡村治理主体的行政素养和法律素养;以法治为中心,构建多元化的治理路径;坚持道德、法律、政策在乡村治理中的有机结合。李鑫诚[②]认为乡村治理亟需走出一元化的威权治理体系而遵循现代简约的治理逻辑,从权力下沉走向权力下放,通过激发乡村社会组织的力量和提供充足的公共空间来奠定乡村秩序稳定和谐的基础。李燕凌、陈梦雅[③]认为大数据时代运用数字技术为基层治理赋能成为新趋向,数字赋能乡村自主治理的关键在于识别主要问题,实现精准赋能;强化主体能力,实现个体赋能;契合地域特色,实现"现代性"与"乡土性"的匹配。具体地:通过数字赋能乡村公共话语体系的重塑、双向监督机制的完善、公共资源的统筹协调,为乡村自主治理提供技术层面的外源动力;外源动力促进村民参与权、决策权、知情权与评议权的增强,激发村民自主治理能力层面的内源动力;在外源动力与内源动力融合作用下,催生互动—信任—互惠的社会资本,形成混合动力。三重动力共同驱动,促进自主治理有序运转,即以制度的有效供给破解集体行动困境,达成可信承诺规范乡村公共秩序,形成相互监督,保障村民民主权益,从而实现数字赋能促进乡村自主治理。

---

① 王敏,杨兴香. 构建法治框架下的多元乡村治理模式 [J]. 人民论坛,2018 (11):98-99.

② 李鑫诚. 乡村权力下沉治理模式的运行策略及其反思 [J]. 湖北社会科学,2017 (04):22-27.

③ 李燕凌,陈梦雅. 数字赋能如何促进乡村自主治理?——基于"映山红"计划的案例分析 [J]. 南京农业大学学报(社会科学版),2022,22 (03):65-74.

第九章
乡村文化振兴与红色传承

乡村文化是民族文化的根脉所在，是孕育中华文明的智慧源泉，是乡村得以延续发展的精神根基，习近平总书记指出"优秀乡村文化能够提振农村精气神，增强农民凝聚力，孕育社会好风尚"。振兴乡村文化，对化解农民精神贫困、提升乡村治理效能、推进乡村全面振兴等具有重要时代价值。本章按照"认知—研究—服务"的逻辑，主要讨论文化振兴的基本内涵、乡村文化振兴的重要性、乡村文化振兴的路径、乡村文化振兴调研等问题，并结合乡村文化振兴的优秀案例分析其经验做法。

第一节　文化振兴的社会认知

一、文化的形成

"文化"一词在我国历史上出现很早。《周礼》上说"观乎人文以化天下"。汉代刘向在《说苑·指武》中指出"凡武之兴，为不服也；文化不改，然后加诛"。文化从古至今内涵丰富，时代不同，角度不同，其定义也是多种多样的。近代以来，国内外学者从不同的视角对文化进行了界定。对于文化概念的界定，视角不同，侧重点也不一样，总体上划分为广义的文化和狭义的文化。广义的文化是指人类在社会历史发展进程中所创造的物质财富和精神财富的总称。狭义的文化则是指社会的意识形态以及与之相适应的制度和组织机构。文化作为一种精神力量，在指导人们认识世界和改造世界的同时，对人类、社会的发展具有潜移默化、深远持久的影响。

任何文化的形成都有其独特的背景，民族文化的差异性是民族所处的地理环境、所具有的物质生存方式、所建立的社会组织形态的多样性等多种因素的共同结果。

（一）地理环境

地理环境能给人类文化的创造提供物质材料，这在一定程度上影响着文化的发展趋向和类型。中国地处亚洲东部、太平洋西岸。中国陆地边界长度约 2.2 万千米，大陆海岸线长度约 1.8 万千米。中国尽管从唐宋以后形成了比较发达的海上交通，但诸多因素的综合作用并没有使中华民族向海洋纵深发展。总之，中国大陆三面环陆、一面临海的地理环境，造成了中华民族与外部世界的相对隔绝，对中国传统文化的形成和发展产生了十分重要的影响。

首先，半封闭的地理环境对中国文化的形成和延续很重要。人类文明的发源地是北半球的温带地区，中国传统的农业社会也是从这里开始的，因此，中国很早就产生了农业文明，并形成了一整套相对完善的人文哲学思想。由于相对封闭，再加上这块土地的富饶，生活在这块土地上的中国人不用为了生存而走海外殖民掠夺的道路，因而形成了中华民族相对温和和缺少竞争的性格。正如梁启超所说："以地理不便，故无交通，无交通故无竞争，无竞争故无进步。"梁启超的看法尽管有失之偏颇的地方，但也说明了地理环境对中国文化的影响。在人类文明的发展史上，多次出现过人类文明因异族入侵而中断的情况。但纵观中国的文明历史，由于这种半封闭的地理环境，中国文化从未中断过。相反，周边的少数民族在入主中原后，常常被中原文明同化、融合，这也是中国文化历经数千年持续至今的原因之一。

其次，半封闭的地理环境形成了中国文化的自发性和独立性。半封闭的状态，使中国文化不会因为异族的入侵而中断，从而使整个民族在重视、保留和坚持自己的传统文化方面要坚决得多。也正是活动范围有限以及在吸收其他民族的文化方面的局限，铸造了中国人独具风格的文化心理和世界观念，形成了中国古代特有的哲学、文学艺术和科学技术。

最后，半封闭的地理环境和内陆性的特点，使得中国人对外部的世界知之较少，从而在很长一段时间内中国人认为自己就是世界的中心，我们可以从历史上中国人所绘的地图中得到很好的验证。不可否认，中国在很长的历史时期里政治、经济、文化都比周围地区先进，这在某种程度上助长了华夏中心主义的观念，使人误认为天下只有华夏民族及其周围的蛮夷部落，把"天下"作为中国的代名词。"中国"一词，正是中国人长期以来形成的富于尊严感的"自我意识"。

（二）经济基础

文化总是与经济紧密地联系在一起的。中国文化源远流长的历史原因也正在于中国几千年来始终是以农业为主的自给自足的自然经济社会。从人类文明的历史看，农业是整个古代世界的决定性生产部门，早期农业水平越高，文明程度也越高。这是因为，只有当社会生产出多余的食物，才有可能从人群中分化出一部分从事非生产性活动的文化人，去进行科学和文学艺术的创造。因此，文明时代是社会发展的一个阶段。中国早在7000年前的新石器时代，就出现了农业文明的痕迹，其中最具有代表性的是发源于黄河流域的仰韶文化、华东沿海的河姆渡文化、江汉流域的新石器文化等，从而形成了独具特色的"小米文化"和"水稻文化"。正是由于黄河流域农业发展水平比较高，黄河流域成了中国上古时代的政治、经济和人文中心。随着农业生产力的发展，这一文明逐渐向长江流域扩展。在中国传统社会中，自给自足的自然经济始终占据统治地位。中国传统社会的经济是农业与家庭手工业相结合的小农经济，其生产的目的主要是自给自足，但也有很少量的交换。实际上早在春秋战国时期，在农业、家庭手工业、官府手工业发展的同时，也出现了"独立自由"的手工业者与商人。秦代大一统帝国形成后，度量衡、货币、文字等的统一，更进一步促进了商品经济的发展，出现了比较繁华的都市。唐宋两代的商业城市更加繁华，并在北宋时期出现了工商业的行会组织。明清两代，商品生产和交换的发展加速了手工业和农业的分离，出现了大规模的手工业作坊和工场。在江南的一些城市，出现了资本主义的早期萌芽。然而，在漫长的中国传统社会中，商品经济始终没能占据统治地位，一直作为自然经济的附属存在。其主要原因是历代王朝的统治者都采取重农抑商的政策。

中国文化是从农业经济的土壤中生长并发育起来的，以农业经济为主干的中国封建社会对中国文化的形成和发展产生了重大影响。首先，农业经济培养了中国人因循守旧、乐天知命的性格和吃苦耐劳、勤俭持家的美德。农业经济最显著的特点是对自然条件有很强的依赖性。中国社会很早就形成的"天人合一""天人协调"的哲学观念，就是中国人依赖自然，被动地适应自然的一种表现。从事农业生产，既要靠人的努力，也要靠天的配合，风调雨顺则五谷丰登，发生灾情则生活无着。所以，对自然条件的依赖养成了中国人乐天知命的特性。在以农业经济为主的社会中，在农业劳动力与土地相结合的生产方式下，农民生活在一种区域性的小社会，与外部世界几乎处于隔绝状态。因此，农民从生到死都在这片土地上，日出而耕，日落而息，往复循环。这样的生产生活方式，既培养了中国人吃苦耐劳、勤俭持家的美德，又养成了农民因循守旧、安于现状、知足常乐的心理和性格。其次，农业经济培养了中国人的务实精神。农民在劳动过程中领悟到一条朴实的道理：说空话无济于事，踏实做事必有所获。因此他们很少去关心人世之外的事情，更关心现实生活。再次，农业经济使得中华民族成为一个爱好和平的民族。农民固守在土地上，这既是农民自身的要求，也是统治阶级统治农民的需要。因此，农民对人际关系的要求是：相安无事，互帮互助，人际和谐，各人平安。在与周边少数民族的关系上，他们所希望的也是与外族和平共处。最后，农业经济是形成独特的政治观念的重要原因。中国封建专制主义的确立与农业经济有很大的关系，中国封建社会的村落和城镇既雷同又分散，并且缺少商品交换。彼此联系的松散，使农民自然会对高高在上的集权体制产生崇拜。中国封建社会的集权政体和统治思想就是在这样一种背景下产生的，这也成为中国封建专制主义延续两千多年而没有中断的原因之一。

（三）社会背景

在漫长的历史发展进程中，不论是朝代演变、政权更迭，还是内乱纷争、外族入侵，统一的多民族国家的形成与发展始终是历史的主流。中华民族的统一性和整体性，是中国文化形成和发展的大背景，是中国传统文化体系的一部分，同时也对中国传统文化产生了重大影响。中国自秦汉以来的历史，是统一的多民族国家由发端到确立的历史。秦的统一，是中华民族初步形成统一的多民族国家的开端，它所实行的巩固统一的政治、经济、军事、文化方面的措施，对后世产生了重大影响。汉代沿用秦制，全面继承秦朝的国家基本制度和思想文化，使统一的多民族国家进一步发展。三国两晋南北朝时期，中国历史进入了动荡不安的分裂时期，同时也是民族大融合的时期。隋唐是我国历史上的繁荣和鼎盛时期，是我国作为统一的多民族国家的重要发展时期,也是文化的繁荣时期。明清时期,是我国统一的多民族国家的最终形成。在统一的多民族国家形成和发展的大背景下产生的中国传统文化,体现着统一性和多元性的特征。

(四) 政治结构

文化是一种人类现象,而人类只有组成一定的社会结构,方能创造并发展文化。中国古代社会政治结构的特点是血缘宗法制度,在血缘宗法制度的演变发展过程中,中国传统文化无不带有这一制度的痕迹。所谓血缘宗法制度,就是以血缘关系的远近亲疏来区别高低贵贱的法规准则。宗法制源于氏族社会父系家长制公社成员间的血缘联系。在中国传统社会中,这种自然形成的血缘关系,不断地被强化延伸,以至于上升演变为一种制度——血缘宗法制度。作为一种庞大、复杂却又井然有序的血缘政治社会构造体系,血缘宗法制是在古代社会宗族普遍存在的基础上形成的。宗法制的实质在于族长对整个宗族或成员实行家长式的统治。这一制度绵延数千年不变,从而构成了中国传统社会的一大基本特征。这种权力机构的特殊性在于上与国家权力相结合,下与每个宗族成员相联系。宗法制孕育于商代,定型于西周。宗法制规定,社会的最高统治者"天子",是天帝的长子,奉天承运,治理天下土地臣民。从政治关系而论,天子是天下共主;从宗法关系而论,天子是天下大宗。"天子"由嫡长子继承,世代保持大宗地位。嫡系非长子和庶子则被封为诸侯,他们相对天子为小宗,但在各自封侯的地区又为大宗,其位由嫡长子继承,其余的儿子封卿大夫。卿大夫以下,大、小宗关系依据上例,由此可以看出宗法制的基本内容为:长子继承制、分封制、严格的宗庙祭祀制度等。

秦始皇统一中国后,建立了统一的封建中央集权国家,废分封制实行郡县制,实行了空前统一的社会政治结构,这种社会政治结构对血缘宗法制度产生了重大冲击,但宗法制的某些基本特征,如皇位的嫡长子世袭制、贵族名位世袭制、父权家长制,以及政权、族权、神权、夫权等紧密联系和相互渗透等,仍继续影响着中国社会,对中国传统文化影响深远。

其一,中国人的血缘观念及家族观念十分浓厚,中国传统社会的结构是以家庭为单位的,每个社会成员都不可能脱离这种血缘宗法实体而独立。为了维护社会的稳定,首先必须维护家族的稳定。就统治者方面来说,只有妥善地处理好家族成员之间的关系,才能使权利和财产的继承有章可循;

就被统治者来说，一家一户为单位的小农生产是在家长的带领下进行的，也只有使家属成员和睦相处，尊长爱幼，才能保持生产活动和日常生活的正常运行。因此，历朝历代上至皇族宗室、下至平民百姓，都是以这种血缘宗法关系作为巩固统治和维系家族稳定的支柱和根本。这一点深刻地影响了中国人的血缘观念。血亲关系是中国人际关系中最重要的关系。"亲族圈"是中国人交往的重要网络。因此，在宗法制度下，也就有了以宗法为基础的人伦道德，家族在传统道德中有着极其重要的地位。因此，家族宗法伦理是我国传统伦理道德的基础和核心。

其二，族权与政权结合，形成"家国同构""君父一体"。族权在宣扬纲常名教、执行礼法、维护宗法专制秩序方面，与国家政权的目标一致，国家政权也以家族精神统驭臣民。因此，在宗法制度下，个人被纳入宗法集体中，个体的人必须服从宗法团体；个人的自由，不论是经济活动的自由还是生活方式的自由，都要严格地受宗法集体限制。这样便导致了中国传统文化带有群体意识的特征。这样的宗法制度，促进了人与人之间的紧密关系，维护了尊老爱幼、夫妻相敬、兄弟相亲的家庭美德，从而对中国社会的稳定起了积极的作用；但也在一定程度上压抑了个性和创新精神。从表面上看，这种占据传统伦理道德核心地位的宗法伦理体现的是人际关系的平等原则，但实际上却是严格的等级尊卑制。传统家庭按照宗法原则规定了人的等级差别，从而使人与人之间的差别、社会等级秩序僵化为不可改变的模式，人与人从根本上而言不可能有真正的平等。

其三，宗法制度培养了中国人重视传统的观念。宗法观念强调敬祖宗、孝父母，其中自然包括对祖宗、父母所创造的事业、所立家训的尊重。这种对传统的极为敬重，从积极的角度看，有利于中华民族历史和文化的延续；从消极方面来看，造成了中国人相对保守的性格特征，不利于人的进取和创新精神的发扬。总之，血缘宗法关系或宗法思想意识，存在于政治、经济、法律、文化的诸多领域，成为中国传统社会的一个基本特征，对中国传统文化的形成和发展产生了复杂而深远的影响。

二、江西省的代表文化

为全面贯彻落实乡村振兴战略，落实《中共中央国务院关于做好2022年全面推进乡村振兴重点工作的意见》提出的"启动实施文化产业赋能乡村振兴计划",文化和旅游部、教育部、自然资源部、农业农村部、国家乡村振兴局、国家开发银行联合印发了《关于推动文化产业赋能乡村振兴的意见》。该意见立足新发展阶段、贯彻新发展理念、构建新发展格局、推动高质量发展,以文化产业赋能乡村人文资源和自然资源保护利用,促进一二三产业融合发展,贯通产加销、融合农文旅,传承发展农耕文明,激发优秀传统乡土文化活力,助力实现乡村产业兴旺、生态宜居、乡风文明、治理有效、生活富裕,为全面推进乡村振兴做出积极贡献。文化振兴致力于优秀传统乡土文化得到有效激活,乡村文化业态丰富发展,乡村人文资源和自然资源得到有效保护和利用,乡村一二三产业有机融合,文化产业对乡村经济社会发展的综合带动作用更加显著,对乡村文化振兴的支撑作用更加突出。

江西省是文化大省,不仅因为其文化历史悠久、名人辈出,还因为其文化内涵丰富,艳冠群芳,特色鲜明,在历史上留下了深刻印记。江西省文化历史悠久、源远流长,呈现出多元并存、丰富多彩的地方特色,并且具有社会性、传承性、民族性、地域性、变异性等特征,有着非凡而独特的魅力及影响力。江西省主要有以下十大文化。

(一)红色文化

江西省有着光荣的革命历史,从安源工人运动到秋收起义,从八一南昌起义到井冈山斗争,从开创瑞金中央革命根据地到红军长征,从赣南三年游击战争到上饶集中营茅家岭,一系列重大革命活动都发生在江西。红色的江西,犹如一个没有围墙的革命历史博物馆,革命旧址、故居及纪念建筑物数量多、分布广,其中,井冈山革命旧址群、瑞金革命旧址群为全国规模最大的两处革命旧址。

(二)书院文化

在一千多年的古代书院历史中,江西一直是全国书院发展的中心地区,并且数度"独领风骚",成为中国的一个文化重镇,拥有独特的历史地位。高安桂岩书院和德安东佳书院是我国创办最早的私家招徒授业书院;庐山的白鹿洞书院学规成为后世书院准绳,为古代四大书院之首;上饶的鹅湖书院首开学术自由辩论之风;吉安的白鹭洲书院绵延800年,至今朗朗书声不断。20 世纪 80 年代，季啸风先生率领全国百余学者普查古代书院，发现全国有书院 7300 余所，其中江西 990 所，居全国各省之首。

（三）陶瓷文化

陶瓷是江西闻名于世界的一张亮丽名片。江西是我国陶器文化最早发源地之一：万年仙人洞出土了中国最早的陶片；吴城遗址中发现中国目前年代最早的原始瓷器和已粗备瓷器烧造条件的六座龙窑；鹰潭角山窑址是我国最大的商代窑炉；丰城洪州窑是全国研究青瓷起源和发展的主要窑场之一；吉州窑是宋代著名的兼收南北名窑制瓷技艺的综合性大瓷窑，其生产的黑釉瓷和彩绘瓷独具风格，尤其是彩绘技术推动了景德镇元青花瓷的产生和发展；景德镇更是举世闻名的"千年瓷都"。

（四）茶叶文化

江西是历史上著名的产茶区，在中国茶叶和茶业文化史上，曾扮演过极其辉煌的角色。早在汉代庐山的僧人就开始种茶，唐代怀海禅师创立禅门茶事仪规；茶圣陆羽将庐山康王谷谷帘泉定为天下第一泉；上饶广教寺（现上饶一中内）为天下第四泉；当代茶文化专家陈文华先生创建中国茶文化重点学科而独领风骚等。茶兴于唐、盛于宋、简于明，江西茶叶的产销在唐代即进入昌盛时期，浮梁是当时东南亚地区最大的茶贸易集散中心，且上交的茶税最多时占全国的三分之一。

（五）药业文化

江西药材商人多出清江县，药铺则集中在清江县樟树镇。樟树镇在全国药材生产和流通中占有重要地位，是海内外公认的"药都"，其药材生产可追溯到三国时期葛玄在阁皂山上的采药炼丹，药材交易至唐代初具规模。在长期从事药材贸易的过程中，樟树药商逐渐形成了自己的帮系——"药帮"，称"樟帮"，与"京帮""川帮"并列为全国三大药帮。

（六）农耕文化

江西有着得天独厚的农业生产条件，尤其利于水稻生长，由此成为历史悠久的稻作之乡。江西是中国稻作农业的重要起源地之一，万年县发现的距今1.2万年前的栽培水稻植硅石,成为世界上年代最早的水稻栽培稻遗存,表明江西人最早实现了水稻从野生到种植的转变,为人类解决吃饭问题进行了成功探索。到东汉时期,江西已逐渐发展成为江南的重要的产粮地区,清代的九江已成为中国著名的米市。

(七) 造纸文化

江西山林资源丰富,又是传统的文化大省,纸的需求量大,故造纸业在全国处于领先地位。隋唐时,吉安县就有手工造纸作坊,以纸质优著称。明朝中后期,铅山成了江西乃至全国最重要的纸张生产基地,其取料毛竹生产的连四纸要经72道工艺,长达一年的生产期,纸质洁白莹辉,永不变色,明清的贵重书籍、碑帖多用之。华林造纸作坊遗址是我国发现的最早造纸作坊遗迹。宋代以来,吉州、抚州、饶州的刻版印书业非常繁盛,至明清时期,金溪和婺源等地成为著名的刻书中心。

(八) 矿冶文化

江西的冶铜业源远流长,商周时期就创造出灿烂的青铜文化。瑞昌铜岭铜矿遗址,是目前我国发现的开采历史最早的矿冶遗址。新干大洋洲商代大墓出土的青铜器,不仅为江南之冠,也为全国所罕见。宋代是江西冶铜业的重要发展时期,铅山场是全国三大铜场之一,胆水浸铜技术成功地运用于德兴和铅山铜矿开采实践,德兴张潜的《浸铜要略》专著问世,更是对世界冶金史的杰出贡献。

(九) 宗教文化

江西宗教繁盛,是佛、道两教的开源播流之地,形成庞大的宗教派别。历史上就有"求官到长安,求佛到江西"的说法。佛教净土宗始于晋代庐山东林寺高僧慧远,禅宗五家七宗之中,三家五宗源于江西。有"不到江西,不能得禅宗之要"一说。唐代马祖道一和百丈怀海推进了佛教中国化进程,解决了佛教发展史上的硬件和软件问题。道教则有汉代张道陵在鹰潭龙虎山开创天师道,葛玄在樟树阁皂山创道教灵宝派。灵宝派阁皂山、天师派龙虎山、上清派茅山并称为江南道教三大名山。

(十) 商帮文化

江西商帮在历史上被称为"江右商帮",是中国古代最早成形的商帮,纵横中华工业、金融、盐业、农业商品等市场 900 多年。江右商帮以人数之众、操业之广、渗透力之强为世人瞩目,对当时社会经济产生了重大影响。在湖广,流传着"无江西人不成市场"的说法;在云贵川,"非江右商贾侨居之,则不成其地"。如今遍布全国及东南亚的以"万寿宫"命名的江西会馆,当年就是江右商帮的主要落脚点和联络点,这既是赣商财富与实力的象征,也是赣商的标志,几乎成了江西的象征。

红色文化是历史、是记忆、是传统,是新中国的重要文化基因,也是中华民族文化自信的底色与底气。俯瞰江西,这里之所以被人称为"红土地",是因为这里不仅是中国革命的摇篮,孕育了红色革命的萌芽,还是共和国的摇篮、军旗升起的地方以及中国工人运动的策源地。有数据显示,江西拥有一大批保存完好的红色资源,全省境内有 2344 个革命遗址、旧址和纪念物。这些众多的红色资源使得江西成了一座没有围墙的红色博物馆,每一处革命圣地,每一个英雄故事,都是新中国筚路蓝缕的见证和历史丰碑,都可以品味共产党人原汁原味的初心,都是我们走到今天、走向明天的最宝贵的精神财富。江西在发展红色旅游的过程中,十分注重把准方向,大力开展红色教育、传承红色基因,让全国各地的干部群众来到这里能接受红色精神洗礼。譬如,在江西的井冈山和瑞金等地,这里就创新地以多种形式的"情景再现"方式激活红色旅游。接受红色教育的人们换上粗布红军服,"当一回红军";各类"打土豪、分田地""赤卫队员""儿童团员"沿途"站岗放哨"以及编草鞋送红军等情景活动项目让人们在历史再现中走进峥嵘岁月,体会幸福来之不易,更觉共产党的伟大。

三、乡村文化振兴的基本内涵

乡村文化振兴的基本内涵是对中国乡土社会、乡土文化的极大弘扬,并以社会主义核心价值观为引领,构建中国特色社会主义文化体系,为世界文化多元性提供中国样本。乡村文化振兴,是解决乡村振兴中产业振兴、生态振兴、组织振兴和人才振兴过程中乡村群众主体意识觉醒、解放思想、提升综合素质的关键一环，是推进中国特色社会主义核心价值观融化于村民文化思想和价值观念的有力抓手，也是实现中华优秀传统文化走向复兴的伟大举措。乡村文化振兴为乡村振兴提供强大的精神动力、智力支持和良好的人文环境。乡村文化振兴不是通过一句口号、一个标语、一场文化演出就能实现的，它需要在农民对乡村文化构建起强大的文化自信基础上实现。文化自信是文化主体在对自我文化充分了解、认知的基础上，对自我文化产生、演变过程、表现形式、价值观念、存在价值及发展前途的高度肯定，以及在此基础上所形成的坚守、传承与发展自我文化的坚定态度和立场，展现了文化主体在面对异质文化时所持有的开放包容、兼收并蓄的文化心理和态度。

四、乡村文化振兴的重要性

（一）文化振兴是乡村振兴的灵魂

文化是一个国家、一个民族的精神和灵魂。没有高度的文化自信，没有文化的繁荣兴盛，就没有中华民族伟大复兴。一个人如果没有文化，就会缺少精神追求，显得空虚。这样的认识对于乡村同样适用，没有文化的乡村，也是空虚的。没有文化振兴作支撑的乡村，是难以实现可持续发展的。乡村振兴不振兴，不能简单看表面漂亮不漂亮。乡村文化饱含传统价值观、天人合一的思想，寄托着对故土念念不忘的乡愁，是乡村的"精神""神韵"，是维系中华文明生生不息的灵魂。实现乡村振兴，固然需要产业助推来实现物质的丰富，但绝不仅仅只是追求物质上的满足，更需要精神上的充实，需要文化铸魂，只有结合神韵看外形，才能实现真正意义上的高质量发展。只有乡村文化振兴了，才能实现文化自信，才能留住乡村的魂。只有抓住文化振兴这个魂，在产业和经济发展塑形的同时，铸魂并进，才能凝聚向上向善的力量，实现乡村振兴战略目标。

（二）文化振兴决定乡村振兴的走向

乡村振兴不光是过上好日子、住上好房子，还包括乡村文化的振兴。文化兴则国运兴，乡村文化振兴就是把物质层面的东西通过文化展现出来，把繁荣的正能量发挥到极致，从而引导乡村振兴的走向。只有在继承和发扬中国传统文化基础上的创造性转化，才有可能实现真正意义上的乡村振兴。文化作为陶冶和塑造"人"的重要因素，必须始终贯穿于乡村振兴始末，只有文化振兴了，产业振兴、人才振兴、生态振兴、组织振兴才会有精神依托，才能为乡村振兴提供源源不断的能量源泉，才能保证在乡村繁荣兴旺中不失掉本色。近些年，在不少农村地区，出现了"文化沙漠"现象。一些农村地区，虽然有农村产业的发展，但是中青年农闲季节打纸牌、搓麻将、喝酒，老年人则是赴神堂等开展封建迷信活动，农村书屋经常"铁将军"把门，远程教育设施形同摆设。久而久之，部分乡村就会凋敝。正如法国学者孟德拉斯所说，"导致退化和沦落的原因并非像通常假定的那样是由于经济上的剥削，而是被牺牲者文化环境的解体"。因此，文化振兴要用科学的理论教育农民、武装农民，给农民"充电"，提振农民精气神，让广大农民在口袋"富"起来的同时，脑袋也"富"起来，思想"富"起来。

（三）文化振兴是接续优秀文脉的重要途径

中华民族积累了很多优秀的文化遗产，农耕文化、红色文化、孝德文化等是中华民族最深沉的精神追求，代表着中华民族独特的精神标识，这些文化中蕴含的社会思想、人文精神、治理之道、生态理念、哲学思维等是中华传统文化的精华所在，是中华民族一脉相承的精神追求、精神特质、精神脉络，是根植中国特色社会主义思想的沃土，是当代中国发展的突出优势。但是，有些优秀的文脉被斩断了，还有一些广大人民群众立足各地丰富资源创造出来的体现地域特点、具有丰富价值的文化资源缺乏应有的挖掘和保护。只有通过文化振兴，才能传承文化基因，接续这些优秀的文脉。在推进文化振兴过程中，梳理和萃取中华文化中"天时""地利""人和"等思想精华，做出通俗易懂的当代表达，赋予新的时代内涵，使之与中国特色社会主义相适应，推进非物质文化遗产、传统村落、乡村公共文化服务和乡村文明建设等全方位的建设，建构更高品位特征、具有生动气息的新乡村，把各项文化活动逐渐融入人们的生活，根植于人民心中，在全社会形成参与、守护、传播和弘扬优秀传统文化的良好氛围，焕发乡风文明新气象。

五、乡村文化振兴的路径

无论是乡风文明还是文化振兴都是乡村振兴的应有之义。乡村文化兴则乡村兴，乡村文化强则农民强。没有乡村文化的高度自信，没有乡村文化的繁荣发展，就难以实现乡村振兴的宏伟目标。因此，必须对乡村文化振兴有全面的认识，把握文化振兴的现实意义和内涵，选择合适的文化振兴路径。实现乡村文化振兴可以选择的路径包括注入文化元素、促进乡风文明、保护村落遗产、活跃民俗节日、发展乡村特色产业等。

（一）注入文化元素

中华文化博大精深，无论是诗词歌赋还是民间谚语等，都体现了丰富的文化内涵，这些来自实践的文化瑰宝，有的已经沉睡了多年甚至被淡忘，有的正被逐步挖掘，重新绽放出光彩并产生了重要影响。实践证明，有文化滋养的产业有巨大的活力，有文化涵养的产业有更高的品位，有文化支撑的产业更能可持续发展。因此，要从过去就农业产业发展转到注入更多文化元素到农业发展中，提高农业的持久竞争力。比如挖掘农产品的民间故事，拓展和延伸农产品的功能，树立体现产地特色的农产品品牌等。尤其是要加强产业示范园的建设，使其集种植、加工、展示于一体，因地制宜地增加体验和文化传播环节，与全国各中小学校建立研学合作关系，让来自各地的中小学生参与到农业生产的环节中来。在每年农民丰收节活动中注入产业文化元素，让农业产业发展受到更多的关注。因地制宜，在农村拓展文化传播形式，采取诸如文化墙、宣传栏、农村大喇叭、广播车、印发文化手册和海报等农民喜闻乐见的传播形式开展宣传，通过一些通俗易懂、寓教于乐的原创节目，传播文明新风，倡导移风易俗，营造崇尚真善美的氛围、健康向上的人文环境和安居乐业的生活环境。借助网站、微信、微博等新媒体，制作、宣传、推广反映农村优秀传统文化、道德先进事迹的作品，扩大乡村文化元素的辐射带动作用。也可以建设村史馆或博物馆，留住乡愁和记忆。

(二) 促进乡风文明

民风主要是指一个地区在一段时间内所形成的道德规范、行为准则、价值标准、生活方式和文化氛围，是相对稳定的和人们共有的民间风尚，淳朴民风也是传统乡村的重要内容。然而随着现代化的不断推进，淳朴民风正慢慢消失，铺张浪费、好吃懒做和赌博之风等开始蔓延。民风建设是乡村文化建设的重要内容，是提高村民素质和精神面貌的重要手段，也是促进社会和谐及乡风文明的重要基础。建设淳朴民风首先要从自身教育和家庭教育做起，随着个人素质的提高和良好家风的形成，民风建设就有了扎实的基础，各项工作也就能顺利展开。可以开展乡风评议活动，通过文明创建去推进民风建设，比如进行"先进个人""文明小组""道德标兵"等方面的评比，用榜样去教育激励村民。还可以积极开展移风易俗活动，用各种教育去帮助村民改变陈规陋习，用丰富的文化活动满足村民业余生活。还要充分发挥基层政府、村民组织和志愿者组织等方面的积极作用，要多关心留守老人儿童、残疾人士和贫困户等弱势群体。建设淳朴民风也要多弘扬传统美德，传统文化源远流长，内容非常丰富。比如可以充分发挥村规民约的积极作用，虽然不是成文的法律法规，但很多村规民约都流传很久。"约定俗成的乡规民约在唐宋时代就已形成气候，北宋吕大临兄弟撰写的《吕氏乡约》就是记录当时乡村社会乡规民约的名著。"很多民约已经得到乡村绝大多数人的认可和支持，而且还在不断传承发展，它们依然可以在民风建设中发挥重要作用。比如贵州塘约村在遏制陈规陋习的时候就制定了"红九条"和"黑名单"制度，用量化评分去规范村民的行为和不良习惯。乡贤文化也可以积极促进民风建设，可以积极培育新乡贤文化，吸引各类成功人士回乡发展创业，他们身上的成功事迹、文化力量和道德情操可以激励村民，对凝聚人心和民风建设都会产生积极影响。此外，诚信教育、勤俭教育和劳动教育等方面也有很多优秀传统文化，它们也都可以在民风建设中发挥重要作用。通过开展各种民风建设活动，通过对传统文化的传承发展，很多陈规陋习逐渐消退，淳朴民风开始形成，文明乡风也在逐渐形成。

(三) 保护村落遗产

传统村落中蕴藏着丰富的历史信息和文化景观，是中国农耕文明留下的较大遗产。一些传统村落有可能被划入特色保护村庄建设类别，如何发挥传统村落的作用显得特别突出。因此，要有效利用传统村落这个载体，促进传统文化与现代文明的融合，树立生态保护理念，加大村落建筑修缮保护力度，对具有浓郁地方特色、具备农村传统文化特征的古民居、古村落要进行保留、保护和维修利用，避免建设性破坏，为后代子孙留下宝贵的乡村记忆和文化财富。在保护规划中一定要听取人类学者专家对文化保护的独特见解，注重文化资源的开发和利用。摒弃形式主义的思维，以解决问题为导向表达规划成果，做到好懂、好用，方便规划管理者、工匠、村民的实施。人类在其所处环境中创造并传承至今的独特的农业生产系统已经成为重要的农业文化遗产，具有丰富的生物多样性、传统知识与技术体系和独特的生态与文化景观等，要发挥其对农业文化传承、农业可持续发展和农业功能拓展方面的科学价值和实践意义，将相关的支持项目向这些农业文化遗产倾斜，将其与休闲农业发展有机结合，探索开拓动态传承的途径、方法，努力实现文化、生态、社会和经济效益的有机统一。

（四）活跃民俗节日

节日自古以来就是大众文化最有效的推广方式之一。各类民俗节日是广大人民群众在长期发展中所创造的精神文化，承载着不可估量的人类文化价值。活跃民俗节日，不仅有利于传承和弘扬传统文化，更有利于推动中华文化的发展。由于中国数千年来都是农业社会，传统民俗节日经常把农业社会的一些基本知识融入其中。这些知识既有关于农业生产的，也有其他方面的。民俗节日的内容包罗万象，形式丰富多彩，是政治、经济、生产、生活、文化艺术、社会交际、民族心理等的综合反映。民俗礼节、节庆习俗、传统艺术、民俗约定、宗教信仰等，都是乡村文化振兴的切入点。要在各种文旅结合的项目或活动中，重拾那些已经不再展演但仍存留在民众记忆中的固有节俗活动并加以改造，充分发挥想象力，创造新的活动，增加节日的吸引力，让村民和游客共同参与其中，将传统民俗变成现实中受欢迎、能够不断传承的活的文化，让游客在喜闻乐见的氛围中耳濡目染文化的价值，增强文化认同和文化自信。

（五）发展乡村特色产业

乡村文化振兴要发展乡村特色产业，通过农业、旅游业、服务业与乡村文化的融合，实现产品与艺术的结合、生产与生活的结合，巩固乡村文化振兴的物质保障，提升乡村文化振兴的整体实力。把乡村文化振兴与发展创意文化相结合，丰富乡村文化空间，当前文化创意成为乡村文化产业振兴的重要动能，作为一种特有的"生产要素"，创意文化可以实现与乡村一二三产业的融合发展，提升乡村产业附加值，为乡村经济高质量发展注入新动能。利用大数据、云计算等技术促进乡村文化与互联网的深度融合，通过在乡村发展电商等新兴服务业，积极构建乡村文化发展电商平台，实现乡村文化产品与成熟电商平台的直接对接。文化是旅游的灵魂，乡村旅游业是乡村文化振兴的重要载体，是乡村生态宜居的质量升华体验，也是美丽乡村建设的社会认可标志。随着经济水平和人们收入的不断提高，乡村旅游度假需求逐渐增大，因此要抢抓文旅融合机遇，不断开创乡村旅游融合发展新局面，实现以乡村旅游业推动乡村文化振兴，可以依托丰富的红色文化资源和绿色生态资源发展乡村旅游，搞活农村经济。把环境建设同经济发展、政治民主、文化繁荣、社会和谐紧密结合起来，在最大限度地满足人们对农产品日益增长的需求的同时，提高生态系统的稳定性和持续性，增强农业发展后劲。努力把乡村建设成为自然风貌和人文景观相互融合、产业生态与人居环境相得益彰、民俗风情与生态文明交相辉映、人与自然和谐共生的各具特色的生态型乡村，推动绿色转型发展，在实践中逐步探索出一条"生态产业化、产业生态化"的绿色发展之路。

第二节　乡村文化振兴社会调查与研究

一、乡村文化振兴社会调查

（一）明确乡村文化振兴调研的目标

回顾改革开放以来党的"三农"工作演进历程，乡村文化的功能发挥大致经历了三个阶段：改革开放初期，作为农村社会经济体制改革的舆论手段，乡村文化的主要功能是服务国家意识形态宣传工作，引导农民响应国家号召，积极参与农村土地家庭联产承包责任制改革；21世纪初，作为乡村社会经济发展的配角，乡村文化的功能定位主要是配合地方经济建设，即所谓的"文化搭台，经济唱戏"；党的十八大以来，作为乡村振兴的重要内容，乡村文化开始摆脱服务经济发展的附属地位，乡村文化建设被提到更好满足农民群众对美好生活的需要以及推动人的全面发展、社会全面进步的战略高度。

乡村文化振兴为乡村振兴提供了智力支持和精神动力。文化具有特殊的巨大力量，能塑造人的精神世界，能形成相互联结的精神纽带，还能在共同的文化活动中消解困顿，为生活赋予意义、价值和快乐。"文化是一个国家、一个民族的灵魂。"党的十九大报告明确提出乡村振兴的总体要求是产业兴旺、生态宜居、乡风文明、治理有效、生活富裕。其中，乡风文明是实现乡村振兴的精神动力和道德支撑。乡村文化振兴作为实施乡村振兴战略的一个重要组成部分，与乡村产业振兴、人才振兴、生态振兴、组织振兴等具有同等重要的地位和意义。由此可见，文化振兴既是乡村振兴战略总体要求中五项标准之一，也是农民提高自身素质、增强幸福感的需要，更是推动乡村振兴的内在强大力量。只有通过乡村文化振兴，为乡村生活赋予价值感、幸福感和快乐感，才能激发起人们对乡村生活的依恋，并为乡村振兴不懈努力、快乐奉献。

通过文化振兴调研，了解当地乡村文化振兴发展情况，能够推动以文兴乡，以文惠民，培育乡村文化新业态，传承和弘扬乡贤文化、优秀传统农耕文化，加强农村思想道德建设，提升乡村文明水平。

（二）乡村文化振兴调研聚焦的内容

1. 乡村道德建设方面

了解乡村是否开展相关文化宣讲活动，组建文化宣讲团，运用群众喜闻乐见的形式开展政策宣传教育活动；是否依托爱国主义教育基地、革命纪念地、遗址遗迹文物以及以重大历史事件和重要历史人物纪念活动、传统节庆活动为契机，广泛开展主题教育活动，大力弘扬民族精神和时代精神，加强爱国主义、集体主义和社会主义教育；是否有推进社会公德、职业道德、家庭美德、个人品德建设；是否存在有地方特色的物质文化遗产，以及相关的保护措施。

2. 乡风文明建设方面

了解当地是否存在特有的村规民约、村谱、村歌等非正式制度；村里是否有乡贤理事会、志愿服务队、村民议事会、道德评议会、红白理事会等村民自治组织。

3. 文化设施建设情况

了解当地是否建设农家书屋、乡村学校、少年宫、青年之家、妇女儿童之家、科普培训室、道德讲堂、古祠堂等文化阵地，并常态化开展活动；是否建设村级综合文化服务中心，开展丰富多彩的群众性文化活动；是否存在乡村文旅产业，利用古民居、古遗址、古村落、古街发展文化产业项目。

4. 乡村文化振兴调研主要对象

走访乡村古村落、古建筑，与村民、村"两委"、县民政局工作人员、县委宣传部工作人员、县文旅广体局工作人员进行座谈访谈。

二、乡村文化振兴相关研究

(一) 关于文化振兴的研究

自 2017 年十九大报告首次提出乡村振兴战略以来，学界对乡村振兴展开了深入研究，虽然有关乡村振兴的研究热点主要聚焦在农村产业经济领域，但是也有部分学者对乡村文化振兴开展了相关研究，主要聚焦在乡村文化振兴的地位和作用、现状、对策建议等方面。

学界普遍认为振兴乡村文化是促进乡村现代化发展、实现社会主义现代化强国的必然选择。学者们认为乡村文化是乡村振兴的发动机和黏合剂[1]，对产业、人才、生态、组织振兴具有推动作用[2]，发展乡村振兴有利

---

[1] 索晓霞. 乡村振兴战略下的乡土文化价值再认识 [J]. 贵州社会科学，2018 (01)：4-10.
[2] 范建华，秦会朵. 关于乡村文化振兴的若干思考 [J]. 思想战线，2019，45 (04)：86-96.

于调节社会关系、化解社会矛盾①，有利于传承和发展优秀传统文化，重拾乡村社会根脉②，有利于增强农民的文化认同感③。但是当前很多乡村地区在发展乡村振兴的过程中也存在一些困境，吴理财、魏久朋等用"文化贫困"一词道出乡村文化基础不牢的现状，很多乡村存在落后腐朽的文化严重影响农民价值观念的现象④，同时，从文化管理体制方面来看，文化管理形式化、缺乏长远规划也影响了乡村文化的可持续发展，使得村民的文化需求得不到满足，文化幸福感难以提升。针对新时代乡村文化存在的问题，专家学者们以问题为导向从不同角度给出了对策建议。在人才队伍建设方面，要改善人才发展环境，完善人才制度⑤；在乡村教育方面，要丰富乡村教育内容，将法治、道德、生态等内容纳入日常教育中，培育农民的现代思想意识⑥；在基础设施建设方面，公共文化资源要重点向乡村倾斜，不断加强乡村文化和网络基础设施建设⑦；在文化治理方面，要明确政府、社会组织和村民的角色，形成政府、社会、民众共同参与的社会治理格局⑧；在制度保障方面，要加强文化保障机制建设，如诉求表达机制、表达能力提升机制⑨；在文化传承方面，要发掘乡村文化多重价值，保护传承乡村优秀传统文化要保护传承非物质文化遗产，促进非遗元素与其他文化的深度融合⑩；在文化产业方面，要加强文创设计，在提取传统元素的同时设计出符合时代所需的文化产品。⑪

---

① 孙喜红，贾乐耀，陆卫明. 乡村振兴的文化发展困境及路径选择［J］. 山东大学学报（哲学社会科学版），2019（05）：135-144.
② 宋才发. 传统文化是乡村振兴的根脉和基石［J］. 青海民族研究，2020，31（04）：36-43.
③ 夏小华，雷志佳. 乡村文化振兴：现实困境与实践超越［J］. 中州学刊，2021（02）：73-79.
④ 吴理财，魏久朋，徐琴. 经济、组织与文化：乡村振兴战略的社会基础研究［J］. 农林经济管理学报，2018，17（04）：470-478.
⑤ 孙闪闪. 乡村振兴战略下农村文化软实力建设的困境与出路［J］. 中共南宁市委党校学报，2018，20（04）：40-45.
⑥ 邵晨. 乡村振兴不可忽视乡村文化力量［J］. 人民论坛，2018（26）：130-131.
⑦ 欧阳雪梅. 振兴乡村文化面临的挑战及实践路径［J］. 毛泽东邓小平理论研究，2018（05）：30-36，107.
⑧ 徐顽强，于周旭，徐新盛. 社会组织参与乡村文化振兴：价值、困境及对策［J］. 行政管理改革，2019（01）：51-57.
⑨ 张学昌. 城乡融合视域下的乡村文化振兴［J］. 西北农林科技大学学报（社会科学版），2020，20（04）：56-64.
⑩ 陆益龙. 乡村文化的再发现［J］. 中国人民大学学报，2020，34（04）：91-99.
⑪ 陈晓霞. 乡村振兴战略下的乡村文化建设［J］. 理论学刊，2021（01）：141-149.

（二）关于红色文化传承方面的研究

"红色"与"文化"相组合，构成了一个全新概念，其内涵并非是两者的简单叠加，而是中国各个时期的具体实践同中国传统文化中的红色含义的有机融合。红色文化是中国共产党领导中国人民在长期的革命建设和改革的过程中形成的革命精神、革命传统，以及党和人民群众之间深厚情感的精神产物和物化成效的集大成者。国内学界对红色文化的研究起步较早，始于20世纪60年代，步入21世纪尤其是2010年以后，学界对红色文化的研究呈爆发式增长，同时还衍生出红色文化资源、红色文化遗产、红色文化产业等一批与红色文化有关的新词汇、新概念，从不同的角度和层面来研究红色文化，并取得了一系列丰硕成果。学界对红色文化的研究范围广、角度多，加之中国共产党越来越重视对红色文化的传承及对红色精神的发扬，都在一定程度上促使红色文化历久弥新，绽放出强大的生机与活力。

国内研究者多从红色文化的内涵、红色文化的体系结构、红色文化的价值和区域性红色文化的角度出发，对红色文化进行系统性研究。在红色文化的内涵方面，赵月枝和沙垚提出了地方红色文化的在地性、时代性、群众性特征，突出了地方红色文化对于构建中国革命故事的当代意义，强调了"枝叶"的重要性。[①] 仝华认为，红色文化是党和人民在实践基础上而形成的一种文化，既是一种精神财富，又是一种物质财富，是二者之和。[②] 国内研究者对于红色文化的结构层次分析较为丰富，主要的研究成果包括文化一元论、二元论、三元论和四元论。刘琨基于中西语境下红色文化的内涵，将红色文化的结构类型界定为器物文化和精神文化两大类。[③] 韩振江将红色文化分为三种结构类型：观念形态的红色文化、物质形态的红色文化和艺术形态的红色文化。他认为观念形态的红色文化是指马克思主义经典以及马克思主义理论与中国实际结合而产生的观点；物质形态的红色文化是指革命历史遗留物，博物馆、烈士陵园、烈士纪念馆等；艺术形态的红色文化是指表现马克思主义和社会主义运动的艺术作品，包括国

---

① 赵月枝，沙垚. 地方红色文化的当代意义 [J]. 红旗文稿，2019（20）：32-33.
② 仝华. 弘扬红色文化　传承红色基因——评《红色文化十讲》[J]. 红色文化学刊，2019（01）：40-41.
③ 刘琨. 中西语境下红色文化内涵的研究 [J]. 理论界. 2013（07）：65-67.

外优秀作品与表现中国历史和中国革命史的艺术作品。① 关于红色文化价值方面的研究,国内研究者分别从红色文化的不同价值定位入手去探析红色文化的功能作用。余洋认为将弘扬红色文化视为宣传马克思主义的最佳文化资源,对聚合传统和时代的共同政治价值提供了丰富的经验和实践。② 田甜、时赟比较详细地论证了红色文化的理论实践价值、历史印证价值、文化传承价值和经济助推价值,并在此基础之上,总结了红色文化的价值要在政府引领、市场支持和教育重视的结合下才能更好地实现。③ 苏莹认为红色文化资源的挖掘在当地社会建设中占据特殊地位,能有效挖掘当地丰富的历史文化资源,提升人文底蕴。④

中国幅员辽阔,人口众多,地理环境复杂,不同的自然、气候条件,形成了不同特色的地域文化,红色文化也因而呈现出多样性的特点。研究不同区域的红色文化,有助于新时代更好地传承红色文化。如果把中国革命故事比喻成参天大树,全国性的叙事是躯干,地方性的叙事是枝叶,新时代弘扬红色文化、传承红色基因,既要突出主干,也不能忽视枝叶,要注重发掘红色革命精神的地方意义。其他学者有关红色文化的研究还包括沂蒙红色文化、遵义红色文化、井冈山红色文化、延安红色文化、平型关红色文化、西柏坡红色文化等,以这些红色文化发源地为研究背景,结合发源地文化特点和人文环境进行有针对性的分析和研究。

(三) 关于乡风文明建设的研究

无论是在社会主义新农村建设还是在乡村振兴战略背景下,乡风文明始终占据着"灵魂核心"重要地位。乡风文明建设受到国内外学界广泛关注与探讨,已取得诸多具有现实意义的研究成果。这些成果主要集中分布在政治学、文化学与社会学等领域,或者更为细致地表现在乡村精神文明建设问题、乡村文化建设问题等具体领域。

在乡风文明建设的地位方面,学者们认为乡风文明建设不仅是建设新农村的思想基础和灵魂⑤,是落实科学发展观的必然要求,也是构建社会

---

① 韩振江. 论"红色文化"建设 [J]. 大连干部学刊, 2011, 27 (08): 48-52.
② 余洋. 浅析红色文化资源在新时代思政工作中的作用 [J]. 汉字文化, 2021 (04): 173-174.
③ 田甜, 时赟. 红色文化的价值探析 [J]. 科教导刊 (下旬), 2018 (01): 152-153.
④ 苏莹. 青海红色文化资源的保护与利用 [J]. 记者观察, 2021 (06): 116-117.
⑤ 朱启臻. 新农村: 乡风文明 [M]. 北京: 中国农业大学出版社, 2007: 209.

主义和谐社会的内在要求①。在实施乡村振兴战略的总要求中，乡风文明是乡村振兴之魂，加强乡风文明建设有利于为乡村振兴奠定坚实文化基础，提供充足人才保障和构筑扎实道德围墙。② 乡风文明建设作为具有实践指向性的工作，受乡村经济社会中各种因素协同影响。因而，在实际操作中它是复杂的、长期的、艰难的。但同时，乡风文明建设又是自成体系的，拥有自身特有的实践场域。乡风文明建设内在包含着人与人之间的关系问题。学界一致认为乡风文明建设的核心主体是农民，只有紧紧依靠农民，把农民始终摆在核心主体的位置上，才能激发他们参与乡风文明建设的能动性。农民思想观念的变化代表了乡风变迁的主流，乡风文明建设成效关键在于农民面貌的变化，核心在于农民文明素养的提高。学界普遍认为，乡村不文明乡风现象凸显已成为乡风文明建设面临的主要现实问题，同时，对其成因的分析呈现出两种思路。一种思路从宏观视角分析，认为乡风文明建设存在问题的根源在于我国现代化发展进程中带来的体制性问题；另一种思路从微观层面阐明了乡村经济社会发展不充分是乡风文明建设面临诸多现实问题的直接原因。如何继承中华民族传统美德，培育新时代和谐文明乡风，是特别需要认真思考的问题。

新农村乡风文明建设应该积极传承和弘扬传统文化中的优秀成分，经过去伪存真的选择，找出能够为乡风文明建设提供思考和借鉴的文化元素。同时，要注意在传统文化中融入具有时代特色的元素，使优秀传统文化成为乡风文明建设的文化和智力支撑。此外，在推进乡风文明建设过程中，要坚持创新与先进文化前进方向相结合原则，依托中国丰富的历史文化资源，发掘中华传统文化中的优秀遗产，保护与建设历史文化名城、名镇、名村，打造既满足现代文化需求，又使乡村文脉得以延续和发展的乡村新文化空间。③ 学界认为，要充分利用乡村优秀传统文化提升乡风文明建设水平。这不仅将理论研究照进了"乡风文明建设缺少文化底蕴"这一客观现实，同时传递了"乡风文明建设要重视保留乡村优秀传统文化根脉"的理论观点，更旨在引起全社会对乡村优秀传统文化价值的高度重视，使广大农民真正树立起文化自信与文化尊严。

---

① 董欢. 乡风文明：建设社会主义新农村的灵魂 [J]. 兰州学刊，2007（4）：75-76.
② 刘盛. 乡风文明与乡村振兴：重要意义、现实难点与关键举措 [J]. 2018（5）：630-631.
③ 刘玉娥. 传统与现代：中华传统文化与新农村乡风文明建设 [M]. 郑州：河南人民出版社，2014：27-29.

乡村文化建设与乡风文明建设关系紧密，互为表里。乡村文化建设作为乡风文明建设的重要内容，能够为其提供文化基础，影响着乡风文明建设实践成效。而实现乡风文明作为乡村文化建设的重要任务，内在要求着乡村文化建设需要通过加强乡风文明建设为乡村文化发展营造良好社会氛围。明晰乡村文化建设与乡风文明建设的关系，有助于在开展乡风文明建设实际工作中，达到"繁荣兴盛乡村文化，焕发乡风文明新气象"的良性互动效果。

第三节 乡村文化振兴典型案例——江西省进贤县西湖李家村

一、江西省进贤县西湖李家村介绍

西湖李家村位于江西省进贤县前坊镇太平村，由太平村 11 个自然村中 3 个组成，是一个具有 600 多年历史的古村庄，地处乌岗山麓、青岚湖畔，有村民 500 多户、2300 余人。相传西湖李家村的李姓源于故里在陇西成纪的唐太宗李世民。现全村山水相济，树木苍翠，田园秀美，乡风古朴，民俗浓郁，建设成了具有得天独厚的自然生态与农耕文明村落。

2010 年，曾任南昌市市长、南昌市人大常委会主任、党组书记李豆罗卸任后回到故乡西湖李家，扎根下来筹钱搞建设，他设计了西湖李家发展蓝图，致力于与家乡父老一起把村庄打造成文化旅游生态的新农村。根据村里的实际情况，西湖李家提出了"传承李氏文化，恢复古村精华，重描青山绿水，美我故乡天下"的奋斗目标，按照"古村神韵，田园稻香，塘中莲藕，山间鹭翔，农家饭菜，湖边泳场"的建设理念和"先村庄后田庄，先文化后产业"的实施步骤，努力营造一个"马头墙，红石路，碧绿水，满村树，文化兴，民风朴"的特色景观。近年来，在李豆罗的带领下，乡村建设清晰定位，突出农村的特点和优势，巧妙保存了西湖李家古村落原貌的同时又展现了新农村的风貌，丰富了红色文化、农耕文化、节庆文化等元素，使得西湖李家有别于普通的旅游村而展现出自身独特的魅力，从一个名不见经传的村庄转变成了文化旅游生态的新农村。

南昌大学乡村振兴研究院深入调查了西湖李家的文化振兴之路（见图 9-1）。

图 9-1　南昌大学乡村振兴研究院在西湖李家村调研

二、江西省进贤县西湖李家村文化振兴探索

西湖李家是一个有着悠久历史文化的古村庄。在美丽乡村建设中，特别注意与文化建设融为一体，大力弘扬道德文化，认真传承农耕文化，着力恢复民俗文化，不断创新节庆文化，努力构建现代文化，重点宣传红色文化，打造成了乡村文化振兴示范村。

（一）认真传承农耕文化

几百年来，西湖李家世世代代都靠种田为生，祖祖辈辈过的是农耕生活。随着社会的发展，村民的生产、生活都发生了深刻的变化。为传承农耕文化（见图 9-2），村里专门兴建了 3 幢农博馆，并分别建造了甲弟馆、农耕馆、作坊馆和明堂馆，专门陈列以前使用过的生产工具和生活用具。馆内的展品，本村留有的，作价收买；本村没有的，到省外、县外求购；实在买不到的，请木匠、篾匠等老艺人重新制作。通过农博馆的展览，农耕文化得到了有效的传承，使青少年游客认知到了农耕文化的光辉历史。

图 9-2　西湖李家村农耕文化

(二) 着力恢复民俗文化

西湖李家的民俗活动，由于多种原因，几十年没有了声息。在美丽乡村建设中，为了使民俗活动得以继承，确定了"龙灯舞、龙舟渡、采茶戏、陇西谱"4个恢复项目（见图9-3）。为了恢复龙灯项目，村里派专人外出寻访扎龙头、龙颈、龙尾、灯笼的老艺人，打造板龙灯，每逢大年初七和元宵节，村民玩龙灯、庆丰年。2009年，这条龙灯荣获了中华文化促进会在浙江宁波授予的文化传承奖。为此，江西电视台向省内外进行了播送，中央电视台向海内外进行了播送，《人民画报》进行了专题刊登。为了恢复龙舟项目，村里购买了4条龙舟，从南昌市水上运动学校请教练，专门训练村民划龙舟，每年端午节举办龙舟赛（见图9-4）。2009年端午节，村龙舟队参加江西省"青岚湖杯"龙舟赛，分别获得了第二名和第三名的好成绩。为了使尘封几十年的村剧团得以恢复，一方面，村里请年事已高的老演员追忆古装戏的内容，形成剧本；另一方面，专门建造了一幢古戏台，购买了服装道具，从而使采茶戏在每年春节得以上演。另外，该村花了3年时间，与甘肃省陇西县多次联系，终于把陇西谱联到本村。每逢正月初一，村里都要在醒目的地方悬挂陇西谱，以彰显祖上功德，激励后人奋发向上。

图 9-3 西湖李家村民俗文化活动

图 9-4 西湖李家村龙舟比赛

（三）不断创新节庆文化

中国有除夕、元宵节、清明节、端午节、七夕节、中秋节、重阳节、腊八节等传统节日，这些节日是农民忙中休闲的时间，也是农民开展文化娱乐活动的时间。为了培养村民爱村的思想，增强集体娱乐的观念，西湖李家主要对春节、清明节、中秋节的活动进行了创新。过大年，是家家户户合家欢乐的好时光，西湖李家在合家欢乐的基础上，正月初一采取"千人共吃百桌年饭"的方式，进行全村欢乐。上午，全村2000多人聚集在红石广场，先在古戏台上给9位道德模范披红戴花、发奖章、发奖品，再开团拜会，然后吃年饭。100桌年饭摆上来后，老人坐着吃、年轻人站着吃、小孩边跑边吃，人声鼎沸，爆竹喧天，热闹祥和。"千人共吃百桌年饭"，获2010年5月25日在重庆举办的节庆中华奖。在清明节，家家户户上坟扫墓，祭拜先人。西湖李家在祖坟山前打造了一个红石祖坛，坛上刻满了已故亲人的名字。清明这一天，全村扫墓村民聚集在祖坛前面，敲锣打鼓吹喇叭，供香纸和"三牲"，向祖坛上的祖先三上香，集体举行祭祖仪式。这种方式既庄重又文明。中秋节晚上，西湖李家全村老少聚集到打谷场上，围坐在贴有二十四节气的24张桌子边，一边吃月饼、柚子，一边赏月。先是一顶花轿抬着一个身着凤冠霞帔的年轻女子到打谷场的祭月台前，由这名女子走上祭月台，手捻三炷香，对着月亮读祭月辞，读完祭月辞后下台跟着村民就座。祭月完毕后，紧接着开始烧圣塔，圣塔的火花从塔孔中射出，映红了半边天，照得夜空通亮，伴随着锣鼓声、鞭炮声响彻夜空，全村老少欢乐无比，度过了一个欢乐中秋夜（见图9-5）。

（四）努力构建现代文化

为了使古村焕发生机，村里为构建现代文化做了一定的努力（见图9-6）。首先，建造了科普广播室，安装了8只高音喇叭，使沉默的村庄发出了现代音符。其次，为500多户村民安装了闭路电视，村民不但能知道国家的农村政策和农科知识，还能及时了解各种信息。另外，2008年电影《命根》在村里拍摄，使村民大开眼界，增添了新的文化理念。为了进一步活跃文化生活，村里谱写了一首村歌，通过葛军独唱的碟子，引领村

图 9-5　西湖李家村节庆文化

民学唱,从而激发了男女老少爱村的热情。这首歌被评为全国"十佳"村歌,于 2010 年 1 月 14 日在北京人民大会堂颁奖。村里还组建了农家书屋,藏书 1700 多册,帮助村民丰富自身文化知识。村里还成立了妇女禁赌会、红白喜事理事会、民事调解会等,不断革除旧的文化陋习。为了丰富村民的体育生活,村里在泡桐广场安装了体育健身器材,供全村村民锻炼身体,增强了村民的体质。

图 9-6　西湖李家村现代文化

第四节　江西红色文化案例

江西是一块富有革命传统的红土地。土地革命时期，江西是全国苏维埃运动的大本营和中心区域。江西有中国工人运动的策源地——安源，人民军队的摇篮——南昌，中国革命的摇篮——井冈山，共和国的摇篮——瑞金。江西为中国革命做出了重大贡献和巨大牺牲，仅有名有姓的烈士就有 25 万多人。以毛泽东为代表的中国共产党人在江西这片红色大地上，展开了一场波澜壮阔的革命斗争，进行了一次次英勇雄壮、高亢奋进的中国革命斗争实践，孕育了具有独特精神内涵的红色文化，在中国共产党的历史上留下了永垂史册的壮丽史诗。

一、安源：中国工人运动的策源地

安源地处赣西萍乡境内，这里山岭重叠，林木丰茂。安源路矿，是安源煤矿和株萍铁路的合称。20世纪20年代初，路矿两局工人共1.7万人，是中国近代产业工人最为集中的地区之一。1922年1月至1923年2月，全国掀起了中国共产党领导的工人运动第一次高潮，其中产生重大影响的有安源路矿工人运动，安源因此成为中国工人运动的策源地。安源路矿工人运动是全国第一次罢工高潮中"绝无而仅有"的成功范例，在中国工运史上树起了一座不朽的精神丰碑。

由于安源处在湘赣边界，两省边界人民有着密切的联系，安源路矿很多工人来自湖南，加上那时江西尚未建立中共党组织，因此安源成为中共湖南党组织开展工人运动的重要地区。1921年秋，中共湖南支部书记毛泽东以教书先生的身份和走亲访友的名义，从长沙来到安源进行实地考察。经过一周左右的调查研究，他做出预测：安源工人众多，受到种种残酷剥削，生活特别痛苦，是工人运动可能很快开展的地方。因此，他回到长沙后，就和湖南劳工会负责人黄爱商定，对安源着手"点火"，也就是设法同安源工人建立联系，培养骨干，进行革命的舆论宣传，以待星火燎原之时。

1921年12月，受中共湖南党组织的派遣，李立三以兴办平民教育的名义进驻安源，开展革命活动。按照毛泽东的布置，在安源工人的帮助下，李立三创办了安源第一所平民小学、第一所工人补习学校，并建立起第一个社会主义青年团支部，在工人群众中传播马克思主义知识，培养先进分子。1922年2月，中共安源支部成立，这是中国产业工人最早建立的中共支部，也是江西境内出现的第一个党组织。1922年5月，安源路矿工人俱乐部成立，这成为安源路矿党组织领导工人运动的公开指挥部。

1922年9月初，毛泽东又一次来到安源巡视工作。他一到安源便主持召开安源党支部全体党员会议，在听取情况汇报后，他结合全国工人运动蓬勃兴起的形势，深入分析安源路矿党组织和俱乐部的工作成绩、党团骨干和工人群众的思想状况、路矿当局的态度和破坏工人运动的行为，指出罢工的时机已经成熟，并要求党支部从各方面加紧准备。9月11日，李立三、刘少奇代表路矿工人俱乐部向路矿当局提出三项最低要求——承认和保护工人俱乐部的合法地位，每月给予俱乐部津贴大洋200元，7天内发还拖欠工人工资,并限2日内答复,如不圆满解决,立即罢工。同时,向全国发出快邮代电,呼吁声援。9月12日,安源路矿工人罢工指挥部成立,李立三任总指挥,刘少奇任工人俱乐部全权代表,并成立侦察队等组织,召开工人代表会议,宣布罢工纪律。

9月14日凌晨,在得不到路矿当局有诚意的答复之后,李立三下达了罢工令。工人们迅速登上火车机车,拉响了宣告安源大罢工的汽笛,顿时全路矿陷于瘫痪。当天下午,工人俱乐部向社会各界发表《萍乡安源路矿工人罢工宣言》。"从前是牛马,现在要做人"的口号,从万余工人的胸腔中一齐发出,惊天地,泣鬼神,全国为之震撼,各地声援信函和电报纷纷传来。

安源路矿工人大罢工既坚持原则,又注意斗争策略,和安源路矿当局进行了有理有利有节的抗争。全体路矿工人在罢工期间人心稳定,听从号令,秩序井然。工人侦察队不仅维护矿区和街市的社会秩序,而且保护锅炉房、发电厂和水泵等要害设备,这使得形势很快发生重大变化。9月17日晚,路矿当局代表以及调解人与工人代表李立三重新谈判(谈判旧址见图9-7)。双方就复工条件展开激烈争辩,最终达成复工的13项条件,其中包括承认工人俱乐部有代表工人之权、增加工资、改善待遇等,并于18日上午正式签字。至此,罢工取得完全胜利。

图9-7 安源路矿工人大罢工谈判处旧址

安源工人运动由于党的坚强领导，工人的齐心奋斗，以及采取了正确的应变策略，不仅能够岿然独存，还巩固和发展了来之不易的胜利成果，成为当时中国工人运动"硕果仅存"的典范。这是党领导安源工人阶级在全国工人运动中创造的历史奇迹。不仅如此，从安源还走出了毛泽东、刘少奇、李立三、陈潭秋、蔡和森、恽代英等一大批革命家和红色力量，对推动全国工人运动的高涨乃至整个中国革命运动的发展具有重要意义。

二、南昌：人民军队的摇篮

1927年8月1日凌晨，南昌城头打响了中国共产党武装反抗国民党反动派的第一枪，人民军队在这里诞生，中国共产党的历史翻开了新的一页。因此，南昌被誉为"英雄城""人民军队的摇篮"。著名的南昌起义给这座人杰地灵的古城增加了一份阳刚、一份壮烈。

1927年4月12日，蒋介石在上海发动反革命政变，大肆捕杀共产党员和革命群众。7月15日，汪精卫在武汉发动反革命政变，正式宣布同共产党决裂，持续三年多的轰轰烈烈的大革命以失败而告终。在这种情况下，7月中旬，中共中央派遣李立三、邓中夏、谭平山、恽代英等赴江西九江，准备组织中国共产党掌握和影响的国民革命军中的一部分力量，联合国民革命军第二方面军总指挥张发奎重回广东，以建立新的革命根据地，实行土地革命。

李立三等人到达九江后，发现张发奎已经站到汪精卫一边，我党面临的形势十分严峻。于是，李立三等人在7月20日提议要独立发动反对南京和武汉国民党政府的军事行动。中央临时政治局常委会在获悉李立三等人的提议后，正式确定了在南昌举行武装起义的部署。7月27日，周恩来从武汉经九江到南昌。根据中央的决定，中共前敌委员会（简称"前委"）成立，由周恩来、李立三、恽代英、彭湃组成，周恩来任书记。前委当即决定于7月30日起义。7月30日晨，中央临时政治局常委张国焘以中央代表的身份赶到南昌，由于他仍对张发奎存有幻想，所以主张一定要得到张发奎的同意后才能举行起义。这一意见遭到前委的否决。7月31日，前委决定于8月1日凌晨举行起义。

1927年8月1日凌晨，在以周恩来为书记的前委的领导下，贺龙、叶挺、朱德、刘伯承等率领在党直接掌握和影响下的军队2万余人，举行南昌起义。经过4个多小时的激战，全歼守敌3000余人，占领了南昌城。为了争取和团结国民党中一部分愿意继续革命的人士，揭露蒋介石和汪精卫背叛孙中山革命精神的面目，这次起义仍使用"左派国民党"的旗帜。8月1日上午，中国国民党革命委员会成立，并发表了《中央委员宣言》。8月2日，南昌市各界群众数万人集会，庆祝南昌起义的伟大胜利和中国国民党革命委员会的成立。

南昌起义后，汪精卫急令张发奎、朱培德等部向南昌进攻。由于客观上敌人力量过于强大，主观上起义军缺乏经验，没有和湘、鄂、赣地区的农民运动相结合开展土地革命战争，而是孤军南下广东，企望打开出海口，争取外援，重建革命根据地，再次举行北伐，加之两次分兵失误，不能集中兵力歼敌，被敌人各个击破，南昌起义最后遭受失败。南昌起义虽然失败了，但这次起义的伟大历史功绩是不可磨灭的，在中国革命史上具有重大而深远的意义。南昌起义打响了武装反抗国民党反动派的第一枪，在全党和全国人民面前树立了一面鲜明的武装斗争旗帜，标志着中国共产党独立地领导革命战争、创建人民军队和武装夺取政权的伟大开端，充分表现了中国共产党和中国人民不畏强敌、前仆后继的革命精神。南昌起义是土地革命战争的起点，它保存下来的部队成为工农红军的骨干之一，后来我军许多领导人都来自南昌起义的主要部队。中国共产党和中国人民革命战争的历史由此翻开了新的一页。

三、井冈山：中国革命的摇篮

井冈山，位于湘赣边界的罗霄山脉中段，山势雄伟，地势险峻。1927年秋，毛泽东率领秋收起义的工农革命军在这里创建了第一个农村革命根据地，开始了以农村包围城市、武装夺取政权革命道路的探索与实践。因此，井冈山被称为"中国革命的摇篮"。1962年3月，朱德重上井冈山时，亲笔题写了"天下第一山"五个大字。巍巍井冈，以其独特的红色历史文化底蕴向世人诉说着中国共产党艰苦卓绝的奋斗历史，井冈山精神至今激励着中华儿女为实现中华民族伟大复兴的中国梦而不懈奋斗。

1927年9月9日,毛泽东等领导的湘赣边秋收起义爆发。起义军公开打出了共产党的旗帜。在攻打长沙的计划受挫后,起义部队决定南下,向敌人控制比较薄弱的农村区域转移,并于10月7日抵达江西宁冈茅坪,开始了创建井冈山农村革命根据地的斗争。到1928年2月,逐步发展壮大的工农革命军同当地农民运动紧密结合,摧毁了茶陵、遂川、宁冈三县的旧政权,建立起新的工农政权以及赤卫队、游击队。土地改革开始了试点,取得初步经验。这样,农村革命根据地在井冈山初步建立起来,开创了工农武装割据的新局面。毛泽东在井冈山点燃的"工农武装割据"的星星之火,开创了在革命处于低潮的形势下重新聚集革命力量、武装夺取政权的新局面,为中国革命照亮了胜利前进的航程。

1928年1月,朱德、陈毅率领南昌起义余部,转战千里,发动了湘南暴动,并于4月下旬进抵宁冈。此时毛泽东也率部回到宁冈。朱毛井冈山会师,极大增强了井冈山革命根据地的军事实力。从1927年10月到1929年1月,井冈山军民在一年多的时间里,连续粉碎了江西敌人的四次"进剿"和湘赣两省敌人的三次联合"会剿"。在粉碎敌人进攻的同时,他们自力更生,艰苦奋斗,打破了敌人严密的经济封锁,渡过了一道又一道的难关,使井冈山的斗争得以坚持和发展。"红米饭,南瓜汤,秋茄子,味道香,餐餐吃得精打光。干稻草,软又黄,金丝被儿盖身上,不怕北风和大雪,暖暖和和入梦乡。"这既是当时红军生活的真实写照,又反映了他们艰苦奋斗的革命乐观主义精神。

井冈山革命斗争,是毛泽东等老一辈革命家在革命斗争极度困难和复杂的形势下,破除陈规,摒弃教条主义,克服"左"、右倾错误,不断创造新局面的卓绝斗争。以农村包围城市、武装夺取政权的革命道路,是以毛泽东为主要代表的中国共产党人把马克思列宁主义的基本原理与中国革命的具体实践相结合创造出来的,是中国革命唯一正确的道路。中国共产党人在这里培育的井冈山精神,成为中国共产党革命精神的源头之一,并汇入中华民族的历史长河中,成为中华民族精神的一部分。

四、瑞金:共和国的摇篮

自毛泽东、朱德等无产阶级革命家领导创建井冈山革命根据地之后,全国相继出现了多块革命根据地,特别是赣南、闽西革命根据地的巩固和发展，让中国革命呈现出蓬勃燎原之势。中共中央决定以赣南、闽西根据地为依托，建立苏维埃中央政府，在瑞金成立中华苏维埃共和国，这是中国共产党领导创建的中国历史上第一个国家形态的工农民主专政的政权，是中华人民共和国的雏形。在这里，有较为齐备的各项政权制度；在这里，中国共产党努力践行着执政为民的理念；在这里，走出了新中国一大批治党、治军、治国的栋梁之材。

1931年11月7日清晨，瑞金叶坪红军阅兵广场人声鼎沸，中国工农红军第一方面军在这里隆重举行阅兵典礼，庆祝中华苏维埃第一次全国代表大会召开。同日发表的《中华苏维埃共和国临时中央政府对外宣言》向世界庄严宣告：中华苏维埃共和国临时中央政府正式成立。它是中国历史上第一个由共产党领导创立的、工农大众当家做主的中央政府。11月19日，大会选出了毛泽东、项英、朱德、周恩来等63人组成的中央执行委员会。20日，大会举行闭幕式，通过了宪法大纲、劳动法、土地法令、婚姻条例、关于经济政策的决定等法律文件，并决定临时中央政府设在瑞金，瑞金由此成为中华苏维埃共和国的首都。

中华苏维埃共和国临时中央政府成立后，领导广大苏区军民开展了大规模的经济、文化等方面的建设，颁布了一系列的法律、法规和经济文化政策，对根据地的经济发展和社会进步起到了很大的推动作用。中华苏维埃共和国的建立，是建立新中国的一次预演，是中国共产党领导和管理国家政权、学习治国安民艺术的一次伟大尝试。正如毛泽东所说，在中央苏区"党开辟了人民政权的道路，因此也就学会了治国安民的艺术。党创造了坚强的武装部队，因此也就学会了战争的艺术。所有这些，都是党的重大进步和重大成功"①。

中国共产党在中央苏区的斗争和实践，培育形成了伟大的苏区精神。苏区精神是老一辈革命家为后人留下的宝贵的精神财富，是铸就我们的国魂、军魂、党魂、民族魂的精神内核。今天，虽然时代不同了，但苏区精神仍然是实现中华民族伟大复兴的不竭的精神动力（图9-8所示为瑞金红井）。

---

① 毛泽东：《毛泽东选集》第二卷，人民出版社1991年版，第611页。

图 9-8 瑞金红井

第十章
组织振兴社会实践的三维目标

实施乡村振兴战略,是党的十九大作出的重大决策部署,是决胜全面建成小康社会、全面建设社会主义现代化国家的重大历史任务,是新时代"三农"工作的总抓手。在实施乡村振兴战略的进程中,要加强农村基层党组织的组织力建设,将农村基层党组织建设成为实施乡村振兴战略的坚强战斗堡垒。乡村振兴离不开组织振兴,历史现实反复证明,基层党组织有力量,就能砥砺奋进描绘乡村振兴新画卷。应当看到,当前农村依然不同程度地存在着一些问题,影响着农业农村现代化建设和乡村振兴的成效。因此,面对这些问题,加强农村基层党组织组织力建设,对推动乡村振兴战略就显得尤为重要。本章按照"认知—研究—服务"的逻辑,主要讨论组织振兴的内涵、组织振兴的重要性、组织振兴的主体以及乡村组织振兴的调查等。

第一节 组织振兴的社会认知

一、组织振兴的内涵

组织振兴是乡村振兴的"第一工程",是新时代党领导农业农村工作的重大任务,是乡村全面振兴的基石。只有抓好以基层党组织建设为核心的各类组织建设,充分发挥各类组织在乡村事业发展中的作用,才能凝聚各方力量,推动乡村振兴战略的顺利实施,实现预期目标。因此要推动乡村组织振兴,打造千千万万个坚强的农村基层党组织,培养千千万万名优秀的农村基层党组织书记，深化村民自治实践，发展农民合作经济组织，建立健全党委领导、政府负责、社会协同、公众参与、法治保障的现代乡村社会治理体制，确保乡村社会充满活力、安定有序。

(一) 组织振兴是乡村振兴的现实需求

习近平总书记指出，要推动乡村组织振兴，打造千千万万个坚强的农村基层党组织，培养千千万万名优秀的农村基层党组织书记。基层党组织是实施乡村振兴战略的"主心骨"，发挥着"一线指挥部"和"前线先锋队"作用。如果党的基层组织作用发挥不充分，就无法将党的路线、方针、政策贯彻落实到基层群众中去，乡村振兴就无从谈起。

(二) 组织振兴是乡村振兴的重要内容

习近平总书记提出的"五个振兴"，相互耦合并形成了一个互为关联、联系紧密、逻辑清晰的有机整体，是实施乡村振兴战略的行动指南。组织振兴作为"五个振兴"之一，要求我们必须切实抓好以基层党组织为核心的乡村各类组织建设，充分发挥各类组织的影响力、战斗力、凝聚力。只有这样，才能最大限度地凝聚起推进乡村振兴战略的工作合力，这也是乡村振兴的应有之义。

(三) 组织振兴是乡村振兴的基础保障

习近平总书记指出，党的基层组织是党的肌体的"神经末梢"，要发挥好战斗堡垒作用。农村基层党组织与基层群众距离最近、联系最广、接触最多，是党在农村全部工作和战斗力的基础。要推进乡村振兴，必须紧紧依靠农村党组织和广大党员，使党组织的战斗堡垒作用和党员的先锋模范作用得到充分发挥，带领群众同频共振，推进"五个振兴"。

二、组织振兴的重要性

(一) 组织振兴是党对"三农"工作领导的必然要求

办好农村的事，关键在党。无论是革命年代的打土豪分田地，改革开放后的家庭联产承包责任制，还是十八大以来的人类减贫事业、十九大提出的乡村振兴战略，从脱贫攻坚到乡村振兴的历史性转移，农业农村农民问题始终是党中央关注的重大问题。而实践也反复证明，"三农"工作离不开党的领导，只有党把方向、定政策，才能保证农村改革发展沿着正确的方向前进。

（二）组织振兴是推进全面乡村振兴的"红色引擎"

"全面"二字，指出乡村振兴既要把握全局共同推进，又要提质保量，体现系统思维。没有组织振兴，就无法永续发力，更做不到全面推进。因此要以组织振兴为引领，充分发挥基层党组织战斗堡垒作用，强化干部队伍建设，为全面推进乡村振兴提供"红色引擎"。

（三）组织振兴是实现农业农村现代化的制度保证

习近平总书记强调，没有农业农村现代化，就没有整个国家现代化。只有组织振兴做引领，才能在产业振兴上出点子、人才振兴上纳贤才、生态振兴中优环境、文化振兴上有导向。因此，抓住基层党组织这个"牛鼻子"，推动全面从严治党向基层延伸，就能在迈向现代化新征程中，谱写农业农村现代化的壮丽诗篇。

三、中国的组织优势和制度优势

（一）中国共产党独特而强大的组织优势

中国共产党具有崇高组织使命、严密组织体系、严肃组织纪律的高度组织化特点，展现出强大组织动员力、行动力、战斗力。通过建立健全一整套系统严密的党内法规，规范党的全面领导行为，为巩固优化党的组织优势提供了制度化保障。办好乡村振兴这件大事，要发挥组织优势。必须举全党全国全社会之力，以更大的决心、更明确的目标、更有力的举措，推动农业全面升级、农村全面进步、农民全面发展，谱写新时代乡村全面振兴新篇章。

(二) 中国特色社会主义制度优势

以马克思主义为指导建立的中国特色社会主义制度，是先进的制度、人民的制度，具有巨大的理论优势。中国特色社会主义制度始终坚持党的集中统一领导，实行民主集中制原则，具有强大的统一意志和动员力量，可以调动一切资源、形成合力，办成大事。习近平总书记就曾明确指出，办好农村的事情，实现乡村振兴，关键在党。必须继承和发扬党管农村工作的宝贵传统，加强和改善党对"三农"工作的领导，把基层党组织的政治优势、组织优势转化为推动农民群众脱贫致富的发展优势。

四、组织振兴的主体

一般来讲，乡村组织振兴主体主要包括四个部分：农村基层党组织、农村专业合作经济组织、社会组织和村民自治组织。其中农村基层党组织是核心，是党在农村全部工作的基础，是党联系广大农民群众的桥梁和纽带。而农村专业合作经济组织、社会组织和村民自治组织的建设和完善将进一步改善当前乡村治理主体单一、效率低下的现状，逐步健全自治、法治、德治相结合的乡村治理体系，打造充满活力、和谐有序的善治乡村。

(一) 农村基层党组织

农村基层党组织是核心，是党在农村全部工作的基础，更是党联系广大农民群众的桥梁和纽带。因此，乡村振兴必须突出乡村组织振兴，打造千千万万个坚强的农村基层党组织，以乡村组织振兴带动和保证乡村振兴战略实施。党的十八大以来，我国脱贫攻坚工作能够取得历史上最好的减贫成绩，一个很重要的原因就在于夯实了农村基层党组织建设，通过选派"第一书记"和"驻村工作队"等方式增强了基层党组织的战斗力，发挥了基层党组织在脱贫攻坚中凝心聚力和战斗堡垒作用。与脱贫攻坚相比，乡村振兴战略目标任务更重、难度更大，必须要进一步加强农村基层党组织在农村事业发展中的领导核心作用，增强自身战斗力，团结和凝聚其他组织和各方力量扎实推进乡村振兴战略的实施。

（二）农村专业合作经济组织

农村专业合作经济组织是推进农业现代化、规模化、效益化的有效组织形式，在保护农民合法经济利益、提高应对市场风险方面作用突出。2007年我国出台了《中华人民共和国农民专业合作社法》，2018年7月修订后的《中华人民共和国农民专业合作社法》正式施行，进一步规范了农民专业合作社的发展。2019年中央一号文件就巩固和完善农村基本经营制度明确指出："突出抓好家庭农场和农民合作社两类新型农业经营主体，启动家庭农场培育计划，开展农民合作社规范提升行动，深入推进示范合作社建设，建立健全支持家庭农场、农民合作社发展的政策体系和管理制度。"要激发乡村发展活力，促进农业现代化发展，在目前小农户生产经营长期存在的情况下，要提高农民的组织化程度，就要充分发挥农村专业合作经济组织的龙头带动作用，推动多种形式的适度规模经营。

（三）社会组织

社会组织作为充满活力和创造力的非官方组织，是乡村组织振兴的重要组成部分，在改善乡村单一治理主体状况、促进多元共治、构建新时代乡村治理体系方面发挥着不可忽视的重要作用。一直以来，党和政府都非常重视农业农村工作，并不断加强对农村社会的管理，从党的十八大以来脱贫攻坚工作情况来看，鼓励和引导社会组织、社会工作、志愿服务力量参与脱贫攻坚工作，在助力打赢脱贫攻坚战方面发挥了积极作用。乡村振兴是一个涉及乡村政治、经济、社会、文化、生态建设的系统工程，鼓励和引导行业协会、基金会、各类志愿组织等社会组织广泛参与，不仅可以为乡村事业发展提供专业人才支撑，同时还可以在资金、物质、技术等方面提供重要保障。因此，乡村组织振兴必须要高度重视与社会组织的合作，动员社会参与，凝聚各方力量推动乡村振兴。

（四）村民自治组织

村民自治组织作用的发挥需要进一步加强村民委员会的建设，村民委员会作为村民自我管理、自我教育、自我服务的基层群众性自治组织，是乡村组织振兴必不可少的重要力量和组成部分。作为群众性的自治组织，村民委员会长期扎根乡村社会，对村庄的村情民情和社会文化等有着深刻的了解和把握，在促进乡村自治，调解乡村矛盾纠纷，促进乡村事业发展方面发挥着重要作用。作为乡村组织振兴的重要组成部分，未来要进一步提升村民委员会的服务意识和责任意识，发挥村民委员会在促进乡村自治方面的重要作用。

第二节 乡村组织振兴社会调查与研究

一、乡村组织振兴社会调查

（一）乡村组织振兴社会调查的目标

乡村组织振兴，不仅是乡村振兴战略的政治保障，更是乡村振兴战略的题中之义，乡村要振兴，首先就要实现组织振兴。而农村党组织是党的组织体系的"神经末梢"，是党执政的基础，其班子队伍只有具备一定的能力素质水平，才能够把广大党员和农民群众紧紧团结在党组织的周围，才能充分发挥他们的积极性和创造性，从而推动各项工作扎实开展。

为深入贯彻落实习近平新时代中国特色社会主义思想和党的十九大精神，全面贯彻落实中央关于推进实施乡村振兴战略有关工作部署，全面加强农村干部队伍建设助力乡村组织振兴，2021年5月中共中央办公厅印发的《关于向重点乡村持续选派驻村第一书记和工作队的意见》指出：坚持有序衔接、平稳过渡，在严格落实脱贫地区"四个不摘"要求基础上，合理调整选派范围，优化驻村力量，拓展工作内容，逐步转向全面推进乡村振兴；坚持县级统筹、精准选派，按照先定村、再定人原则，由县级党委和政府摸清选派需求，统筹各级选派力量，因村派人、科学组队；坚持派强用好、严管厚爱，严格人选标准，加强管理监督，注重关心激励，确保选得优、下得去、融得进、干得好；坚持真抓实干、务求实效，推动第一书记和工作队员用心用情用力驻村干好工作，注意处理好加强外部帮扶与激发内生动力的关系，形成整体合力。

乡村组织振兴社会调查要坚持目标导向，明确乡村组织振兴的任务；坚持问题导向，重在及时发现问题、扎实推进工作；坚持结果导向，督促整改落实、发现经验典型、促进改进提高。推动各地大力实施乡村组织振兴，实现村级党组织建设全面过硬，农村带头人队伍素质不断提高，村民道德素养不断提升，乡村法制机制不断完善，村民自治制度充满活力，乡村政治生态风清气正，为全面深入贯彻落实乡村振兴各项工作任务提供坚强的组织保障。

（二）乡村组织振兴社会调查的对象

在精准扶贫的国家战略下，中央及地方各级政府对贫困村下派的第一书记和驻村工作队，与村两委共同形成了"国家治理"和"基层治理"的两股贫困治理力量。下派的第一书记与村两委，作为贫困治理主体，共同致力于服务贫困治理客体——贫困村、贫困户，被中央认为是精准扶贫中行之有效的工作方法，成为贫困治理实践中的中国经验之一。当代表国家政治的第一书记与代表基层自治的村两委在精准扶贫场域相遇时，形成一种新的治理格局（见图10-1）。研究显示，第一书记作为国家治理这一外部力量，增强了村庄的项目、资金、技术、信息等资源获取能力，村两委这一内生动力通过农村的熟人社会发挥内部信息优势，协助第一书记对村集体经济和贫困户进行扶持，在这一过程中锻炼了自身治理能力。[①] 因此，乡村组织振兴社会调查也应该从第一书记和村两委这对治理主体的内外力量入手，考察两者实际工作、取得的成效、治理边界、分工协作等方面，聚焦"村"和"户"两个基层治理层面，深度访谈第一书记、村两委，走访入户调查基层治理工作情况。

村两委是我国各类公共组织中最为特殊的一种组织，是农村公共治理的核心主体。[②] 村两委代表着基层政治在基层公共事务治理中一直发挥作用，因此，村两委是基层贫困治理的当然力量，发挥着内在动力。基层党组织作为党在农村工作的战斗堡垒，其功能的有效发挥是落实乡村振兴战略的关键，村委会作为村民自治的重要组织载体，是健全"三治融合"乡

[①] 刘建生，涂琦瑶，施晨."双轨双层"治理：第一书记与村两委的基层贫困治理研究[J].中国行政管理，2019（11）：138-144.

[②] 王亚华，舒全峰.第一书记扶贫与农村领导力供给[J].国家行政学院学报，2017（01）：82-87，128.

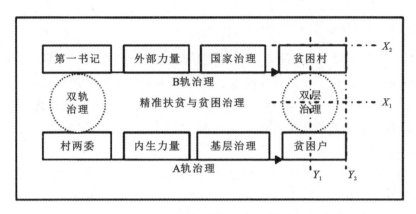

图 10-1 "双轨双层"的贫困治理分析框架图

村治理体系不可或缺的一环。① 2015 年中央印发《关于做好选派机关优秀干部到村任第一书记工作的通知》（以下简称《通知》），指出重点向党组织软弱涣散村和建档立卡贫困村"全覆盖"选派第一书记。《通知》强调第一书记的主要职责是建强基层组织、推动精准扶贫、为民办事服务、提升治理水平，其目的在于加强农村基层组织建设、解决一些村"软、散、乱、穷"等突出问题，带领贫困村、贫困户精准脱贫。第一书记通过目标黏合、利益黏合和资源黏合，将国家的宏观政策目标、派出单位的科层制优势与资源、基层干部和村民的利益等进行黏合，进而提升了乡村基层治理效能。② 作为党中央加强农村基层治理的行动者，第一书记的嵌入与帮扶既能提升农村基层党组织自身功能，也能维护基层社会稳定。③

（三）乡村组织振兴社会调查的范围和内容

1. 基本情况调查

在带队老师和组长的带领下，走访调研地村干部和村民，调查、分析调研地的地理环境、经济状况、人口结构、文化特色、资源优势等基本情况。

---

① 李丹阳，张等文. 驻村干部和村两委的协同治理 [J]. 华南农业大学学报（社会科学版），2021，20（06）：98-107.
② 郭小聪，曾庆辉. "第一书记"嵌入与乡村基层黏合治理——基于广东实践案例的研究 [J]. 学术研究，2020（02）：69-75.
③ 唐兴霖，李文军. 嵌入性制度供给：第一书记帮扶农村基层党组织建设的行动逻辑 [J]. 行政论坛，2021，28（04）：99-105.

2. 第一书记和驻村工作队员

（1）了解遵守纪律情况。如是否能够按照要求驻村；是否能够按照规定履行请假手续；是否能够按时参加各级相关工作会议和培训。

（2）了解履行工作职责情况。如是否对村情民情和政策熟悉了解；所驻村今年工作任务和考核指标是否按时达标完成；是否配合单位落实帮扶项目；帮扶成效是否明显。

（3）了解资料建设情况。如是否有单位帮扶资料；是否帮助完善村级档案资料和户资料，档案资料的归档整理、转档专柜的分类情况。

（4）了解党组织建设情况。如村级召开党员会、小组会议次数及效果；联系党员、管理党员工作情况等。

3. 村两委

（1）了解村级党组织干部队伍建设情况，如年龄、性别、学历、专业等的构成情况。

（2）了解村级党组织建设薄弱环节专项治理整顿情况。

（3）了解农村基层党支部选育管用情况，如村"两委换届"、党性教育、干部培训、工作业绩、制度落实等。

（4）了解村级集体经济发展情况。

（5）了解村级领导班子应对突发事件、群体性事件的措施和应急能力等情况。

（6）了解上级工作会议精神与各种惠民政策宣传与传达情况，如农村技术宣传资料、安全宣传资料、民政惠民政策、法律知识宣传资料等。

（7）了解村务财务公开公示等情况。

（8）了解农村基础设施建设情况等。

4. 入户访谈

了解村民对于村级基层党组织及村两委工作服务满意度情况。如承诺的为民服务事项推进落实情况，村级重大事项、重大决策向党员群众公开情况，党组织和党员作用发挥等；村两委班子整体工作开展情况、村党组织书记工作情况、村人居环境提升情况、村集体经济发展情况、村务公开等多方面内容。

二、乡村组织振兴相关研究

　　截至 2022 年 5 月，以"组织振兴"为关键词，在中国知网中进行文献搜索，共检索出相关学术期刊论文 1238 篇，关于乡村组织振兴的研究，学者主要侧重于乡村组织振兴的意义、基层组织建设困境、基层组织发展路径等方面。

　　一是关于乡村组织振兴意义的研究，组织振兴是推动乡村振兴的重要力量，是乡村振兴战略的题中之义、政治保障。学者认为，建立落实好农民自治组织，以其为主体作为承载、对接、培育农民的重要组织，成为促进农民主体性建设、激活乡村社会内生动力的重要方式。① 村级党组织振兴是实现乡村振兴的根本政治保证，直接关系到乡村全面振兴的成效与质量。② 崔新群认为在乡村振兴战略的实施中，组织振兴处于高屋建瓴的地位，并提出村规民约的作用在组织振兴中逐渐凸显。③ 二是关于基层组织建设存在困境的研究，殷梅英指出当前农业农村发展存在散、小、乱、低等组织化程度差的实际。④ 乡村振兴战略对农村基层党组织建设提出了新的目标和任务，而当前部分农村基层党组织还存在着组织建构不够优化、经济基础不够优厚、文化基础不够优质、社会基础不够优良等困境。⑤ 周光辉等提出在现阶段，部分基层党组织存在着政治功能弱化的现象，主要表现为巩固党的执政地位工作不扎实，贯彻落实党的决定不到位，宣传党的思想不深入。⑥ 三是关于基层组织发展路径的研究，《乡村振兴战略规划（2018—2022 年）》指出，加强农村基层党组织对乡村振兴的全面领导，要"提升组织力，把农村基层党组织建成宣传党的主张、贯彻党的决定、

---

　　① 徐琴. 乡村振兴背景下农民主体性建设的自组织路径研究 [J]. 内蒙古社会科学，2021，42 (01)：20-28.
　　② 殷焕举. 新时代村级党组织振兴的实践路径研究 [J]. 中州学刊，2021 (03)：12-17.
　　③ 崔新群. 从村规民约看我国乡村组织振兴发展路径 [J]. 山东农业大学学报（社会科学版），2021，23 (04)：47-53.
　　④ 殷梅英. 以组织振兴为基础推进乡村全面振兴 [J]. 中国党政干部论坛，2018 (05)：86-88.
　　⑤ 霍军亮，吴春梅. 乡村振兴战略背景下农村基层党组织建设的困境与出路 [J]. 华中农业大学学报（社会科学版），2018 (03)：1-8，152.
　　⑥ 周光辉，王海荣，彭斌. 突出政治功能：新时代基层党组织建设内涵、意义与实践路径分析 [J]. 理论探讨，2019 (03)：125-130.

领导基层治理、团结动员群众、推动改革发展的坚强战斗堡垒"。新时代要振兴村级党组织，就必须打牢其组织基础、巩固其思想基础、厚植其社会基础、扩大其群众基础。① 王海荣认为加强基层党组织建设要从构建以基层党组织为轴心地位的多层次、多向度体系网络，增强基层党组织社会功能的适应性、巩固基层党组织的意识形态权力、推进管党治党向基层延伸等方面下功夫。②

第三节　　组织振兴典型案例

一、江西省吉安县桐坪镇枫冈村"党建引领促乡村振兴"案例介绍

（一）案例村背景概况

枫冈村位于桐坪镇北端，距离桐坪政府2.5千米，位于222省道南沿，距离长塘高速路口21千米。全村共有党员23名，下设3个党小组，5个自然村，10个村民小组，村民共450户1502人。全村共有耕地1738亩，人均耕地1.15亩，山林1060亩，水域面积170亩。枫冈村附近有吉安天祥景区、庐陵生态公园、吉州窑遗址、梅塘资国禅寺、文天祥纪念馆、吉安将军公园等旅游景点，有登龙粉芋、横江葡萄、吉固芷、东固绿茶、永和豆腐、永和车前籽等特产。

近年来，枫冈村党支部坚持党的一切工作到支部、党的一切工作靠支部导向，有效地推动乡村治理等各项工作的发展，2021年9月枫冈村成功入选第二批全国乡村治理示范村，率先实现共富共享美好生活实践区。以前只要提起枫冈村，大家都摇头变色：民风彪悍，民心不齐，村容村貌差。然而现在走进枫冈村，整洁而宁静祥和的气息扑面而来：统一款式的篱笆

---

① 殷焕举. 新时代村级党组织振兴的实践路径研究 [J]. 中州学刊，2021（03）：12-17.
② 王海荣. 新时代基层党组织建设：突出问题与解决路径 [J]. 北京工业大学学报（社会科学版），2019，19（06）：47-55.

墙圈起来一个个小菜园、果园，新房子错落有序地林立；出门有路灯、休闲广场，村内道路全部硬化了，家家户户都用上了水冲式厕所；庭院里偶尔传出村民聊天拉家常的阵阵笑声……这只是枫冈村有效探索乡村治理的一个缩影。

（二）枫冈村探索乡村治理的主要做法

桐坪镇枫冈村村"两委"认真贯彻落实上级关于加强乡村治理的精神，在党员和广大村民的支持配合下，统一思想、团结务实、积极进取，认真完成各项工作，同时着力夯实基层基础，建立健全乡村社会治理体系。

1. 抓牢党建标准化"牛鼻子"

以基层党建"三化"建设提质增效年为契机，大力提升基层组织力作为乡村振兴的基石。2021年村级组织换届选举一次性顺利完成，目前村"两委"干部5人，在人选结构、信任度、满意度上，均有所提高，进一步巩固和加强了党在农村的核心领导地位；同时完成换届后村"两委"配套组织推选、村"两委"干部培训、建章立制等工作。持续兴起习近平新时代中国特色社会主义思想"大学习"热潮，挖掘好、用好历史文化资源，开展好党史学习教育；健全村组织运行管理、村干部激励约束机制，促村干部担当作为。

2. 推动公共服务延伸

提升农村公共服务水平，建设党群服务中心，围绕实施乡村振兴战略，实行"设岗定责"，提升党员党性意识，明晰自身职责，充分发挥党员的先锋模范作用，提升支部战斗力；村部一楼设置为民服务中心，实行村干部坐班制度，方便群众办事，为村民提供党务、村务、法律基本服务等便利化服务，打通服务农民群众"最后一公里"。重新制定枫冈村规民约，通过广播、宣传专栏等方式，传递至村民心中，文化道德形成新风。在尊老爱幼、勤俭节约、移风易俗等基础上，枫冈村规民约结合乡村振兴战略，并与时俱进地增添了保护生态、美化家园等诸多内容，使村规民约保持适用性、彰显实用性、突出时效性，更好地推动乡村建设走上规范化、法治化之路，成为乡村振兴的"助推器"。

3. 开展平安枫冈建设

枫冈村不断加强农村基层基础工作，健全自治、法治、德治相结合的乡村治理体系，深入推进农村社会治理体系建设。① 成立领导小组，组织到位。村党组织领导有力，工作规范，成立由村支部书记任组长的领导小组，成立了人民调解队伍、志愿治安巡逻队等组织，实行目标管理，明确分工，通过建组织、定规划为枫冈村开展创建平安村提供了有力的组织保障。② 排查矛盾纠纷，化解到位。坚持半月一次的定期排查，并与敏感时期的专门排查相结合，经常深入群众进行排查、调解工作，深入开展扫黑除恶专项斗争，实行网格化管理，营造出了人人参与的浓厚社会氛围，并积极发挥村综治协管员作用，坚持源头防范，主动治理，切实把矛盾纠纷化解在基层、化解在萌芽状态，做到"小事不出村、矛盾不上交"。2020年共调解矛盾纠纷15起，调处成功15起。③ 加强法治建设，宣传到位。以创建"平安村"和"平安家庭"为载体，开展综治平安、普法教育、安全防范、文明道德、温暖关爱等活动，使法治理念深入人心，村民法治意识明显增强。大力宣传社会主义核心价值观教育，引导广大人民群众参与社会治理，共建共享平安创建成果。

4. 建设美丽宜居乡村

按照"村庄整治＋基础设施＋产业发展"的思路，将美丽乡村建设和产业发展紧密结合，因地制宜利用空地荒山发展特色产业，以点串线，以线扩面，以面成片，全力打造美丽乡村建设示范带。实施"七改三网"建设，完成各自然村主干道、巷道、排水沟改造，保障河塘、沟渠清淤，消化存量危旧房，拆除破烂旧房，因地制宜配套建设公共设施，修建小型休闲广场，为群众提供休闲、娱乐、文化活动场所，不断提升基础设施建设水平。同时枫冈村于2019年建设了桐坪镇井冈蜜橘基地，基地占地300亩，总投资700万元，基地按照高标准建园要求打造，建设高规模钢结构电动卷帘大棚，安装并完善水肥一体化设施，确保幼苗成活和中后期开花结果，既利于园区科学化生产管理，也减少了管理成本的支出。该基地以合作社为平台，引领和带动138户贫困户入股，带动贫困户和村集体经济增收。自2018启动绿色殡改工作后，枫冈村通过召开理事会会议和群众大会，逐户上门，大力宣传绿色殡葬改革的政策和要求，做到家喻户晓，妇孺皆知。组织村民签订坟墓整治协议，协议签订先从理事会成员着手，再逐步延伸到全体村民，确保工作有序推进。按照"村不漏山、山不漏坟"的要求，逐一拍照编号，登记造册，建立台账，真正做到底数清、情况明。通过政府购买的方式，聘请专业队伍统一组织施工，确保工程质量。在平坟的基础上加以绿化提升，着力将枫冈村打造成生态宜居美丽新农村（调研现场见图10-2—图10-4）。

图10-2 吉安县桐坪镇"镇村发展与乡村振兴思路"主题党课

图10-3 调研槐基田园综合体项目运行情况

图 10-4　调研农户及合作社脆枣种植情况

（三）枫冈村有效治理典型事迹

1. 坟改工作

枫冈村干部在上门做散埋乱葬整治宣传工作的时候，有个别农户极力反对，并表示如果敢动他家祖坟，就去上访。村组干部不厌其烦上门做好宣传工作，上门次数最多的一户达 20 次之多，同时通过拨打该农户在外工作的亲属电话和上门拜访的方式向他们宣传坟改工作的政策要求和镇里的工作安排，认真听取他们的意见，得到了他们的大力支持。最初不肯接受坟改的农户在他们的帮助下，最终都自愿签订了坟改协议，确保了枫冈 688 座坟墓改进工作平稳有序推进；考虑坟改工作是破千年陋习，在反复征求群众意见的基础上，聘请了人品好、重沟通、工程质量受到全镇干群普遍认可的桐坪镇村民王秋华为施工员，负责枫冈村的坟改施工，墓穴统一订制，坟改点的绿化、排水、进出道路、停车场全部规划建设到位，得到群众的一致认可，本村村民纷纷点赞（见图 10-5）。

2. "老上访户"的转变之路

在枫冈村有个老上访户王九华，常年以各种借口越级上访和举报村干部，比如村干部插手项目建设，村委会选举不符程序等，甚至有时还怂恿其他村民去上访，在项目建设现场阻工，经上级有关部门调查，发现其举报又都不属实。为了不让他和其他村民非法越级上访，影响镇村形象，枫

(a)改造前   (b)改造后

图 10-5 枫冈村坟改工作前后对比图

冈村在研究修桥修路、产业发展等大事项时，严格按照要求组织各方代表召开会议，并留存影像资料，同时将情况主动张榜公示，让广大村民知晓，有疑问随时查看资料，有理有据地与村民沟通，最后他们也都心服口服了。其他村民到后面也明白了真相，根本不会相信王九华了，更不会被他怂恿去当枪手了；同时村干部联合镇综治办和派出所，对王九华进行教育，警告若他自己或者煽动其他村民通过不正当途径上访，或故意诽谤镇村干部，一经发现就按照法律程序处理，他自知理亏，也不敢乱来了。

3. 靶向发力化解信访问题

利用网格化管理平台，2021年枫冈村结合"我为群众办实事"实践活动，要求村里每个党员干部至少常态化联系走访2名群众，及时收集群众诉求，收集问题清单30余条，解决19个。以前一到双抢就因为灌溉用水问题要去镇主要领导办公室反映5次以上的一位村民，今年没有再去过一次，因为他反映的问题已经得到解决，枫冈村根据用水需求制定整改清单、责任人和整治期限，开展渠道清淤工作。村里按照"走访、办理、协调、回应"的工作原则，及时化解村民提出的问题，做到"矛盾不上交，平安不出事，服务不缺位"。

二、枫冈村以组织振兴促进乡村振兴的启示

（一）选优配强"两委"队伍，为组织振兴添动力

实现组织振兴的关键在于选准用好村级班子。一是要在选对人上发力。选村级班子要坚持"德才兼备，以德为先"，一个人的才干才能只有在大德

下展示出来,他才能成为全村的"领头雁"。二是要在用好人上使劲。需要从大局出发,结合村情民意以及个人能力,打造出一支思想统一、才位相配、凝聚力强、群众信服的村级班子队伍。三是要在激励人上用心。加大从优秀村干部中考录乡镇公务员、定向招聘乡镇事业编制人员力度。建立待遇提升机制,逐级提升村干部待遇,统一购买城镇职工社会保险,帮助解决后顾之忧。

(二)重点夯实党员基础,为组织振兴增活力

针对基层农村党组织党员老龄化严重、创新思维不足的问题,通过教育、引导和启发等方式,积极与35岁以下的基层致富能手、返乡务工人员和大学毕业生联系,引导"新鲜血液"参加志愿服务、参与村集体活动,将"宽打盘子"和"精细发展"进行有机结合,拓宽发展渠道,严把发展程序,把思想觉悟高、服务意识强、文化程度高的群众作为党员发展重点培养对象。

(三)着力培育技能型党员,为组织振兴增效力

坚持以人为本和党管人才原则,以市场需求为导向,加大技能培训,为农村党员发挥先锋模范作用提供着力点。一是由体力型向技术型转变。重点加强对种植、养殖、建筑等类别进行技术培训,使大部分党员都有一技之长。二是由家庭型向市场型转变。引导零敲碎打的家庭小作坊如油茶加工、豆腐生产,形成规模优势,打造出一些拉得出、叫得响的特色产业。三是由自富型向带富型转变。着力把农村党员培养成致富能手,使农村党员不仅能够自己致富而且能够带领群众致富。比如吉安县万福镇在干部队伍培养上实施梯次培养,按照一帮一方式,组织老同志与年轻干部结成师徒对子22对,"传帮带"年轻干部尽早适应农村工作,兼顾差异化发展,根据年轻干部个性特点、专业特长,合理安排工作岗位,帮助练就服务基层、解决问题的本领。

(四)严管与厚爱结合,真正关心关爱

一要提高经济待遇。确保基层干部的工资待遇在现有基础上提升20%左右。要优化基层干部奖励发放政策,拉开基层干部与县直单位干部的待

遇差距，确保基层干部的工资福利待遇总额高于县直单位同等条件干部30%左右。二要加大政治激励。推行一线考察法，深入开展攻坚克难一线识别考察年轻干部工作，把在基层一线默默奉献、担当实干、群众公认的年轻干部找出来、用起来。对表现突出的班子成员，要打破隐形台阶"拔得动"。树立先进典型，对表现优秀的年轻干部，及时予以表彰，引导广大年轻干部见贤思齐，比学赶超。三要做好人文关怀。领导干部要经常深入基层年轻干部中间，与他们谈心交流，帮助出点子、找路子，让他们感到工作的价值，增强他们的成就感和责任感。要帮助年轻干部正确认识对待工作中的困难，增强干好工作的信心，当他们出现工作困惑、情绪不稳、感情不顺时，及时介入，让他们轻装上阵。

（五）大力发展村集体经济，为组织振兴增实力

实现组织振兴的重要抓手是大力发展村集体经济。一是发挥资源优势。采取公开发包、土地入股、规模经营、旅游开发等形式，将资源优势转化为经济优势。二是盘活集体资产。通过租赁、承包、联合开发等形式盘活村集体闲置的用房以及修建厂房"筑巢引凤"。三是积极走向市场。鼓励村集体领办专业合作社，为村民和种养殖户提供信息、技术、劳务等有偿服务，增加集体经济收入。大力发展村集体经济有利于引领村民以集体产业为旗帜，完善产业链条，形成规模效应；有利于吸引人才"回流"，为青壮年返乡创业就业提供更好的发展"土壤"；有利于提高村级班子治理水平和治理能力，形成发展壮大村集体经济与村级班子奖励报酬挂钩机制，激发村级班子战斗力和凝聚力。

第十一章

社会工作助力乡村振兴的社会实践

2018年,中共中央、国务院印发了《乡村振兴战略规划(2018—2022年)》,其中明确强调了社会工作在健全农村基层服务体系和加强农村社会保障体系建设中发挥的重要作用,为社会工作介入乡村振兴指明了道路。该文件具体指出,应"大力培育服务性、公益性、互助性农村社会组织,积极发展农村社会工作和志愿服务"并"推动各地通过政府购买服务、设置基层公共管理和社会服务岗位、引入社会工作专业人才和志愿者等方式,为农村留守儿童和妇女、老年人以及困境儿童提供关爱服务"。由此可见,社会工作与乡村振兴战略存在天然的契合点,发展农村社会工作有着充分的政策和现实依据。本章按照"认知—研究—服务"的逻辑,主要讨论社会工作参与乡村振兴的内容和方法等。

第一节 社会工作:乡村振兴中的重要力量

一、农村社会与政府、市场三支力量构成乡村振兴主体

实施乡村振兴战略,政府、市场、农村社会三大主体缺一不可,由政府、市场与农村社会互动与协同所形成的动态平衡系统是保证乡村振兴战略顺利达成的关键。政府是乡村振兴战略的部署者和重要推手,政府的职能主要体现在组织安排与政策法规主导、服务投入与基础保障主导等方面。农村和农民才是乡村振兴的真正主体,如果他们的参与不足,乡村振兴就会失去原动力。要激发农民的参与,就要以维护农民的利益为第一要义,

比如紧扣地方特点、农民利益制定产业发展规划，在引入资源、资本、人才助推乡村振兴的同时，保护好农民利益等。同时要激发他们的发展志向，畅通他们的参与渠道，培育他们的参与意识，提升他们的可行能力，赋权予能，让他们的主人意识和主体潜能得到充分展现。激发农民内生动力是保障脱贫攻坚成果的内在要求，也是实施乡村振兴战略的必然要求。

什么样的乡村是农民需要的，乡村该如何建设，需要充分尊重和听取农民的意见，激发他们的潜能，培育他们自主发展的能力。社会工作"助人自助"的理念、"以人为本"的工作原则、专业方法技能与乡村发展具有高度契合性，在激发农村人口内生动力上具有独特优势。在脱贫攻坚过程中，社会工作一直坚持以贫困人口为服务主体，致力于改善贫困人口所处的环境，提高贫困人口的发展能力，提升贫困人口发展的自主性和积极性，并取得了一定的成效，证实了社会工作在助力农村事业中的优势地位和作用。在乡村振兴新阶段，社会工作仍需通过专业理念、方法、服务策略持续为乡村振兴服务。

二、乡村振兴中的社会力量和社会工作

习近平总书记强调"全面实施乡村振兴战略的深度、广度、难度都不亚于脱贫攻坚，必须加强顶层设计，以更有力的举措、汇聚更强大的力量来推进"。乡村振兴与脱贫攻坚均需社会组织等多元主体共同参与，充分利用多种社会力量实现共治共享。随着乡村振兴战略的提出，新农村建设的步伐不断加快，基层政府在实现向服务型政府转变的过程中，社会工作者、公益与志愿服务组织、现代乡贤及其组织、社区内在民间组织、社会型企业等各种类型的社会力量体现出各具特点的功能与价值，对乡村振兴具有重要意义。社会工作者在深入农村社区实践中不断总结经验，结合专业知识与实践经验，为社区提供专业服务，在解决和预防社会问题、发挥农民主体作用、促进社会公平以及推进乡风文明建设等方面发挥着不可忽视的作用。

新时期，面对乡村发展的新特征，社会工作者主要从三个方面对农村社区进行帮扶：首先是对农民日常生活方面的帮助，包括帮助因为身体问题难以生活自理的残疾人、老年人，心理失调、自我封闭的人群，还开展一些婚姻家庭热线咨询、家庭暴力援助等，帮助家庭关系不和谐的人群；其次是针对个人的社会救助行为，包括对于赌博、酗酒、吸毒和犯罪人员

的社会救治、矫治、教育；最后是对农民就业的帮扶，主要是针对职工的合法权益维护问题，包括工伤劳资关系的司法协调、医疗缺乏保障的权益维护等。社会工作者的服务对象包括空巢老人、留守儿童、留守妇女、网瘾少年、重病患者等有需求的弱势群体，他们能够开展建立社区中心、社区教育、妇女夜校、送医下乡、社会政策的传递和落实等专业化服务，利用个案小组和社区工作等主要的社会方法，恢复社会功能，助力社区体制机制的完善和建立。

"授人以鱼不如授人以渔"，村民只有依靠自己的双手致富，才能形成长效发展机制。如江西省万载县罗山村的"致富驿站"，是社会工作者介入农民致富能力发展的典型项目，运用"地区发展"模式，社会工作者以罗山村现有的交通、地缘优势以及乡土特色，挖掘村庄资源和农民的潜能，以个人开办的农家乐饭庄为起点，建立"致富驿站"，帮助实现了罗山村落社区的可持续发展。这种"造血"式的社会工作模式改变了传统"输血"式的乡村治理工作模式，社会工作者真正做到了以农民为主体，充分尊重农民的意愿，注重对农民的赋权和增能，真正发挥了农民在农村社区治理中的主体地位，有利于新型农民的培养。

三、社会工作参与乡村振兴的目标

乡村振兴战略根本上是践行"以人民为中心"的理念，是对亿万农民和广大城乡居民美好生活需要的回应。乡村振兴战略的落脚点在于"生活富裕是根本"，它绝不仅仅指物质生活的富裕，还包括精神文化生活需求的满足、人与人和人与自然各种关系的和谐公正，如此方能使人们获得充分而全面的幸福感。

乡村振兴与社会工作既在理念目标上高度一致，又在战略路径上紧密契合。社会工作的核心价值理念是以人为本、助人自助，它作为"社会技艺"，专长于改善和增进人们的各种关系，提升人们的社会功能，培育个人和集体的力量。在具体手法上，它注重从人们多样化的需要出发，努力给予最好的回应和满足。

早在20世纪，我国就有社会工作直接参与乡村规划、促进乡村发展的先例。以晏阳初为代表的乡村教育家首次提出了符合中国国情的乡村建设理论，积极开展了一系列平民教育运动，并制定了一套极具可行性的建设方案，在河北定县展开初步探索与实践，取得了显著成就。晏阳初认为平民教育的重点是农民教育，面对中国农民"愚""贫""弱""私"四大核心问题，他仍然相信农民自身具备改变的决心和改革的潜在能力，体现了优势视角理论原则。晏阳初还提出，根据不同学段特点设置教学模式，从扫除文盲到逐步培养技术人才与领导人才。将学校式、社会式、家庭式3种培育方式有机结合的同时强调了家庭教育与继续教育的重要地位。乡村建设运动中涉及社会工作相关的观点和举措，在乡村振兴战略背景和新发展格局下，对现今社会工作对农村发展的介入仍然具有借鉴意义。

对于我国的社会工作来说，需要突破对本专业的传统狭隘和欠缺本土性的理解，深刻地体认自身与乡村振兴的内在相通性与必然联系。基于此，我国的社会工作者理应积极投身乡村振兴实践，去践行自己的专业使命，表达出不一样的专业形态，扎根乡土，助力乡村共同体形成和复兴，造福更多城乡居民。在这样的实践中，中国社会工作才能更加逼近而不是偏离专业的本质：秉持对所有个人、家庭和集体福祉的担当，以人本公正的各种关系为追求，运用灵活多样的创造性方法服务于人和社区、社群的发展进步。乡村振兴应当成为中国社会工作的主战场，社会工作者们在投身这场战斗的过程中，也将建构出"中国社会工作"的鲜活形象，既助益于本民族又贡献于全世界。

四、社会工作参与乡村振兴的内容

《关于加强社会工作专业人才队伍建设的意见》《关于加强社会工作专业岗位开发与人才激励保障的意见》《关于加快乡镇（街道）社工站建设的通知》《关于加快推进乡村人才振兴的意见》《乡村振兴战略规划（2018—2022年）》《中华人民共和国乡村振兴促进法》《关于加强基层治理体系和治理能力现代化建设的意见》系列相关政策和法律文件的出台为社会工作参与乡村振兴提供了重要契机，明确了政策依据和发展方向。社会工作作为公共服务的重要社会力量，在参与脱贫攻坚并取得全面胜利后，完全还可以凭借其专业契合性、服务成效、价值理念等优势于乡村振兴战略中彰显价值，并在巩固脱贫攻坚成果、关爱困难特殊群体、繁荣发展乡村文化、振兴乡村产业经济、涵养乡村人才和创新基层社会治理等方面延续自身优势，开展专业服务。

（一）防返贫监测工作

脱贫攻坚与乡村振兴是新时期解决"三农"问题的重要举措，二者具有内在联系和递进关系，防返贫监测机制是脱贫攻坚与乡村振兴有效衔接的重要保障，同时也是社会工作在推进乡村振兴进程中扮演重要角色的舞台。返贫是指已经摆脱贫困的人口由于内外部原因再次陷入贫困的状态。由于人口自身、社会力量以及社会政策等原因的复杂性，农村脱贫人口返贫具有不确定性和风险性。

社会工作在介入防返贫帮扶工作中具有优势，主要体现于以下几个方面：一是理念优势，社会工作秉承"助人自助"理念，与扶贫工作中"扶弱济贫"理念一致，社会工作者相信贫困对象都具备独特价值和潜在能力，能够激发贫困群体自主脱贫；二是方法优势，社会工作者善于采用个案介入、小组工作等科学方式，能够通过倾听需求、鼓励成长、挖掘潜能等专业方式，贴近贫困群众，并且在开展介入过程中，善于利用认知行为视角、增能视角、优势视角等原则依据开展工作，保证介入工作质量与效率；三是资源优势，社会工作者长期深入扶贫一线，了解政府政策文件，能够实现政府政策与贫困人口对接，并且具备整合社会资源能力，让更好政策、更多资金精准扶持贫困对象。

（二）农村留守儿童工作

农村留守儿童是城乡发展不平衡的产物，也是实现乡村振兴道路的亟待解决的现实问题。在乡村振兴的背景下，社会工作者作为专业队伍在解决农村留守儿童所面临的问题时有独特作用。随着城市化发展进程的加快以及城乡发展之间不平衡不充分的矛盾突出，农村留守儿童面临着生活问题、心理问题、教育问题等，这些问题严重危害了儿童的身心发展，同时也阻碍了农村经济社会可持续发展。

针对农村留守儿童的生活问题，社会工作者可以为留守儿童争取生活资源，满足衣食住行的基本需求，加强对留守儿童的安全照顾，保障基本的人身安全；针对农村留守儿童的心理问题，社会工作者可以在专业方法的基础上，利用个案工作、小组工作、社区工作等方法，加强和留守儿童的心理交流，确保其身心的健康发展；针对农村留守儿童的教育问题，社会工作者可以通过家庭教育计划参与到教育过程中，提高留守儿童监护者的教育能力，同时也可以积极进行社会倡导获取资源，丰富教学内容和完善教学设施。

(三) 易地搬迁老年人社会适应

易地扶贫搬迁是国家通过搬迁方式让生活条件恶劣的贫困地区居民实现脱贫的一项基本政策，实现搬迁居民"搬得出，稳得住，能致富，促发展"的目标，该项政策的实施已取得显著成效。在各省市搬迁点，老年人口占比基本都在60%以上，老年人由于生理和心理的特殊性，易地搬迁后容易在日常生活、人际交往、社区归属感等诸多方面出现社会适应不良。增强易地扶贫搬迁老年人在搬迁点的社会适应能力，小到个人和家庭、大到国家和社会都具有极其重要的意义。首先，增强老年人的社会适应能力有助于其个体身心健康，解除家庭后顾之忧。其次，帮助易地扶贫搬迁老年人更好地融入新社会环境，实现脱贫致富，进而实现与乡村振兴的有序衔接。

社会工作在解决易地扶贫搬迁老年人社会适应问题上具有工作理念和工作方法的双重优势。首先，我国社会工作理念是以人为本，及时回应需要，把个人发展与社会发展相结合，注重关系和谐，促进社会发展；尊重和接纳个体差异，平等待人，与服务对象结成合作伙伴关系。其次，社会工作者能够综合地应用个案工作、小组工作和社区工作三大工作方法，整合性地解决老年人在搬迁点社会适应上产生的不同层次的问题。个案工作在解决个体差异化需求和个性化问题上具有优势；小组工作能够有效地帮助具有相同需求的老年人"抱团取暖"，促进人际关系改善；而社区工作可以从优化环境要素入手构建老年人友好型社区。

(四) 农村乡风文明建设

习近平总书记在党的十九大报告中提出要始终坚持农民主体地位，按照"产业兴旺、生态宜居、乡风文明、治理有效、生活富裕"的总体要求，大力促进农业农村现代化。乡风文明建设是乡村振兴的灵魂，搞好乡风文明建设，就是为乡村振兴战略打上了一针"催化剂"，为其提供战略保障。

社会工作介入乡风文明建设具有自己独特的优势。第一，社会工作的核心价值观与乡风文明建设的发展思想"以人民为中心"相契合。社会工作的职业目标就是帮助有需要的个人以及团体整合社区资源，预防及解决社会问题，恢复和发展社会功能。乡风文明建设追求的是使村民们抛弃固化的、陈旧的思想意识形态，帮助他们养成适应新时代及新农村发展的精神思想和个人意识，同时不断提高自身的科学文化素养与素质，打造高质量的农村生活水平，养成科学文明、健康向上的生活方式。社会工作通过优势视角，激发农民个人的潜力与活力、尊重村民的个体多样化发展，运用个案工作、小组工作和社区工作等工作方法来化解村民矛盾、疏导村民情绪、改变村民日常文化娱乐生活匮乏的现状、协调各方力量提高农村的生活质量。第二，社会工作与政府机构互动，共建文明乡风。社会工作从诞生起，就一直与政府机构有互动与合作，社会工作可以通过政府购买服务的方式为乡风文明建设"添砖加瓦"，同时可以与高校联合建立社会工作服务站以及社会工作人才实践、实训基地，大力发展志愿服务，丰富农民的日常生活，提高思想教育水平，建造和谐、友爱的乡村氛围，提高农民参与营造乡风文明的积极性。

第二节　社会工作参与乡村振兴的方法

社会工作参与乡村振兴，就是要运用专业的问题意识、知识理论、技术方法参与政府主导的乡村振兴，与政府合作，提高政府运作效率；协助政府推动多元主体，协助政府整合城乡、社会资源，促进人与自然和谐相处，实现村民自身可持续发展能力的提高，推动乡村建设内生机制形成，最终实现农业强、农村美、农民富。

一、直接服务

（一）个案辅导：通过个体赋能提升可持续生计能力

个案工作是遵循个别化原则，以专业的态度及价值观，帮助案主解决当下存在的问题,恢复社会功能,链接社会资源,提供社会支持,使案主重新回归正常的生活中。因为个案工作具有针对性强、遵循个别化原则处理等特点,所以将个案工作运用至介入乡村振兴中可以更有效地分析当前所面对的问题,具有针对性地设计工作计划,全面、深入地了解问题、解决问题。具体实际运用来说,社会工作者要秉承着专业的知识技能以及价值观,首先对案主进行结案、预估、计划、实施介入、随时评估调整等一系列系统的工作,对案主实施专业化的介入,使案主对自己面临的问题有一个深入了解的同时,帮助他们增强个人能力,构建正式及非正式社会支持网络,实现健康成长。在实施过程中,社会工作者要注意发挥案主的能动性,挖掘他们的优势及潜能,运用优势视角、增能理论等方法积极地看待案主,增强案主个人能力,消除社会环境对其的压迫感、无力感。个案工作的最终目标是要实现村民的个体赋能,将村民能力的提升融合到可持续减贫中来,释放农民个体主动发展的能量。

首先,社会工作组织可以根据实际工作提供"一村一良策、一户一药方",从个人、家庭及其所处社会环境等渠道了解案主的基本信息,包括个人具体需求、心理情况、家庭成员收入、与他人的社会关系网络等。其次,社会工作组织以基线调查数据为基础,通过组织教育培训阻断返贫发生,借助来自大学和科研机构的各类专家的力量,集中会诊农村项目建设过程中村民个人和村集体遇到的难题,明确具体案主的能力特长和现有社会支持力度等,依据"结构洞"的形成原因,确立精准化服务内容,进而将个体赋能计划"靶向递送"到具体服务对象。最后,社会工作组织协助制定针对案主赋能的实施方案。除了要为案主及其家庭向政府争取基本的物质援助外,更要从技术、外部市场信息、经营知识等资源链接进行考量,帮助案主从知识、技能、文化等方面赋能增权,提升其自我发展和可持续生计能力。

以贫困户G伯为例,G伯患哮喘多年,老伴双腿患风湿不能行走,唯一的儿子40多岁还是单身,家庭非常贫困。G伯对自己和家庭非常担忧,甚至产生了"老而无为"的自卑心理。当地社会工作者了解情况后,知道G伯有一手扎扫帚的绝活,社会工作者对G伯实施个案辅导,动员他编织扫帚、竹篮等竹制工艺品,并帮助他在网上销售。G伯在社会工作者的帮助下销售扫帚、簸箕、竹篓、菜篮等手工艺品和农特产品,短短数月间,线上线下销售收入十分可观。

（二）小组活动：通过人际关系增权增强整体减贫能力

小组工作是在社会工作的协助下，以具有相同或相似问题的案主为小组，通过有目的的互动互助，使参加的小组成员获得行为改变、社会支持以及社会功能恢复与发展。小组社会工作通过互助小组的形式发现和引导个别村民的领导能力，借助群体动力来提升目标对象的社区适应能力，使其即使脱离小组后仍能保持自助状态。村民与其他利益主体人际交往的改善，往往是人际关系层面赋能增权的结果，不同性质的小组成员的沟通和交流，可以帮助他们提高减贫的参与性和积极性。借助相互间的信任合作关系，激发村民争取丰富社会资源和资本的主动性，避免村民与其他利益主体因凝聚力的削弱而出现"结构洞"。

在小组活动中，强化组员间的职业凝聚力是活动开展的主要目标。自身发展条件不同的村民处于社会网络结构中不同的位置，这就要求社会工作者不仅要加强村民个人和家庭的社会关系网络互动，更要优化整个村庄的社会网络结构，以形成比传统宗族力量更强大的主体凝聚力。社会工作介入农村可持续减贫的路径之一，就是将小组活动的人际关系增权功能体现在协助村民自助发展的过程中，凝聚村民与其他利益主体的力量以跨越"结构洞"。

以 C 姐等留守妇女为例，当地的社会工作队和村委会考虑到 C 姐等人有一定的编织竹制品的手艺，协商制定出一套面向 C 姐等留守妇女的自助帮扶方案，即组织大家利用棕树皮、松针、稻草、青苔等制作篓、箱、盒、碗等器具装饰品。10 多个留守妇女一起制作手工艺品，20 多户贫困户一起编织竹制品，产品全部通过互联网销往全国各地，深受消费者欢迎。社会工作通过小组活动赋能增权与争取外援的双向合力，为"民间艺人"找到了减贫新途径。

（三）村庄（社区）工作：通过社会参与重构社会支持网络

我国现行乡村社会福利体系需要强大的社会支持网络来有效支撑贫困农户的未来生计，当前基层政府主导的面向家庭和个人的帮扶无法满足多元化的需要。借助社会工作的专业优势，发挥反贫困生态系统的联合动力机制所产生的积极作用，或许才是助力乡村振兴的正确路径。有的村庄内部沟通协调机制不够完善，信息传递不通畅，村民与政府、村民与外部消费市场、村民与村民间的"结构洞"问题较难得到解决，最终可能对乡村振兴巩固脱贫成果、脱贫攻坚与乡村振兴有机衔接形成一定的阻力。社区的原生环境是贫困发生的重要渊源，而摆脱贫困的内生动力是集体利益驱动机制，需要社区的村民抱团取暖。可以通过成立协助农民自治的集体经济组织，如扶贫项目合作社等，提升贫困农村社区的组织化水平，形成农民普遍受惠的社区内部帮扶网络，用利益共同体将原本松垮的贫困户捆绑在一起，不断链接外部项目资源、技术和人才，鼓励农村新乡贤、社会精英牵头建立农民互助合作社，为乡村振兴提供持续动力。

二、间接服务

（一）与政府合作，政府购买服务

过去计划经济时期，中国实行政府包干的社会管理方式，政府插手市场经济、社会管理方方面面，即便后来出现了基金会、红十字会、残疾人联合会等社会组织，但这些组织没有专业化的人才队伍，在社会管理中提供的服务也很有局限性。现在不断进步的社会发展要求改变原有的社会管理模式，建立新的社会治理模式，政府需要下放一部分权力交予专业的社会组织。由于传统社会组织在为社会提供服务中出现了各种各样的社会问题，因此传统社会组织渴望有更加专业的组织来承接他们的工作，社工机构作为这样一支专业化队伍在社会治理中的作用逐渐突显出来。与此同时，国务院办公厅于2016年6月发布通知，成立政府购买服务改革工作领导小组，统筹协调政府购买服务，这也显示出政府积极推动自身职能转变，而这种转变为社会工作参与政府购买服务提供了重要契机。在乡村振兴中，政府牵头，社会工作参与，政府通过购买社会工作服务，为社会工作提供资金和制度保障，实现社会工作参与乡村振兴。

（二）多方合作，推动主体多元

乡村振兴战略鼓励社会各界投身乡村建设，支持社会各界人士、专家学者、技能人才等加入，提倡发挥协会、社团、非营利性组织等群团组织的优势和力量。顺应政策倡导，地方政府需要引进社工机构，通过购买社会工作服务、在乡村建立社工站等形式加强与社会组织的合作，建立"政府＋社工"多主体联动机制。

在"政府＋社工"联动机制下，基层政府保证对社会工作的领导和支持，基层党组织干部和基层群众组织负责人为联动机制带头人，领导社会工作者参与乡村治理，为社会工作者提供政策解读、资金保障，实现社会工作者在地方政府支持下发挥其专业技术帮助农业农村农民建设。

（三）整合资源，加强城乡融合

改革开放以来，"三农"政策的制定主要以工业化和城镇化为导向，农村被定位于为工业化和城镇化发展提供特定需求，即在工业化和城镇化的快速发展中需要农村提供更多的生产原料。整个社会奉行城市中心主义，农村于城市而言是从属地位，城市发展快于农村，城市拥有广泛的经济资源、市场资源、文化资源、医疗资源等，而农村发展相对落后，如果只靠农村自己的力量进行发展就不能取得好的效果，封闭保守必然导致落后。虽然乡村不及城市资源丰富，但也有属于自己的物质景观资源和基于血缘与地缘的人际资源，因此在乡村振兴中，必须加强乡村与城市的协调，整合城乡资源，将丰富资源投入乡村建设。社会工作者被称为资源的链接者，他们受过专业的知识教育，拥有一定的文化资源；社会工作的资金来源于政府拨款和社会团体捐赠两大部分，企业、公司、单位等社会团体与社工机构联系密切，具有物质资源；社工机构在我国的建立主要从城市开始，城市社会工作发展相对成熟，对城市资源掌握准确。政府可以充分借助社会工作在文化、物质、城市资源上的优势，发挥社会工作者作为资源链接者的积极作用，推动乡村振兴建设。

第三节　社会工作介入防返贫监测的创新案例[①]

基于返贫人口的类型多样化以及返贫原因的多样性，在我国全力推动乡村振兴发展的现阶段，如何让边缘贫困人群不发生返贫风险，仅仅依靠政府的力量难以实现有效的防返贫监测，因此要构建以政府为主导、多方协调合作的防返贫机制，需要各种社会力量参与到新阶段的贫困治理工作中。

2020年年初，江苏省委驻淮安市淮阴区帮扶工作队（以下简称"工作队"）来到了三树镇新星村党群服务中心，也把社会工作者带到了群众身边。

"帮扶工作怎么干？"从接到任务的那天起，担任工作队队长的省民政厅慈善事业促进和社会工作处处长朱钟斌就一直在思考这个问题。工作队包含水利厅等14个成员单位，作为队长单位，民政厅能做什么？"江苏省目前已经建立了社会救助家庭经济状况核对系统，能够较为准确地掌握救助家庭的一系列情况。然而线上精准识别只是第一步，更为重要的是，要通过数据了解困难群众的实际需求，更精确地开展服务。"朱钟斌认为。

驻村第一天，朱钟斌见到了淮阴师范学院教授、心苑社工服务社创始人赵海林。有16年社会工作教学和实践经验的他一直想把服务拓展到扶贫和农村领域，但苦于没有机会。朱钟斌把引入社会工作参与帮扶的想法说出来，当即，两人一拍即合，从一同走访调研到后续的服务支撑，形成了由心苑社工服务社承接服务的初步构想。

通过走访调研，工作队发现当地贫困的原因主要有三种：因病因灾致贫；缺乏资源，脱贫致富能力弱；脱贫意愿低，存在"等、靠、要"思想。这些不是一朝一夕、简单物质帮扶就能解决的，"社会工作者恰好能够根据服务对象的需求，整合社会资源、挖掘潜能、激发内生动力，一一破解，

[①]　夏学娟，张燕."不让任何一个家庭返贫"——社会工作参与江苏省民政厅淮安扶贫纪实.《中国社会工作》2020年28期。

'靶向治疗'。"赵海林说。

白天,社会工作者跟着工作队挨家挨户探访,实地了解情况;晚上,他们根据专业量表问卷调查,对建档立卡户做经济情况归因分析,再根据归因结果,制定介入策略。在跟踪服务的过程中,他们还总结了预防返贫"三步走"工作法:第一步,摸排走访,深入调研,了解需求;第二步,评估返贫危险及危机程度,分级管理;第三步,定期检测,及时跟进,发展性扶贫与兜底保障相结合。以三树镇为例,短短三个月时间,社会工作者同工作队入户调研困难家庭107户,筛选出三级情况较好的70户,二级重点关注的31户,一级需要立即介入的6户。"我们还建立了扶贫队员、社工、村委会、邻里互助团成员四方联动的防返贫预警机制,保证不落掉一户困难家庭,也不让任何一个家庭返贫。"社会工作者黄孟燕介绍道。

"充分发挥社会工作在帮扶困难群众中的专业优势,引进专业社会工作力量协助基层民政工作者线下网格走访、即时开展服务,是巩固脱贫攻坚成果、建立长效脱贫机制的重要途径。"江苏省民政厅帮扶队员、挂职三树镇党委副书记程业说。

作为省重点帮扶县(区),淮阴区的建档立卡扶贫对象中因病、因残、因灾致贫家庭占了将近一半。这些贫困家庭本身造血功能弱,如果再遭遇突发事件、意外伤害、重大疾病等,往往会成为"压死骆驼的最后一根稻草"。工作队把他们列为重点帮扶对象,由社会工作者进行个案跟进。在丁集镇刘洼村走访时,工作队就发现了一家典型的边缘户。

年初,作为家里的顶梁柱小尹突发重病,常年生病的爷爷、奶奶和父亲一下子没了主心骨,生活陷入困境。驻点社工沙海婷立即将小尹一家作为紧急介入对象,为其申请低保,保障了家庭的基本生活。看着生病在床的孙子,尹奶奶整日以泪洗面。社会工作者用同理等技巧安抚其焦虑情绪,还链接志愿者帮助她减轻家务负担。通过积极争取相关政策支持和发动社会力量捐款,社会工作者还为小尹筹集了医药费。"真是多亏了你们,要不然真不知道我们怎么活下去。"每次探访,尹奶奶都会拉着社会工作者的手,感激的话说个不停。

同样因社会工作者的专业帮扶而改变人生态度、积极脱贫的,还有南陈集镇渔塘村曾经的扶贫"老大难"张宏(化名)。

因患有未分化型精神分裂症、酒瘾综合征,张宏一喝酒就打人,也不工作,全家7口人就靠妻子和刚毕业的大女儿养活,经济压力可想而知。

在接受治疗后，家人怕张宏故态复萌，不愿意接他回家。张宏知道后很沮丧，打算"破罐子破摔"。社工为张宏开展了个案服务，先是落实临时救助金，链接资源偿还了拖欠的医疗费，解了燃眉之急；又积极开导张宏的妻子和女儿，帮助她们舒缓情绪。在张宏"不再喝酒"的保证下，家人将其接回家中予以照料。社会工作者还积极为张宏寻找合适的公益岗位，以便让他慢慢回归社会。"社会工作者能利用专业优势帮助困难群体综合解决问题。这一点，我们真是自愧不如。"一直跟进该个案的区扶贫办刘婷提起社会工作者赞不绝口。

类似的例子不在少数。采访中，困难群众虽然说不清楚"社会工作者"到底是什么，但是他们觉得社会工作者代表着共产党，是来帮助他们生活得更好的人。三树镇党委书记高传荣则直接表示："只要有社工开展服务的地方，党委和政府推动工作就非常得力，百姓就非常拥护。"这样的评价让社会工作者们倍感欣慰。

"子曰：学而时习之，不亦乐乎。有朋自远方来……"清晨，朗朗的读书声从新星村社工驿站传出来，十多名留守儿童和困境儿童正在大学生志愿者的指导下晨读。朱钟斌清楚地记得，三个月前初到村部，这里破旧不堪，蛛网密布，门可罗雀。"这儿马上就要拆除，异地重建了。"村委会工作人员告诉他。与之形成鲜明对比的，是不远处高耸的教堂，人员往来，十分热闹。

朱钟斌和队员一合计，何不把这里建成社工服务的阵地呢？工作队的想法得到后方单位省民政厅的大力支持。民政厅当即拨付10万元资金对村部进行硬件改造，服务升级，把原有的党群服务中心打造为新星村社工驿站，由心苑社工服务社运营管理，在参与扶贫的同时积极拓展农村社会工作服务。

"工作队和社工总有一天会离开，所以，我们要激发村民自我服务和社区参与的意识，打造一支不走的帮扶队。"提起建站初衷，朱钟斌这样说道。

起初，村民并不买账。随着一系列关爱老人活动和暑期夏令营的开展，社会工作者的"刷脸"有了效果，驿站也渐渐热闹起来，村民愿意在这歇歇脚、聊聊天了。社会工作者顺势发展了9名村民骨干，初步成立了邻里互助团。为了让互助团进一步提升能力，社会工作者还每个月组织例会，对成员进行领袖培育和技能培训，回顾服务内容，分享总结经验教训……

"邻里互助团在入户走访和社区活动中,发挥了不可小觑的作用,是我们的左膀右臂。"驻点社工纪杰杰表示。更让她自豪的是,陆续有6名低保对象和建档立卡对象加入了邻里互助团,从受助者变成了助人者。"邻里互助团积极参与到分散供养五保老人、困难家庭老人和留守老人的日间照料和情绪疏导服务中去,参与到村庄建设中去。现在,常到驿站参加活动的村民多了,积极报名当志愿者的人也多了,乡村的精神风貌焕然一新。"新星村村支部书记陈际书告诉记者。

目前,三树镇已经形成了由省委驻淮阴区帮扶工作队、三树镇政府、各村村民委员会、心苑社工、淮阴师范学院、邻里互助团、爱心企业、多家社会组织组成的脱贫支持系统。在赵海林的促成下,新星村还成立了"淮阴师范学院大学生社会实践基地",社工驿站农村儿童关爱中心、老人日间照料中心、村民互助中心的阵地作用也正在逐步发挥并辐射到周边村。

第四节　社会工作介入农村留守儿童

一、当下农村留守儿童存在的问题

(一) 生活问题

农村留守儿童是指在农村,父母一方或者双方外出务工,持续时间超过3个月,无法和父母双方共同生活的农村儿童。大部分农村留守儿童是父母双方都外出务工,大部分在省外务工,工作繁忙,儿童长时间无法拥有完整的家庭生活。留守儿童首先面临着生活问题,包括饮食水平、个人卫生、生病照料等。留守儿童主要和祖父母、外祖父母生活,还有一部分和其他亲戚居住,甚至自己居住。留守儿童自身缺乏生活自理能力,其看护人多为老年人,自我照顾都成为问题,很难有余力照顾留守儿童。缺乏生活照料一方面影响儿童身体发育,难以保证饮食营养摄入充足,另一方面存在安全隐患,容易发生意外事故。

(二) 心理问题

心理问题是极容易被忽略的问题,留守儿童由于长时间和父母分离,看护人只能照顾其吃穿生活,很难替代父母在儿童心里的地位,疏于对留守儿童的心理教育和人格培养,造成留守儿童心理问题日益突出。留守儿童心理问题主要表现出心理压抑、孤独感,很多留守儿童很长时间才能和父母沟通一次,在有苦恼情绪时无人倾诉。久而久之,留守儿童很容易出现自卑、自我封闭的情绪,影响其融入社会生活;到了青春期出现逆反情绪,出现埋怨父母亲人,抱怨社会,甚至抑郁情绪。

(三) 教育问题

留守儿童的教育问题受到广泛关注,由于看护人文化水平不高,对教育重视度不高,儿童缺乏监管也就容易中途辍学,严重影响留守儿童的健康成长。同时看护人的管教方法不当,不仅不利于增进和留守儿童之间的情感,反而容易激发留守儿童逆反心理,形成反效果。看护人的教育方式形成了两个极端,过于严格和过于放纵,最终影响留守儿童的教育。农村教育资源本身相对匮乏,留守儿童家庭经济条件不佳,也影响到留守儿童中途退学。尤其是学龄前教育,农村地区幼儿园数量少,看护人没有精力接送留守儿童,造成留守儿童学龄前教育入学率低。受到家庭环境的影响,留守儿童和自己的父母一样,外出打工,很多留守儿童初中便辍学打工。

二、农村留守儿童小组支持方案设计

小组工作是在社会工作的协助下,以具有相同或相似问题的案主为小组,通过有目的的互动互助,使参加的小组成员获得行为改变、社会支持以及社会功能恢复与发展。在实施介入时社会工作者可以通过两种小组类型的方式展开,留守儿童互助支持小组和自我认知小组。互助支持小组由具有相似问题的儿童组成,通过彼此之间分享信息、互诉感受、相互鼓励等支持来达到解决某一问题或行为改变的效果。在小组服务开展过程中,社会工作者可以通过设计一系列团体活动使留守儿童分享彼此的感受,在活动中增加信任感,从而帮助儿童构建社会支持网络,让留守儿童看到不只自己一个人正在面对当下的困难,让孩子们看到生活并非难事,增强解决问题的自信心。自我认知小组旨在通过小组介入活动,使留守儿童提高认知能力,对自身有一个立体、深入的认识,并结合自身情况对未来做出合适的职业规划。在设计小组活动计划时,社会工作者以提高儿童认知能力为目标并辅以职业生涯选择引导,根据不同的认知能力有针对性地设计活动,使留守儿童在提升认知能力的同时逐渐建立起有秩序的人生目标。

(一)小组目标

1. 整体目标

小组工作对农村留守儿童社会心理支持服务的总目标是"增能",协助农村留守儿童获得健康成长的信心;发现自己与他人、自然以及社会的关系,协助留守儿童认识自我,发掘自身的潜力;协助农村留守儿童正确认识自己的能力,促进留守儿童和家人间关系的改善,培养他们感恩的心。同时从社会层面来说,小组工作要给农村留守儿童创造一个和谐健康成长的环境,为留守儿童成长营造一个和谐的社区。

2. 分目标

(1)提高留守儿童的学习兴趣。对于农村地区的孩子来说,自身拥有的各方资源较少,能改善生活境遇的最好方法就是读书,社会工作核心理念之一就是"助人自助",即协助服务对象通过自身的努力达到自立自强的目的,社会工作者的角色是资源整合者以及倡导者或协助者。学校是留守儿童学习的主要场所,学校的责任重在培养孩子的学习兴趣、学习能力,提升人际交往能力。学校同辈群体的支持可以在培养孩子的学习兴趣时有着无可替代的作用。通过开展小组活动,在一定程度上培养留守儿童学习兴趣、提升人际交往能力,使他们形成积极向上的人生观、价值观,让留守儿童肯定自己、相信自己,并通过自己的努力实现人生的梦想。

(2)提高农村留守儿童的表达能力。受生活环境的影响,特别是父母常年在外务工,家庭教育缺失,造成了大部分农村地区的留守儿童自信心不足,封闭自己的内心,不愿表达自己,也不敢表达自己。该小组工作希望通过小组的相互支持来提高他们表达的勇气和能力,对他们的成长起到引导作用。

(3) 增进留守儿童对家乡、家人的认同感。由于信息传播的便捷和快速，也由于城市化过程中城乡差别的存在，大部分农村地区的留守儿童向往城市生活，甚至崇拜城市生活，而对自己的家乡则严重缺乏认同感。小组活动期望唤醒和强化农村地区的留守儿童对家乡、家人的认同感，激发他们对家乡的热爱之情。

(二) 小组特征、规模及活动安排

(1) 小组特征：支持性、鼓励性、教育性。

(2) 小组规模：在鼓励农村留守儿童活跃参加的基础上，遵从自愿原则。一个小组通常5~10人，每一小组要完成五次活动项目。

(3) 小组活动安排：五次活动计划在半年内完成，每次小组活动间隔时间为一周，一次小组活动持续一个半小时左右，也可根据活动的实际进行适当调整，但活动时间不宜太长，以免留守儿童出现疲倦的状况。

(三) 小组活动具体实施方案

每次开展小组活动之前进行个案访谈，并与农村留守儿童家庭建立联系，了解小组成员的情况，特别了解农村留守儿童在社会心理方面存在的问题，分析农村留守儿童及其家长在这方面的需要，并给予积极的回答，为接下来小组工作的推进打下基础。

1. 初次相识

通过热身活动使留守儿童相互认识和熟悉；通过工作人员的引导使留守儿童一起探讨共同面对的问题，并形成小组的特点（见表11-1）。

表11-1 "初次相识"活动计划表

活动名称、时间（分钟）	目的	内容	备注
自我介绍（5分钟）	促进小组成员之间以及小组成员与工作人员之间相互认识	小组活动工作人员和留守儿童之间相互介绍自己	引导留守儿童多介绍自己的特长爱好

续表

活动名称、时间（分钟）	目的	内容	备注
热身游戏（15分钟）	热身活动，使大家相互熟悉，初步认识	活跃气氛，加深彼此印象	在游戏中观察组员的反映，记录他们各自的特点
活动介绍（10分钟）	让组员了解小组的内容、形式以及目标以降低其忧虑和不安	简单介绍整个活动的内容、程序以及当日的活动程序	强调善始善终的原则，小组的趣味性和纪律性
探讨小组的特点（15分钟）	概括总结本小组留守儿童面临的共同问题，形成小组的特点	引导留守儿童分享自己在沟通表达上的经历，工作人员简单记录并总结	注重小组内真诚原则和保密原则
制定小组规范（15分钟）	形成小组成员应遵守的规则	与组员一起制定规则；确定本小组的名称和口号	做好小组规范的备份，让组员充分表达，又要做适当补充
游戏如跳舞（20分钟）	活跃气氛，增强小组活动趣味性	放音乐，引导组员跳舞	
布置作业		跟自己一起生活的亲人沟通	

2. 说说心里话

通过表达提高小组成员自我表达和沟通理解的能力；实现亲子互动（见表11-2）。

表 11-2　"说说心里话"活动计划表

活动名称、时间（分钟）	目的	内容	备注
回顾与分享（10分钟）	一方面保持活动的连贯性，另一方面也给孩子家长（看护人）时间熟悉小组环境	回顾上次活动内容	可以有个小幽默笑话，调动气氛
热身游戏（20分钟）	活跃气氛，带动组员	游戏	
心有灵犀（15分钟）	通过亲子配合，训练表达能力，培养亲子感情	对亲子进行一一分组，由家长（看护人）描述图形，孩子根据家长（看护人）的描述画出图形	分享
家庭小剧场（25分钟）	在本环节需要重新分配家长与孩子，每位孩子搭档的可能不是自己的家长，锻炼组员的勇气与合作能力	发给每对亲子一张情景卡，要求他们将卡中的情景演出来，工作人员就表演的情景与组员分享讨论	准备奖品
放飞梦想（10分钟）	对本次活动进行总结，发现自己内心的真实感受	孩子与家长各自将想要对对方说的话写在纸上，折成飞机飞给对方，然后大声念出	注意引导孩子/家长念出内容

3. 轻松启航

让留守儿童认识到，除语言之外，还有其他人际沟通的方式；与留守儿童共同学习其他的表达方式（见表11-3）。

表11-3 "轻松启航"活动计划表

活动名称、时间（分钟）	目的	内容	备注
上期活动以及本次活动介绍（5分钟）	进一步增加彼此的熟悉程度	回顾上期内容，介绍本次活动内容	
热身如盲人与瘸子（20分钟）	活跃气氛；感受自我能力，学会体谅	两人一组，一人扮盲人，另一人扮瘸子，瘸子指挥盲人完成一些过障碍的活动	要注意组员的安全
大家一起来说说（10分钟）	让组员知道表达不局限于语言，并让组员学习用其他方式交流	播放残疾人舞蹈，围坐一圈，大家一起讨论除语言之外的表达方式	
演技大展示	运用肢体语言，锻炼孩子胆量	每个孩子得到一张卡片，并依次进行表演，其他孩子猜	鼓励
身体也跳舞（25分钟）	学习手语	组织学习《朋友》手语	耐心准确地教导

4. 对家乡的爱

加强农村留守儿童对家乡的认识,认识家乡的历史、地理以及家乡的优势;协助农村留守儿童发现家乡的美,激发其对家乡的热爱,培养其对家乡的认同感。通常的途径有以下两种。

(1) 开展趣味课堂。在学校里面开展"对家乡的爱"趣味课堂,在课堂内让青少年说说自己对家乡的认识,来了解其对家乡的了解程度。然后社工在课堂上上一节别开生面的地理课,介绍当地的历史、地理以及特色。课程包含当地的历史名人、历史典故、地理位置、主要经济产业等,让青少年对自己的家乡有比较全面而深入的了解(见表11-4)。

表 11-4 "对家乡的爱"活动计划表

流程	目的	内容	备注
我所认识的家乡	初步了解农村留守儿童对家乡的认识	让留守儿童对自己的家乡畅所欲言,说出自己对家乡的了解	这是一个相对宽松的课堂,应积极鼓励农村留守儿童畅所欲言
家乡的历史 家乡的地理	让孩子进一步了解自己的家乡;让留守儿童知道自己家乡的历史、地理及经济情况,增加他们的认同感和归属感	工作人员给农村留守儿童讲解当地的历史、地理位置、气候情况、主要经济产业及其他当地的趣人趣事等	
对家乡的爱	让留守儿童对课堂上的知识进行回忆和总结,协助他们加深印象	让留守儿童回顾课堂上讲的知识,比较一下和自己所认识的家乡有什么不同,并写下自己想对家乡说的话	

(2) 开展户外历奇。户外历奇包含很多项目，组织农村留守儿童去参观当地的景区，在学校操场举行篝火晚会、露营，开展野外绘画课堂，让农村留守儿童亲身和家乡的自然接触，发现家乡的美并在活动中发现人与自然的关系，在游戏中发现人与人的关系，以及在分享交流中发现人与社会的关系（见表11-5）。

表11-5 "对家乡的爱"活动计划表

活动名称	目的	活动安排	备注
参观当地的景区	让留守儿童知道自己家乡的特色并亲身体验	1. 早上从学校出发，乘车前往； 2. 车程1小时到达，组织大家参观； 3. 组织午餐，午餐后返回学校； 4. 布置家庭作业：参观有感	1. 行前需要提前和景区管理委员会沟通，说明活动的相关情况； 2. 联系车辆； 3. 注意保证大家在参观途中的安全
篝火晚会	社会工作理念提倡案主增能，让留守儿童也参与到活动的策划和设计中，可以让活动的目的更好地实现	在学校的操场上进行篝火晚会，组织留守儿童们策划筹备篝火晚会	需要提前和学校沟通相关事宜
露营（素质拓展）	1. 锻炼留守儿童处理事情的应变能力，面对困难的勇气； 2. 回归大自然，陶冶情操，磨炼意志，接受考验，挑战自我	1. 上午组织组员从学校出发，前往露营地； 2. 到达后先熟悉环境； 3. 午餐休息； 4. 下午进行素质拓展； 5. 晚餐休息； 6. 晚餐后进行当天的分享总结	需要提前找到露营地，准备足够的帐篷、食物以及素质拓展用的物资，保证大家的安全

续表

活动名称	目的	活动安排	备注
野外绘画课堂	让留守儿童发现自然中的美,并通过绘画的形式表达出来,培养留守儿童对家乡的归属感	组织组员到户外上一堂绘画课,让大家画自己想画的任何事物,然后对作品进行评鉴	准备绘画的纸和笔

5. 最熟悉的陌生人——父母

让农村留守儿童认识到父母在城市生活的艰辛,增加对父母的理解;让农村留守儿童树立理想,并协助他们通过自身的努力去实现理想。在学校里面举办"最熟悉的陌生人——父母"展览活动,通过一些展板、影像资料主要展示城市打工群体的生活状况,并进行交流分享(见表11-6)。

表11-6 "最熟悉的陌生人——父母"活动计划表

流程	目的	内容	备注
展览	让留守儿童直观地认识父母在城里的工作环境、生活情况	在校园内,相关展板可在操场上进行展出,影像资料在教室内播放	准备展板,影像资料最好能找到当地外出务工人员的资料
经验分享	让留守儿童和有外出务工经历的家长交流,增加他们对自己父母的理解	可以请一位外出务工人员为大家讲述在城里工作的故事	讲述人员的安排
家庭活动	让留守儿童对父母在城市生活的环境进行思考,说出自己内心的想法以及自身的理想	让留守儿童回家写一些想对父母说的话,以及自己的理想	组织学生进行分享

(四) 招募计划

1. 宣传

开展小组活动需要大量的人力及物力资源，需要社会多方面的支持。本小组活动主要在居委会（村委会）和学校进行，需要居委会（村委会）和校方的支持与协助，因此在起初的宣传过程中，我们一方面发挥社工自身的力量向居委会（村委会）和校方做好宣传，另一方面让居委会（村委会）和校方帮助我们进行宣传扩大本次活动的影响力和知名度，说明社会工作小组的存在意义，鼓励大家积极参与小组活动。

2. 组员招募

小组活动的开展除做好前期的宣传工作之外，最主要的就是小组成员的招募。社会工作者要十分清晰地掌握本活动开展社区的留守儿童相关情况，并将通过设计合理的组员招募计划书以及宣传海报、宣传通知等宣传方法，在居委会（村委会）和校方的共同努力下在本社区内广泛招募小组成员。同时在招募组员的过程中我们还会安排专人负责相关潜在组员的咨询答疑。在向他们具体介绍社工的同时，也向他们分析小组工作的意义，建议大家加入这个团体中来。

(五) 小组活动中的问题和应对方法

1. 项目实施过程中可能存在的问题及应对方法

（1）组员招募服务人数不够。应对方法：在小组活动开展之前做好充分的前期宣传工作，扩大该活动的知名度，使更多的看护人及孩子知晓这一活动；针对出现大部分留守儿童不愿参加该活动的情况，社会工作者确认不参加原因，再次致电告知详细情况；与社区居委会（村委会）协调，请求他们帮助说服留守儿童及其看护人，使更多的孩子参与到此次活动中来。

（2）小组成员中途退出。应对方法：针对这些孩子要充分了解他们退出的原因，并尽最大的可能让他们回到小组活动中。

(3) 在开展亲子活动过程中看护人/家长参与难度大。主要由于留守儿童的家长长期在外务工，回家后同孩子相聚的时间并不会很长，他们不愿意参加这种亲子活动。应对方法：在开展亲子活动之初，社会工作者应充分发挥专业优势，多与家长进行沟通，让他们认识到这样做的重要性和重大意义，从而让更多的家长参与到活动中来。

(4) 活动中可能出现孩子打架或其他混乱无序事件甚至发生意外。应对方法：工作人员要及时观察小组成员的情绪表现和行为动作，对过于活跃和亢奋的成员进行引导，分散其注意力，把控好现场局面；活动开展前，要充分了解活动场地的情况，对活动范围及规模进行预测，降低发生意外的可能性。

(5) 社会工作者技能不熟练、场面控制能力弱。应对方法：在小组活动和社区宣传之前，对社工进行专业指导培训，同时，社工服务的关键还是团结和交流，需要安排两名主要负责人共同开展活动，以互相取长补短。

(6) 活动中工作人员人数不足。应对方法：在前期的宣传和招募中需要招募一定数量的志愿者，同时对志愿者进行培训，并明确每一名志愿者的工作职责和工作时间。

2. 收集社会资源过程中的问题及应对方法

在收集社会资源过程中，可能会遇到很多阻碍，比如在开展户外活动中，找不到愿意免费供我们活动使用的游船，找不到露营用的帐篷等，在活动开展过程中也可能出现经费透支情况。应对方法：与政府部门联系，进行充分合作。认真了解学习政府相关政策，尤其是当地民政部门的相关政策。做好我们项目的宣传工作来争取当地政府的支持。

此外，项目的对象是留守儿童，鉴于留守儿童的特殊性及儿童的心理行为特征，可能面临人员招募的困难。所以要提前宣传，与服务的学校提前协调好，使活动寓教于乐，吸引学生。由于小组成员的年龄心理特征，小组成员之间的凝聚力和彼此和谐的小组成员关系难以控制，因此在分组中，我们要充分考虑年龄梯度及性别比例问题，确保组与组之间的平衡及组员之间的合作关系。

3. 团队协作方面的问题及应对方法

（1）团队成员的自身原因、假期安排等导致成员无法参与项目的实施，造成项目参与人员不足。因此在人员招募时要确认部分候补人员，当人员不足时补足原定人数。

（2）团队的成员未能掌握专业的服务技巧和内容。要充分利用学校的专业老师和项目工作人员的知识和理论，举办多次培训，确保成员的素质达到需求标准。

（3）团队的组织方面可能因组织管理因素而影响项目实施。要充分做好团队成员的培训工作，增强队员的归属感，制定组织纪律，确保成员有序管理。

（4）执行力不够，导致活动进程受到影响。应严格按照工作计划进行项目安排，遇到特殊情况要及时调整计划，确保各项活动有计划展开。

（5）由于活动中穿插了很多户外活动环节，因此安全问题是最重要的问题之一。对于农村留守儿童开展户外活动，要制定科学合理的纪律并且给孩子们做好前期的外出培训。同时安排专门的人员负责一定数量儿童的安全问题，使每位组员都能够安全出行。项目成员也要重视自身安全，包括出行住宿安全、饮食安全、财产安全三个方面，应有专人统一管理，确保安全。另外还有场地、设备、天气等方面可能存在的问题，我们都要做好充足的突发事件应急方案。

（六）小组方案的评估

效果评估着重研究在活动结束后，留守儿童自身的改变，包括他们的学习兴趣是否有提高、自信心是否有加强、对家乡的认识程度是否有加深、对父母在外务工的工作状况是否有了新的认识以及社区对留守儿童的照顾是否有所改变。

1. 前期评估

社会工作者在小组活动开始之初可以收集参加小组活动的留守儿童对小组工作的工作内容、工作方法等方面的初步意见及期望，并对这些意见进行归类总结，以便作为小组活动评估的重要依据。

2. 过程的评估

在小组活动开展过程中，每次小组活动完毕后，社工人员要对该次活动的效果及出现的问题进行总结评价，为改善和推进下一步留守儿童小组活动流程提供依据。

3. 结果评估

可以采用问卷调查的方法，通过前测和后测，比较测试结果，总结活动成效，了解留守儿童的变化状况。主要了解留守儿童的学习兴趣是否有提高、自信心是否有加强、对家乡的认识程度是否有加深等。

在活动结束后的评估面谈中，我们主要从两个方面入手。第一，听取组员的意见，改善服务质量。在面谈中，要重点就此次项目实施过程中所涉及的小组内容、工作手法、服务人员的表现等方面问题进行了解，将其作为评估的一个重要依据，形成书面总结，并及时改善我们的服务内容和服务质量。第二，巩固成效，增强农村留守儿童的自信心。借助事后评估面谈，一方面可以巩固组员在小组活动过程中所学到的知识和体会，加深小组活动的作用；另一方面，借助面谈，可以及时给予他们正面积极的鼓励，让他们意识到自身的优点，增强自信心，并不断地去发掘自己及他人更多的优点和长处。

第五节 社会工作介入乡村振兴的常态化——社工站建设

一、我国社会工作发展的新阶段

乡镇（街道）社会工作服务站是社会治理的创新实践，是基层社会治理的新兴服务平台，是中国特色社会工作和社会工作本土化的体现。

党的十九大报告指出"中国特色社会主义进入新时代，我国社会主要矛盾已经转化为人民日益增长的美好生活需要和不平衡不充分的发展之间的矛盾""打造共建共治共享的社会治理格局""推动社会治理重心向基层下移"。社会工作作为有效解决社会问题、积极回应民众需要、打造共建共治共享社会治理格局的有力主体之一，在提升基层社会治理水平和治理能力现代化上具有明显的专业优势和重要的实践贡献。

2017年，广东省民政厅以民政部加强基层民政能力建设为契机，率先启动实施了"双百计划"，分两批在全省19个地市109个县（市、区）407个乡镇（街道）建设407个镇（街）社工站，开发1737个社会工作岗位，助推基层民政工作发展，有效解决基层群众问题。随后，湖南省民政厅为深化基层民政改革、加强民政基层能力建设，2018年5月28日印发了《湖南省乡镇（街道）社会工作服务站项目实施方案（试行）》，在全省范围内开展了"禾计划"项目，通过政府购买服务方式建设乡镇（街道）社会工作服务站1938个，实现乡镇（街道）全覆盖，大幅提升了湖南省基层民政服务能力。近年来，浙江省、广西壮族自治区等地也在大力推进乡镇（街道）社工站建设。

在各地乡镇（街道）社工站实践探索的基础上，为总结、推广乡镇（街道）社会工作人才队伍建设经验，2020年10月17日，民政部在湖南省长沙市召开加强乡镇（街道）社会工作人才队伍建设推进会，指出要加快建立健全乡镇（街道）社会工作人才制度体系，力争"十四五"末实现乡镇（街道）都有社工站，村（社区）都有社会工作者提供服务，把乡镇（街道）社工站打造为落实党和政府爱民惠民政策、落细民政基层服务的一线阵地，社会工作的作用得到更加充分发挥，社会工作者地位得到普遍认可。随后，各地开始积极响应会议精神，积极探索适合各地需要的乡镇（街道）社会工作服务站项目实施方案。2020年11月16日，河南省民政厅印发《河南省乡镇（街道）社会工作服务站项目实施方案（试行）》，计划通过政府购买服务的方式，用3~5年时间，推进全省乡镇（街道）社工站全覆盖。2020年12月3日，福建省民政厅印发了《福建省乡镇（街道）社会工作服务站购买服务项目实施方案（试行）》，将按照"一年覆盖、两年规范、三年提升"的工作思路，通过购买社会工作专业服务项目，稳步推进乡镇（街道）社工站建设，社工站围绕民政重点工作，重点开展社会救助、为老养老、儿童关爱保护、社区治理四个方面的服务。

二、乡村振兴战略下的乡镇（街道）社会工作站建设

治理有效是乡村振兴战略总要求之一。在乡村振兴这个新时期，建立乡镇（街道）社会工作服务站已成为提高基层民政服务能力的时代选择。

在进入实现全面小康社会新时期，政府需要加强基层民政能力建设，把社会治理能力和社会服务下沉到基层，乡镇社会工作服务站应运而生。乡镇（街道）社会工作服务站运行的关键是人才。2021年2月，中共中央办公厅、国务院办公厅印发《关于加快推进乡村人才振兴的意见》提出，加快推动乡镇社会工作服务站建设，加大政府购买服务力度，吸引社会工作人才提供专业服务，大力培育社会工作服务类社会组织。2021年4月，《中华人民共和国乡村振兴促进法》提出，县级以上人民政府应当建立鼓励各类人才参与乡村建设的激励机制，搭建社会工作和乡村建设志愿服务平台，支持和引导各类人才通过多种方式服务乡村振兴。由此，搭建乡镇社工站，培育社会工作人才，优化社会工作人才队伍状况，对推进乡村振兴具有重要意义。

早在2017年，广东省民政厅实施的"双百计划"就是以镇（街）直接聘用、省统一督导的方式，每个社工站直聘3～8名本地或外地社工深入村居开展服务，致力于打通"基层服务最后一米"。2018年，湖南省民政厅的"禾计划"项目，通过政府购买服务的方式，由社会服务组织聘请、派驻符合要求的2～4名社会工作者到乡镇社工站开展服务。"禾计划"由培训、督导和评估三个支持系统，组成了一支规范化、专业化的本土社工队伍，延伸了民政领域基层服务的触角，提升了儿童、老人等民政服务对象的幸福感。"双百计划"与"禾计划"在乡镇社工站人才队伍建设方面，属于两种不同的路径模式，但两者都是政府通过对社工人才队伍的优化，将民政领域治理服务下沉到基层的举措。

随后，浙江各地在开展乡镇社工站过程中，围绕基层社会治理的"枫桥经验"，探索乡镇社工站人才队伍建设路径。其中，浙江海宁施行"统招统考、引育并举"的方式，打造出"6430"服务团队，即6名专职人员、4名持证社工、30名志愿者。海宁经验主要是以制度让人才"来得了，留得下"，通过"传＋帮＋带"确保社工服务顺利开展，实现社会工作人才队伍的整体优化。同时，广西壮族自治区结合当地特色资源，出台了《全区

乡镇（街道）社会工作服务站和社会工作人才队伍建设三年行动计划（2021—2023年）》，广西乡镇社工站建设主要是依托政府购买服务，对社区儿童、老人以及易地扶贫搬迁群众开展政务服务和专业服务，并在项目服务结束后，邀请第三方对项目服务效果进行评估。

乡镇社工站人才队伍由三支力量组成，分别是服务购买者、服务提供者、服务接受者，它们三者之间关系紧密。乡镇社工站与服务购买者（政府）之间的关系体现在，乡镇社工站是由政府直接或间接打造设立的，其服务的开展则依托政府购买社工岗位。而服务的提供者（社会工作机构）是乡镇社工站的"台柱子"，以确保社工站的运营；乡镇社工站聘请有资质的或本土的社会工作者开展服务，深入到乡镇基层群众生活中，与群众"同吃、同住、同合作"。在开展服务的过程中，服务的接受者（服务对象）成为一支不可忽视的力量。乡镇社工的设立，主要是解决政府治理能力和政务服务下沉到基层，激活政务服务对象主体性的问题。乡镇社工站服务效果主要体现在服务接受者身上，服务对象内生力量激活程度则成了乡镇社工站服务效果的评估指标。

乡镇（街道）社工站的建立有重大现实意义，能够增强基层民政力量，巩固和拓展脱贫攻坚成果，助推乡村振兴战略实施，也是基本实现社会主义现代化的有力举措。

三、建立乡镇（街道）社工站的意义

（一）对民政工作的意义

一是有利于破解基层民政力量薄弱的难题。民政服务对象的总量大、分布广、类别多、困难多，加之民政领域保障政策多、改革任务重，因此，在基层如何经常、深入联系群众，如何精准、高效落实各项惠民政策，对民政部门的考验非常大。通过建立社工站，发展壮大基层社会工作人才队伍，可以有效增强基层民政工作力量、提升基层民政服务能力。

二是创新民政工作模式，丰富为民服务内涵。一方面，让民政服务由被动变为主动。例如，传统的救助工作，大部分是对符合政策条件的困难群众"应保尽保"，对边缘群体的响应能力略显不足。专业社工的介入，既可以协助民政部门精准识别救助对象，准确落实相关政策，又能立足乡镇

（街道）、深入村居，主动联系服务对象，拓展服务范围，有效将为民服务沉到社区、落到一线。另一方面，有效提升为民服务质量以及精细化、专业化水平。在传统民政工作开展资金救助的基础之上，社工站加强了人文关怀、心理支持、精神关爱、问题矫正、社会功能恢复等方面的专业服务，并积极链接资源，发掘在地公益慈善资源，提升服务的多元化、精细化和专业化水平。

三是有利于探索和完善"民政工作＋社会工作"的基层民生服务与社会治理模式。在我国，社会工作的缘起、发展和壮大都与民政密不可分，特别是社工站建设的全面铺开，民政与社工的绑定更加紧密。在创新基层服务与治理中，社工站的建设，首先有助于深化民政自主创新的"四社联动"模式。社工站的建立使政社协作有了实体化的联动平台，有了服务阵地，有了更为具体的工作抓手。其次，以社工站为平台，推动社会治理重心下移，进一步加强了基层政府各部门、群团组织、社会组织等更多力量的联动与合作，使治理的行动主体从"一元"变为"多元"，使服务项目的实施从"独唱"变为"合唱"，提升民政服务社会化水平。最后，近年来，民政部门在基层社会治理与服务中所做的一系列的探索和创新，有望在社工站这一新的服务载体和专业服务组织上得到综合与提升，通过社工的专业性服务改善基层治理与服务理念；通过项目化的运作，统筹开展综合性服务，提升服务供给水平；通过发挥社工站的枢纽平台作用，营造共建共治共享的社会治理格局。通过引入融合、优化提升，探索"民政工作＋社会工作"可行路径，从而有可能产生出更加明确、系统的基层社会治理与服务范式。

（二）对社会工作的意义

一是有助于推动社会工作人才队伍继续发展壮大。社工站的建设对社会工作专业人才数量和质量都提出了更高的要求，借助政府对社工站建设的支持，可以促进社会工作教育与研究、社会工作服务机构、社会工作督导以及社会工作实务的发展，同时促进社会工作的深度职业化。

二是把社会工作具象化，深度融入基层社会治理体系当中。专业社会工作有了稳定的服务阵地，有了展示工作成效的窗口，有了可以扎根基层，开展深度、长期服务项目的基础。

三是激发了社会工作发展的活力。社工站在与基层政府的互动过程中，一方面，推动政府的改变，使其知晓如何利用好社工，发挥好社会组织的功能；另一方面，也促使社工服务机构和专业社工转变，让其深度理解基层工作，创新服务模式、工作方法和技术，学会如何发挥好专业服务供给者和"社会工程师"的角色，真正发挥第三部门的作用。

四、社工站是社工的组织和未来

2020年拉开了全国推进乡镇（街道）社会工作站建设的序幕。从广东、湖南等地的先行实践来看，社工站的建设极大地推动了社工力量往县域和乡村发展。人员主要来自本地青年人，从业动机主要是在家乡获得职业发展机会，是一支数量庞大、特点鲜明、快速发展、扎根基层的在地社会工作力量，有助于缓解社会工作区域和城乡发展不平衡的突出矛盾。

目前，各地社工站主要是通过政府购买服务项目的方式进行建设，社工站是服务项目，更是服务平台。乡镇（街道）社工站可以类比20世纪50年代新中国在广大基层普及国民教育之建设学校，普及卫生健康服务之建设乡镇卫生院、村卫生室。正是由于学校和乡镇卫生院、村卫生室在城乡基层的普及，数百万教育工作者、医务工作者（包括乡村"赤脚医生"）扎根基层提供基础教育和医疗卫生服务，使得教育和卫生服务通达"最后一米"。当下，在乡村振兴战略实施和开启民政事业现代化建设新征程中，建设乡镇（街道）社工站和当时建设农村中小学、乡镇卫生院具有同样重要的意义。一年、两年、三年后，随着时间推移，必能看到社工站与社工服务给基层民生和治理带来的变化。

乡镇社工站就是社会工作者的组织载体，重点开展社会救助、为老养老、儿童关爱保护、社区治理等内容。乡镇社工站的优点在于"驻村优势"，通过驻扎式的服务，不仅能对服务对象的需求进行动态追踪，而且能够深入群众，由以往被动发现群众需求转变为主动发现有需求但未得到关注的群众，建立起和群众之间的互信机制，利于后续工作的深入开展，为农村人民建立起了兜底的民生底线。因此在多元主体共建共治共享的多维社会治理格局中，社会工作融入治理体系中必须以乡镇社工站为载体，通过社工站孵化培育基层社会自治能力，聚焦弱势人群夯实乡村振兴基础。

"社会为体，专业为用"，乡镇社工站的建设为社会工作提供了天然舞台。面对着农村社区的日渐衰微和农村人际关系的疏远，社会工作者基于地方优势的分析，深入群众，做好群众之间和外界的联系，发挥社工服务专业优势，帮扶培养当地社工队伍，搭建群众参与社区活动，带动群众参与社区事务的活动平台，在巩固好群众基础的同时，也夯实了社会和谐的基础。

专业性、专业作用发挥是社会工作保持生命力和不可替代性的关键所在。社会工作是在党的领导下为困难群众服务的专业力量。发展民政事业，增进民生福祉，实施服务性救助，都需要社会工作者。社会工作者要练就本领，守土尽责，在困难群众帮扶、老年人服务、困境儿童关爱保护、社会支持网络构建、社区参与能力提升等方面发挥专业作用，成为基层治理与服务的重要力量。

第六节　社会工作助力乡村振兴的相关研究

截至2022年5月，在中国知网搜索关键词"社会工作"与"乡村振兴"，共检索出学术期刊论文338篇。对以上文献进行分析发现，近年来学者围绕社会工作介入乡村振兴的理论、实证、方法等角度分别进行研究。

一、社会工作介入乡村振兴理论研究

孟亚男、周欢[1]认为在乡村振兴时期，社会工作组织的专业优势凸显，能够充当"社会价值倡导者""社会服务提供者""贫困群体赋权者""社会资源链接者"多重角色，社会工作专业优势得以施展，以组织化的力量应对本土贫困，在中国的可持续发展工作中发挥作用。单晓竹[2]认为面对新形势，应积极发挥社会工作专业在价值理念、方法、社会资源等方面的优势，进一步探索社会工作在精准识别、赋权增能、链接资源等方面的作用。

---

[1] 孟亚男，周欢."后扶贫时代"社会工作组织参与精准扶贫的角色与功能定位[J]. 劳动保障世界，2020（17）：25-26.

[2] 单晓竹. 后精准扶贫时代社会工作介入精准扶贫的路径[J]. 鞍山师范学院学报，2021，23（01）：14-17.

王羚、龙一[①]在研究过程中以工伤案例进行研究,以社会支持理论为视角,社会支持理论认为个人在社会中生活需要利用外部的情绪支持、物质援助与社会接触,个体拥有的社会资源越丰富,越能够面对来自社会各方的挑战。社会工作者相比案主而言,显然具备更强大的社会资源,倘若能够将这些社会资源用来帮助案主,对案主开展有关乡村振兴活动,无疑将起到更为显著的效果。

二、社会工作介入乡村振兴实证研究

方舒、陈晨[②]以我国儿童福利服务的社会工作介入作为研究案例,认为我国儿童福利机构正处于困难期,尤其是资金来源匮乏对儿童福利服务的发展造成巨大影响,应该利用"造血""引血""借血"和"多管齐下"四类介入模式,让社会工作介入儿童福利服务机构,利用更为强大的社会资源为儿童福利机构服务。黄渊基[③]选择以 H 省 J 县 H 村作为研究案例,分析社会工作介入新农村减贫当中的机制与路径。在开展研究的过程中,利用个案辅导、小组活动和社区工作三种社会工作模式介入,分析不同模式适合的实际情况,最终确定不同情况下社会工作介入模式,以便取得更为显著的效果。令狐克梦[④]以 T 县 C 镇 Y 村作为研究案例,研究社会工作介入本地居民对易地搬迁人口的接纳。在研究过程中提到随着社会经济发展,搬迁的现象日益增多,诸多农民并不具备自主创业、自主就业的能力,一旦失去了土地,搬迁的资金又使用完毕,就会出现返贫的现象,需要社会工作者介入,采取正确的方式调整搬迁居民的思想和意识,积极转变生活态度,更好地实现可持续性发展。

---

① 王羚,龙一. 社会支持理论视角下的工伤患者个案研究 [J]. 社会与公益,2021,12(02):82-84.

② 方舒,陈晨. 论我国儿童福利服务的社会工作介入模式——基于多地儿童福利院的实证分析 [J]. 社会工作,2017(03):66-73,111.

③ 黄渊基. 新时代农村可持续减贫的社会工作介入机制及路径——基于 H 省 J 县 H 村的考察 [J]. 学海,2021(05):47-53.

④ 令狐克梦. 精准扶贫背景下社会工作介入本地居民对易地搬迁人口的接纳——基于 T 县 C 镇 Y 村的研究 [J]. 大众标准化,2021(16):64-66.

三、社会工作介入乡村振兴方法研究

高飞[①]提出进入乡村振兴时期，贫困治理面临新的问题和挑战，社会工作需要回到专业内部寻找资源和支撑，重新定位自我角色，在回归服务、回归个体、回归专业的同时，应当更新发展模式、转换理论预设、调整干预手段，以回应新贫困治理的需要。路胜男、宗一智[②]指出乡村振兴时期，反贫困工作仍然任重而道远，社会工作可以在社会政策制定参与、返贫风险识别、脱贫对象优势发掘、资源有效链接等领域发挥积极作用。李蓉[③]提出要加强社会工作者队伍建设，既要从外部吸引人才加入社会工作者队伍，也要在内部对工作人员进行培训和辅导。同时，为了社会工作者队伍可持续发展，就需要设置科学的激励机制，既要在工作梯度上做到公平公正，又要善于利用薪酬激励，以此壮大扶贫队伍。

综合上述文献梳理可以看到，诸多学者对社会工作介入理论、社会工作介入实证分析、社会工作介入方法策略进行了研究，但在理论上仍存在局限。本书的创新点在于以社会工作促进脱贫攻坚和乡村振兴的有效衔接为出发点，具体深入分析社会工作在防返贫监测以及留守儿童两大领域中的现实作用，以及社会工作的三大方法在乡村振兴领域中的具体运用，并探讨乡镇社工站是否是社会工作的组织和未来。

[①] 高飞. 后扶贫时代的新贫困治理：社会工作的定位与角色——一个长程的比较视野[J]. 内蒙古社会科学, 2020, 41（06）: 156-163.

[②] 路胜男, 宗一智. 后扶贫时代社会工作参与反贫困工作路径探究——以浙江省义乌市为例[J]. 大众标准化, 2020（22）: 49-50.

[③] 李蓉. 社会工作介入"后扶贫时代"的路径探究[J]. 农业开发与装备, 2021（09）: 122-123.

第十二章

结论：深度融入国家战略的实践育人模式与理论构建

一、培养国家需要的人才

实践育人是党的教育方针的重要内容。教育部等7部门指出实践育人依然是高校人才培养中的薄弱环节（教思政〔2012〕1号）。脱贫攻坚和乡村振兴战略的相继实施，为实践育人提供了新平台，也提出了新要求。面向国家战略需求，增强学生服务国家、服务人民的社会责任感，培养学生认知社会、研究社会、服务社会的意识和能力，已成为高校面临的重大课题。

目前，高校实践育人中普遍存在的四个突出问题。第一，社会实践的内容、组织形式与国家战略需求和经济社会发展实际相脱节，学生难以融入真实社会，对民情、农情、国情缺乏深度了解，学生对于国家战略的参与意识和社会服务能力不强。第二，社会实践育人目标停留于"认识社会"层面，忽视"研究社会"和"服务社会"的目标导向。社会实践趋于"表面化""浅层化"，学生普遍存在为完成既定任务的走过场式实践，主动性不强，自主探究意识不足，更遑论形成服务国家的意识。第三，社会实践未纳入课程化、规范化管理，实践内容虚化、方法固化，缺乏真刀实枪的"实战"训练。实践教学停留在形式探究，未从实践教学课程化的角度进行统筹安排，低估了实战化训练的价值与意义，忽视了学生的实践参与感、体验感。第四，社会实践育人主体单一，"政产学研"未形成有效协同，长效机制缺失。校内既有的院系学科知识条块分割、保障机制缺乏，校外与企业和政府之间的"围墙"成为实践育人目标达成的天然壁垒。

因此，瞄准脱贫攻坚和乡村振兴战略需求，改革社会实践育人模式，将乡村振兴知识课程化，带领学生从"象牙塔"到"泥巴路"，帮助学生系统认识乡村振兴和农村社会；遵循学生成才规律，将乡村振兴社会实践实战化，着力让学生在全过程、多方位、全景式实操中增强研究社会的能力；通过学校、政府及基地等协同化实践育人平台，增强学生服务社会的能力。自2014年开始，经过九年不懈努力，历经"探索—试验—成熟—检验"四个阶段，我们最终形成了深度融合脱贫攻坚与乡村振兴战略的"三维三化"实践育人模式。

二、培养国家需要的人才亟待社会实践育人模式创新

本书从问题导向的视角出发，将认知社会、研究社会、服务社会三者放入"三维互促"的综合分析框架。基于实地调研与多案例分析，厘清影响社会实践的核心要素，并在此基础上，以高校社会实践育人为目标导向，重点研究社会实践中的"认知、研究、服务"，并推动"认知、研究、服务"的协调互促。

（一）认知社会

社会认知是个人对他人的心理状态、行为动机和意志做出推测和判断的过程，主要是指对他人表情的认知，对他人性格的认知，对人与人关系的认知，对人的行为原因的认知。社会认知的过程既是根据认知者的过去经验及对有关线索的分析而进行的，又必须通过认知者的思维活动（包括某种程度上的信息加工、推理、分类和归纳）来进行。社会认知是个体行为的基础，个体的社会行为是社会认知过程中做出各种裁决的结果。

社会认知理论认为环境、个体认知与行为意愿之间相互影响，环境变量能够通过影响个体认知过程进而使个体产生不同的行为意愿。基于此，通过加强学生有关乡村振兴方面的社会认知，以促进学生对乡村振兴的了解与参与乡村振兴社会实践意愿之间的关系，并揭示两者之间的内在逻辑，使学生形成一种相信其自身具有参与乡村振兴社会实践能力的认知，进而激发学生积极参与社会实践的意愿。

（二）研究社会

当前学生对于已学习的知识会忽视问自己一个问题——"为什么"，甚

至认为不需要去了解背后的原因,因为探究研究看起来没有固定模式,没有标准答案,但实际上这是一种误解。

(1) 探究研究在社会认知正确的情况下,无论是微观还是宏观,学生都需要在不同的尺度挖掘细节,并最终形成有关整个社会认知的发现,而这个探究研究是需要从系统的角度进行的,因为社会认知背后的原因不会随着观察者的观察而改变,社会认知背后因果关系中各种变量的作用关系是明确的,这实际上为学生们提供了绝佳的学习机会。

(2) 探究研究首先要满足的是实践导向,从社会认知的实践出发,更需要规律性的支持。现有的社会实践大部分都是依据固定的经验方式方法,用看似科学的经验方法,忽视了其内在方法性的局限,探究研究就是需要打破"经验主义",学生需要克服经验主义在认识问题上的局限性和片面性,通过理性地分析并且采取行动研究的策略,以使自己的社会认知研究与实践具有研究性和充满理性。

(三) 服务社会

社会服务结果具有双向性、社会服务形式具有丰富性、社会服务内容具有针对性。

学校围绕企业和政府需求推进科技成果的转化和应用,提供有针对性的咨询、培训以及信息服务,并且适时调整专业和学科设置,以保证人才培养满足社会发展需求。信息技术领域的快速发展,对社会服务提出了更高的要求,学生需要积极学习,以问题为导向,积极学习相关最新知识,锻炼自己的实践能力,通过社会服务的渠道将理论与现实相联系,进一步提升自己的理论与实践能力。

在服务社会中学生会收获以下成长。

(1) 促进学生个体社会化的转变。个体社会化,具言之,是指"自然人"或"生物人"成长为"社会人"的过程。大学教育所培养的人才最终要为社会服务,由社会来检验大学生能否成为社会经济发展的建设者,能否在社会中实现自我价值,这同大学生个体社会化程度的高低密切相关。因此在大学期间加强大学生个体社会化的思想政治教育,促进大学生完成社会化过程十分必要。学生通过参与各种社会服务活动融入社会,增强了对社会文化的了解,提升了社会责任感,塑造了社会人格。

(2) 促进学生个体素养的提升。社会服务活动,促进了个体主体意识、民主精神和协作意识的养成。在自发组织的各种社团服务活动中，每一个个体都是平等的，他们相互交流、相互探讨、相互协作，培养了他们的自我管理能力，以及民主协作的精神。

（3）社会服务活动增强了学生理论联系实际的能力。学生的社会服务工作，有利于学校与社会之间的双向参与。课外的社会服务活动连接了学生课堂知识与实践运用之间的联系，使知识能够与生活世界相沟通。

（4）社会服务活动拓宽了学生的知识领域并增强了学生跨学科研究能力。学生的社会服务活动，成为他们了解社会生活、扩大知识域的重要途径。如脱贫攻坚第三方评估，不分学科专业，学生共同参与、共同研究，打破了以往按学科专业开展社会活动的传统，这种方式拓宽了学生的知识领域，增进了各学科专业之间的相互了解，促使学生寻找新的思维方法。

三、目标集和方法论：基于国家战略的"三维三化"实践育人模式

服务国家战略是我们育人的目标，是学生认识、研究和服务国家战略的目标集合，更重要的是，服务国家战略是实践育人的"新理念"，是行之有效的方法论。

针对实践育人中的浅层化、形式化等突出问题，我们创建了"三维三化"的实践育人新模式，具体地：把握实践育人本质，将乡村振兴知识技能课程化，带领学生从"象牙塔"到"泥巴路"，帮助学生系统认识乡村振兴和农村社会；遵循学生成才规律，将乡村振兴社会实践实战化，着力让学生通过全过程、多方位、全景式实操，增强动手能力和研究能力；紧扣国家战略需求，利用学校、政府及基地等平台，将实践育人协同化，使学生的"三维"可持续、能长效。在"泥巴路"的课程上认识社会、在"全景式"的实战化中研究问题、在"强需求"的协同化中服务社会。"从乡村振兴实践中来，再到乡村振兴实践"，经过反复循环，促进实践育人的"三维"和"三化"有机融合，形成一套独具特色的"三维三化"实践育人模式（见图12-1）。

该模式采用"三维三化"全景式运作，有四个显著特点。

首先，改变了传统社会实践育人目标的单一性和片面性，将育人目标从"认识社会"层面拓展至"认识社会、研究社会、服务社会"三维层面。

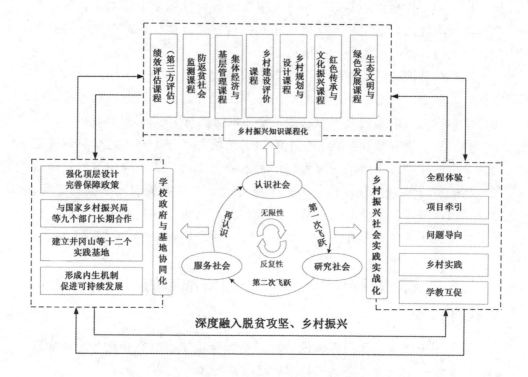

图 12-1 "三维三化"实践育人模式

其次,将社会实践活动纳入"课程化"管理,在社会实践方案中开辟了"生态文明与绿色发展认知实践""红色传承与文化振兴体验""乡村建设评价研究""乡村规划与设计服务""集体经济与基层管理调查""防返贫社会监测服务""乡村评估工作实践"7大课程板块。

再次,社会实践与经济社会发展实际紧密结合,形成了"问题导向、项目牵引、乡村实践、全程体验、学教互促"5套系统性的"实战化"实践教学方法体系。

最后,社会实践育人主体由单一的"学校"运作扩充至"政、产、学、研"等多主体"协同化"运作,保证实践育人机制的稳定性、长效性。

(一)乡村振兴知识课程化

本书基于布拉梅尔德的社会中心课程理论,紧扣脱贫攻坚与乡村振兴战略需求,立足于江西省红色基因和绿色生态,创建绩效评估(第三方评估)、乡村建设评价、乡村规划与设计、红色传承与文化振兴、防返贫社会监测、集体经济与基层治理、生态文明与绿色发展7大核心模块，促进学生认识社会、研究社会、服务社会（见图12-2）。

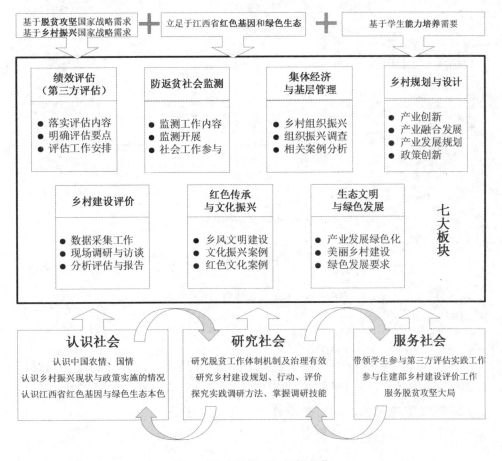

图 12-2　乡村振兴知识课程化

（二）乡村振兴社会实践实战化

基于"认识社会、研究社会、服务社会"三维目标，创立"问题导向、项目牵引、乡村实践、全程体验、学教互促"五位一体的系统性、实战化实践教学方法体系，着眼于实践能力的提升（见图12-3）。

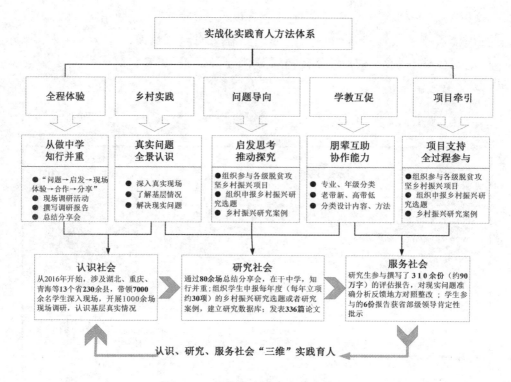

图 12-3 实战化实践育人方法体系

1. 问题导向

坚持问题导向,让学生带着认识什么、研究什么、怎么服务等问题深度融入乡村实践现场,激发学生参与实践活动的积极性,培养学生的问题意识和问题解决能力,同时教师作为辅助者,发挥其引导与支持作用,鼓励学生积极在实地调研活动中发现问题,并深入探究。

2. 项目牵引

2016 年以来,组织学生参与国家脱贫攻坚、乡村振兴项目 13 个,省、市、县项目 36 个,以项目为基础,让学生在解决乡村现实问题中获取相关知识,真正认识乡村、研究乡村。以学生为中心,在项目中突出学生的主体地位,鼓励并支持学生认识乡村、研究乡村;以乡村振兴知识为重点,项目紧紧围绕脱贫攻坚与乡村振兴战略,让学生在乡村实践场景下充分认识农情、民情与国情,培养服务国家的责任意识。

3. 乡村实践

带领 1.6 万名学生深入"泥巴路"乡村实践现场，认知国家战略在基层的真实情况，研究并解决现实中的真实问题，促进学生对乡村的全景认识。

4. 全程体验

按照"问题—启发—现场—合作—分享"流程，通过 1000 余场现场调研、300 余份报告、80 余场总结分享会，每年约 30 项乡村振兴选题立项，让学生全过程参与研究、服务社会。

5. 学教互促

根据学生专业、年级等分类进行，分别设计实践育人目标、内容和方法，以"老带新、高带低"成立"梯度团队"，学生自己掌握了社会本领还不够，还要"传帮带"，教会他人，在教中提升自我。如乡村规划中，由年级高、能力强的 20 名学生担任"规划村主任"，1 带 3 现场调研、独立思考，研究规划方案。

（三）校内外实践育人协同化

构建实践育人平台，促进学校、政府与基地实践育人的协同化建设。① 强化顶层设计，畅通校内协调机制。学校领导高度重视，校党委书记兼任乡村振兴研究院院长和实践育人领导小组组长，每年主持调动会、成果分享总结会。该实践育人列入南昌大学"十三五""十四五"发展规划。发挥校行政职能部门研究生院、发展规划处、教务处等部门的优势，依托专门机构，在承接国家战略的实践大课堂中了解现实、认识国情、提升自我、服务社会。② 打通大学围墙，构建校外协同育人机制。通过对接国家乡村振兴局、国家住建部、国家自然资源部等国家和地方部门，承担国家、省级等 49 个项目，建立井冈山等 12 个固定实践基地，构筑了常态化的"乡村振兴协同育人社会实践平台"运行网络（见图 12-4）。

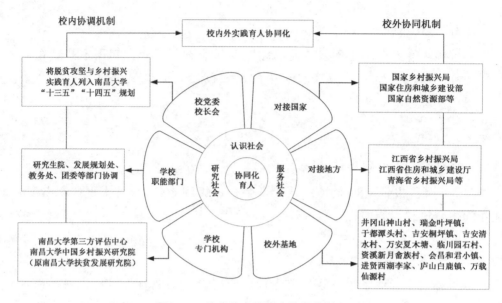

图 12-4 校内外实践育人协同化机制

四、探索提出"国家战略导向课程论"

社会实践的育人成效一直是高校教育工作者关注的焦点。目前对社会实践教育的研究基本上围绕育人理论、育人体系两个方面进行。

社会实践是帮助大学生建立起对国家、社会、学校等主体认同的重要渠道。张建明[①]等强调社会实践教育工作还是要回到学生本位的逻辑上,并指出"个体自我教育更侧重于个体内在的心理过程,对于准确把握实践育人规律等方面具有重要意义",关注大学生在社会实践环境中的关键行动者角色。从布尔迪厄的实践逻辑来看,实践是人的日常性活动,参与社会实践的大学生凭借其拥有的特定资本和惯习,在受到一定社会制约条件的客观环境和结构中,不断创造和建构自身及其所处的社会。大学生一旦能够将社会实践参与内化为社会身份建立、组织认同,便能进一步促进责任的升华和对价值的拥戴。当个体对组织产生认同或建立起一定的社会身份时,便能产生一种维护群体的高度责任感,于是能表现出遵守群体规范、

---

① 张建明,唐杰. 高校社会实践引领大学生思想发展的路径研究——基于中国人民大学"千人百村"项目的实践 [J]. 思想教育研究,2017(04):119-122.

第十二章 结论：深度融入国家战略的实践育人模式与理论构建

积极评价和支持群体、敢于捍卫群体利益和声誉等行为。这又与关于实践形式的观点相吻合，即富有情感地与世界打交道的实践经验是一切理性认识的起点。孙彩霞[①]认为培养和造就全面发展的社会主义合格建设者和可靠接班人是实践育人理念最明确的价值指向，全面发展的人应该是"会做一切工作的人""具有尽可能广泛需求的人"。投身实践可以让大学生们带着问题走出象牙塔，走进社会，走进社会主义建设的伟大实践当中，让大学生意识到自己肩负的责任，从而产生紧迫感与危机感，珍惜学习的机会，坚定其走中国特色社会主义道路、全面建设社会主义现代化国家的信念。郭雨蓉[②]认为高校育人体系的构建要以党的政治建设为统领，牢牢把握正确政治方向，坚持理想信念教育，培育和践行社会主义核心价值观，把社会主义核心价值观落实到教育教学、科学研究、管理服务各环节。由此，通过社会实践培育大学生的责任感、认同感、价值感，引导大学生的现实感、家国情怀及价值观，更符合当前对社会实践育人发展走向的期望。

"十四五"时期经济社会发展提出了经济发展、创新驱动、民生福祉、绿色生态、安全保障5大类20个主要指标。围绕国家所需和人民所盼，设置了20个专栏，提出102项重大工程项目。当今我国已从高速发展转向高质量发展阶段，教育也进入高质量发展的新时期，在此大变革大发展大调整之中，大学能否立足中国发展的新机遇、新挑战，主动服务国家战略，既关系着国家未来的发展，也关系着教育自身的发展；既关系着国家未来的发展，也关系着教育自身的发展；既关系着国家未来的发展，也关系着教育自身的发展。[③]

基于此，本书创造性地提出"国家战略导向课程论"，将实践育人课程与国家战略深度融合，同时与时俱进、紧跟时代发展步伐，衔接共同富裕等国家战略需求，不断完善实践育人课程建设，努力在融入服务重大国家战略中展现更大担当、贡献更多力量。在找准国家战略的前提下，经过对课程、活动的精心设计，达到育人与服务的合二为一，国家战略导向课程论成为一个具有高驱动力的育人体系。国家教育部等7部门共同颁布《关于进一步加强高校实践育人工作的若干意见》（以下简称《意见》）强调了社会合力在实践育人中的作用，《意见》第11条明确指出：实践育人是一

---

① 孙彩霞. 实践育人理念的理论架构 [J]. 学校党建与思想教育，2012（16）：73-74.
② 郭雨蓉. 高校思政育人体系建设的路径探索 [J]. 中国高等教育，2020（23）：30-32.
③ 陈婕. 新时代我国大学发展要服务国家战略 [J]. 中国高等教育，2022（02）：53-55.

项系统工程，需要各地区各部门的大力支持，需要各高校的积极努力。主动衔接国家战略需求，承担国家任务是高校积极寻求社会合力的有效探索路径，为学生参加社会实践创造了良好的条件，脱贫攻坚与乡村振兴国家战略正是最得天独厚、最生动的社会实践大课堂。国家战略导向课程论包括了以下具体内容。

1. 课程目标

在知识目标上，系统学习和掌握国家战略提出的背景、内容及成效，掌握国家战略支持服务的经验知识，了解国家相关制度、政策、战略规划，充分认识国家战略背景下各项工作的具体要求及实施情况。

在技能目标上，训练学生解决复杂问题所需要的沟通、协作和自我管理等通用管理能力，使学生具备对社会发展中出现的现实复杂问题进行高效率的分析、判断、研究的能力，为服务国家战略打下坚实的能力基础。

在素质目标上，主动融入服务国家战略，培养一批能"挑大梁、当主角"的青年人才。培养学生的批判性、创造性思维，充分发挥学生的学习内驱力和自由探索的研究精神，激发其创新闯劲和活力，为国家重要事业注入新鲜血液和不竭动力。引导学生进一步坚定中国特色社会主义道路自信、理论自信、制度自信和文化自信。

2. 课程内容

面向国家战略输出高质量人才是高校实践育人的重要使命，在人才培养的过程中应突破学科意识的局限，强化服务意识。围绕国家重点战略并与本学科相关联，同时丰富课程内容体系，使多领域和跨学科的知识体系融合和相互渗透，以此为服务国家战略的高素质人才的综合能力培养提供支撑。紧紧围绕国家战略，把相关知识模块化、体系化、课程化。同时，将服务国家战略的相关项目与学生在服务国家战略中的角色定位纳入课程内容，将每一个项目作为一个课程，分阶段性任务安排，指导前期、中期与后期工作；角色分工课程内容，帮助学生适应角色，熟悉分工。

3. 课程组织

以解决实际的社会问题的逻辑组织课程，而不是以学科知识的逻辑为主线来组织。课程体系要加强纵向上的垂直深入，体现挑战性和高阶性，横向上注重领域知识的扩展，促进学生从多角度、多层次认识国家战略。课程安排具有弹性，不同的项目与服务内容有不同的培训方案，充分利用校内外的环境，尤其是结合社会实践现场的环境灵活调整课程计划，使学生在实战化的现场深入了解社会发展与建设现状，研究社会实际问题。

4. 学习方式

在核心理论与方法上，为提升人才的服务能力、问题意识和跨学科能力，尽可能多地让学生参与到社会实践中去，增强学生认识社会、研究社会、服务社会的能力。提供关于社会现实问题和课题的实践；建立一种"传帮带"的团队合作关系，以老带新，通过传授他人知识促进知识的深入理解和真正吸收，形成良好的学习氛围；通过交流分享会与研讨会等多样化的形式，为学生创造力、问题意识和服务意识的形成提供充分的机会等。明确任务目标，坚持激励与约束并重，完善激励机制和多元化评价机制，提升学生的学习自我效能感，充分激发学习内驱力。给予学生更多的学习自主权，鼓励学生的自主探究，在服务国家战略的社会实践中发现问题、分析问题、解决问题，教师在其中充分发挥指导作用，以学生为主体，同时通过服务社会的质量、价值、贡献和影响进行绩效评价，增强学生的自主学习意识和责任意识。

参考文献

[1] 黄承伟. 脱贫攻坚有效衔接乡村振兴的三重逻辑及演进展望 [J]. 兰州大学学报（社会科学版），2021，49（06）：1-9.

[2] 张润泽，胡交斌. 脱贫攻坚同乡村振兴有效衔接的现实问题与逻辑进路 [J]. 甘肃社会科学，2021（06）：45-52.

[3] 郑瑞强，郭如良. 促进农民农村共同富裕：理论逻辑、障碍因子与实现途径 [J]. 农林经济管理学报，2021，20（06）：780-788.

[4] 李兴洲，侯小雨，赵陶然. 从"脱贫攻坚"到"乡村振兴"：过渡阶段的关键问题与应对策略 [J]. 教育与经济，2021，37（06）：3-9.

[5] 张建明，唐杰. 高校社会实践引领大学生思想发展的路径研究——基于中国人民大学"千人百村"项目的实践 [J]. 思想教育研究，2017（04）：119-122.

[6] 孟勋，张凌媛. 从承认到认同：高校社会实践育人体系创新研究 [J]. 高教探索，2020（05）：114-119.

[7] 常青，李力. 高校"多维型"创新创业实践育人体系建设与运行机制 [J]. 思想理论教育导刊，2017（01）：140-144.

[8] 刘艳，闫国栋，逯家辉，等. 面向经济社会发展需求的实践育人模式改革 [J]. 实验室研究与探索，2017，36（02）：189-191.

[9] 郭俊华，卢京宇. 产业兴旺推动乡村振兴的模式选择与路径 [J]. 西北大学学报（哲学社会科学版），2021，51（06）：42-51.

[10] 吴春来. 产业扶贫与产业振兴有效衔接初探 [J]. 西南民族大学学报（人文社会科学版），2021，42（12）：180-189.

[11] 王武林，包滢晖，毕婷. 乡村振兴的人才供给机制研究 [J]. 贵州民族研究，2021，42（04）：61-68.

[12] 张新勤. 新时代乡村人才振兴的现实困境及破解对策 [J]. 农业经济，2021（10）：98-99.

[13] 李卓，张森，李轶星，等．"乐业"与"安居"：乡村人才振兴的动力机制研究——基于陕西省元村的个案分析［J］．中国农业大学学报（社会科学版），2021，38（06）：56-68.

[14] 曹立，石以涛．乡村文化振兴内涵及其价值探析［J］．南京农业大学学报（社会科学版），2021，21（06）：111-118.

[15] 杨裔，范周．文旅融合推动乡村文化振兴的作用机理和实施路径［J］．出版广角，2021（19）：37-40.

[16] 杨良山，柯福艳，徐知渊，等．振兴我国乡村文化的几点思考［J］．农业经济，2021（07）：51-52.

[17] 唐斌尧，谭志福，胡振光．结构张力与权能重塑：乡村组织振兴的路径选择［J］．中国行政管理，2021（05）：73-78.

[18] 林万龙，梁琼莲，纪晓凯．巩固拓展脱贫成果开局之年的政策调整与政策评价［J］．华中师范大学学报（人文社会科学版），2022，61（01）：31-39.

[19] 姜正君．脱贫攻坚与乡村振兴的衔接贯通：逻辑、难题与路径［J］．西南民族大学学报（人文社会科学版），2020，41（12）：107-113.

[20] 朱启铭．脱贫攻坚与乡村振兴：连续性、继起性的县域实践［J］．江西财经大学学报，2019（03）：95-104.

[21] 黄承伟．从脱贫攻坚到乡村振兴的历史性转移——基于理论视野和大历史观的认识与思考［J］．华中农业大学学报（社会科学版），2021（04）：5-10，176-177.

[22] 徐晓军，张楠楠．乡村振兴与脱贫攻坚的对接：逻辑转换与实践路径［J］．湖北民族学院学报（哲学社会科学版），2019，37（06）：101-108.

[23] 左停．脱贫攻坚与乡村振兴有效衔接的现实难题与应对策略［J］．贵州社会科学，2020（01）：7-10.

[24] 汪三贵，郭子豪．论中国的精准扶贫［J］．贵州社会科学，2015（05）：147-150.

[25] 王介勇．我国精准扶贫实践中的精准化难点与对策建议［J］．科技促进发展，2017，13（06）：412-417.

[26] 汪三贵，曾小溪，殷浩栋．中国扶贫开发绩效第三方评估简论——基于中国人民大学反贫困问题研究中心的实践［J］．湖南农业大学学报（社会科学版），2016，17（03）：1-5.

[27] 刘建生, 惠梦倩. 精准扶贫第三方评估：理论溯源与双 SMART 框架 [J]. 南昌大学学报（人文社会科学版）, 2017, 48 (02)：69-75.

[28] 曾明, 张紫薇. 精准脱贫第三方评估中的评估与反评估——一个力场的分析框架 [J]. 理论月刊, 2019 (11)：123-129.

[29] 杨肃昌, 范国华. "十四五"时期巩固拓展脱贫攻坚成果同乡村振兴有效衔接评价指标体系构建 [J]. 宁夏社会科学, 2022 (02)：112-123.

[30] 卢宏. 乡村旅游与新农村建设"协调度"评价的实证分析 [J]. 暨南学报（哲学社会科学版）, 2012, 34 (10)：146-154, 164.

[31] 何成军, 李晓琴, 程远泽. 乡村旅游与美丽乡村建设协调度评价及障碍因子诊断 [J]. 统计与决策, 2019, 35 (12)：54-57.

[32] 陈锦泉, 郑金贵. 生态文明视角下的美丽乡村建设评价指标体系研究 [J]. 江苏农业科学, 2016, 44 (09)：540-544.

[33] 刘继志. 天津市美丽乡村建设模式及效益评价体系构建 [J]. 中国农业资源与区划, 2019, 40 (10)：256-261.

[34] 彭艺, 乌画. 湖南省乡村建设水平评价及对景观的影响利弊 [J]. 中国农业资源与区划, 2020, 41 (09)：207-212.

[35] 汪恭礼. 乡村振兴战略视角下的农村三次产业融合发展探析 [J]. 河北大学学报（哲学社会科学版）, 2018, 43 (06)：118-127.

[36] 赵超. 乡村产业振兴的困境与实现路径 [J]. 当代县域经济, 2021 (11)：8-15.

[37] 刘建生, 涂琦瑶, 施晨. "双轨双层"治理：第一书记与村两委的基层贫困治理研究 [J]. 中国行政管理, 2019 (11)：138-144.

[38] 秦中春. 乡村振兴背景下乡村治理的目标与实现途径 [J]. 管理世界, 2020, 36 (02)：1-6, 16, 213.

后记

　　服务国家战略既是高校实践育人的重要目标,也是学生认识、研究和服务国家战略的目标集合,更重要的是,服务国家战略是实践育人的"新理念",是行之有效的方法论。

　　本书通过创建深度融入脱贫攻坚与乡村振兴的"三维三化"的实践育人新模式,牢牢把握实践育人本质,带领学生从"象牙塔"到"泥巴路",紧扣国家战略需求,帮助学生在新时代最现实、最生动的实践育人平台上,比较了各地的风土人情、区域差异,系统认识了农村社会,全面认识了中国的民情、农情和国情;增强了学生服务社会、服务国家战略的责任感与使命感。

　　本书尝试性地提出"国家战略导向课程论",将实践育人课程与国家战略深度融合,同时衔接共同富裕等国家战略需求,不断完善实践育人课程建设。在瞄准国家战略的基础上,经过对课程、活动的精心设计,达到育人与服务的合二为一,知行合一。该模式经过长期实践的检验,已取得一系列成效。在未来,还将继续把实践育人课程与国家战略深度融合,不断完善实践育人体系建设,努力在融入服务重大国家战略中展现更大担当、贡献更多力量。